本书系全国教育科学"十一五"规划2010年度国家青年基金课题
"基于手持终端的微学习研究"成果（课题编号：CCA100118）

21世纪教师教育系列教材

移动微学习的理论与实践

吴军其 李智 著

图书在版编目(CIP)数据

移动微学习的理论与实践 / 吴军其,李智著. —北京:北京大学出版社,2015.11
(21世纪教师教育系列教材)
ISBN 978-7-301-26451-5

Ⅰ.①移… Ⅱ.①吴…②李… Ⅲ.①教育学-师范大学-教材 Ⅳ.①G40

中国版本图书馆CIP数据核字(2015)第252367号

书　　名	移动微学习的理论与实践
著作责任者	吴军其　李　智　著
责任编辑	唐知涵
标准书号	ISBN 978-7-301-26451-5
出版发行	北京大学出版社
地　　址	北京市海淀区成府路205号　100871
网　　址	http://www.pup.cn　　新浪官方微博:@北京大学出版社
电子信箱	zyl@pup.pku.edu.cn
电　　话	邮购部 62752015　发行部 62750672　编辑部 62753056
印刷者	三河市博文印刷有限公司
经销者	新华书店
	787毫米×1092毫米　16开本　14.75印张　300千字
	2015年11月第1版　2015年11月第1次印刷
定　　价	38.00元

未经许可,不得以任何方式复制或抄袭本书之部分或全部内容。
版权所有,侵权必究
举报电话: 010-62752024　电子信箱: fd@pup.pku.edu.cn
图书如有印装质量问题,请与出版部联系,电话: 010-62756370

前　言

随着社会的发展,终身学习的理念更加深入人心,与此同时人们的学习方式随着科学技术的快速发展正在发生改变。当人们利用手持式移动设备进行学习时,移动微学习就发生了。移动微学习是移动学习的一种,它能够满足人们随时随地进行学习的需求,是一种全新的学习方式,同时它也是一个崭新的研究领域,是移动学习的重要发展方向。

移动微学习因其移动性、便捷性、交互性、泛在性等特点,开始得到人们越来越多的关注。对移动微学习的深入研究对于确立终身学习的理念和构建学习型的社会有着重要的意义。目前人们对移动微学习的研究正处于起步阶段,研究内容主要集中在移动微学习的可行性、终端软件的开发等方面,尚未形成成熟的体系。如何理解移动微学习?移动微学习的理论基础是什么?移动微学习的技术环境包括什么?怎样设计移动微学习的资源?移动微学习的活动怎样设计?移动微学习的评价该如何进行?移动微学习的前景怎样?这些都是需要研究者和实践者深入思考的问题。本书在全面梳理移动微学习的研究与应用现状及其实践经验的基础上,围绕上述问题进行了撰写,希望能为对移动微学习感兴趣的研究者、设计者、教育者、移动产品开发者以及应用者提供一些有价值的参考和启发。

本书共分为九章,第一章介绍了移动微学习的基本概念。从移动微学习产生的背景,移动微学习的内涵、特征、研究价值等方面介绍了移动微学习的内涵及目前移动微学习的研究和应用现状。第二章介绍了移动微学习的理论基础。分析了移动微学习得以发展的支撑理论,主要包括行为主义学习理论、认知主义学习理论、建构主义学习理论、非正式学习理论、情境认知学习理论、境脉学习理论、活动学习理论、经验学习理论等,并辅以案例阐述了这些理论与移动微学习之间的联系。第三章介绍了移动微学习的技术环境,其中包括移动终端设备、无线网络技术、移动通信技术和多媒体技术,并分析了移动微学习的技术环境及其特征。第四章主要介绍了移动微学习资源的设计,包括移动微学习资源的定义、分类和特点,阐述了移动微学习资源的设计原则、过程和方法。第五章阐述了移动微学习活动的概念及相关理论,对移动微学习活动的设计原则及方法进行了分析,最后结合理论分析和具体的案例,提出了移动微学习活动的一般流程。第六章主要介绍两方面的评价研究,一是对学习者的移动微学习过程评价研究,二是对移动微学习终端应用软件的评价研究。第七章介绍了移动微学习系统开发技术。内容包括移动微学习系统分析与设计、开发环境及相关技术，提出了移动微学习系统的统构，具体介绍了移动微学习系统开发的实例。第八章以理论阐述和案例讲述相结合的形式介绍了移动微学习的六种学习模式以及四种应用模式。第九章分析了移动微学习存在的必然性，并对其未来的发展形势进行了适当的分析和展望，同时对其技术和理论发展的方向提供了若干想法和建议。

  本书共九章，由吴军其确定全书大纲并承担前言、第四章、第五章、第六章、第七章的写作任务，喀什大学李智老师承担第一章、第二章、第三章、第八章、第九章的写作，邵玲真、王勋倩参与了第一章的写作，闫海红、葛盼盼参与了第二章的写作，何珊、胡哲参与了第三章的写作，秦贵芳、周龙兴参与了第八章的写作，陈天仙、罗攀、王小菊参与了第九章的写作。

  由于作者水平有限，书中难免会有疏漏甚至错误，衷心希望读者能谅解并提出宝贵的建议。在写作过程中，我们参考并引用了一些文献资料，在此也对这些文献资料的作者表示深深的谢意！

吴军其

2015 年 9 月于华中师范大学

目　录

第一章　概　述 …………………………………………………………… 1
第一节　移动微学习时代的到来 ………………………………………… 1
第二节　移动微学习的基本特征 ………………………………………… 6
第三节　移动微学习的研究和应用现状 ………………………………… 9

第二章　移动微学习的理论基础 ……………………………………… 12
第一节　行为主义学习理论 ……………………………………………… 12
第二节　认知主义学习理论 ……………………………………………… 14
第三节　建构主义学习理论 ……………………………………………… 16
第四节　非正式学习理论 ………………………………………………… 20
第五节　情境认知学习理论 ……………………………………………… 22
第六节　境脉学习理论 …………………………………………………… 25
第七节　活动理论 ………………………………………………………… 27
第八节　经验学习理论 …………………………………………………… 29

第三章　移动微学习的技术环境 ……………………………………… 32
第一节　多媒体技术 ……………………………………………………… 32
第二节　无线网络技术 …………………………………………………… 38
第三节　移动通信技术 …………………………………………………… 44
第四节　移动微学习的移动终端设备 …………………………………… 48

第四章　移动微学习的资源设计 ……………………………………… 57
第一节　移动微学习资源概述 …………………………………………… 57
第二节　移动微学习资源的分类 ………………………………………… 65

第三节　移动微学习资源的特点 …… 69
　　第四节　移动微学习资源的设计 …… 74

第五章　移动微学习的活动设计 …… 99
　　第一节　移动微学习活动概述 …… 99
　　第二节　移动微学习活动设计的理论基础 …… 101
　　第三节　移动微学习活动设计的原则 …… 104
　　第四节　移动微学习活动设计的方法 …… 108
　　第五节　移动微学习活动设计的基本流程和案例分析 …… 112

第六章　移动微学习评价 …… 129
　　第一节　移动微学习的学习评价 …… 129
　　第二节　移动微学习终端应用软件评价 …… 140

第七章　移动微学习的开发与实现 …… 153
　　第一节　移动微学习系统分析 …… 153
　　第二节　移动微学习开发环境与技术 …… 158
　　第三节　移动微学习系统功能分析与设计 …… 166
　　第四节　移动微学习系统的开发与实现
　　　　　　——以"新概念英语学习系统"为例 …… 174

第八章　移动微学习的应用 …… 193
　　第一节　移动微学习的应用现状 …… 193
　　第二节　移动微学习的学习及应用模式 …… 196
　　第三节　移动微学习应用案例 …… 204

第九章　移动微学习的发展趋势 …… 216
　　第一节　移动微学习的发展现状 …… 216
　　第二节　移动微学习的未来 …… 218
　　结　语 …… 221

参考文献 …… 222

第一章 概 述

随着社会的发展和科技的进步,人们的学习和生活渐渐离不开移动终端设备,移动学习成为人们普遍应用的学习方式。在知识爆炸的信息时代,人们的生活节奏也在不断加快,"微"概念逐渐出现在人们的学习和生活中,"微学习"应运而生。如果将移动学习与微学习结合在一起,会产生怎样的学习方式?本章介绍了随着技术的发展人们的学习方式演进的过程,以及移动微学习时代到来的必然性。

第一节 移动微学习时代的到来

一、从多媒体学习到数字化学习

1. 多媒体学习的产生

媒体的产生和发展经历了一个非常漫长的阶段,从原始社会的语言文字媒体阶段、古代社会的印刷媒体阶段发展到近现代的电子传播媒体阶段,这个过程与人类社会的产生和发展密切相关。当媒体参与到教学过程中,以多种媒体信息作用于学生时,就促进了多媒体学习的发展。可以将多媒体学习的发展总结为以下三个阶段。

(1) 视觉教具教学和视听教学运动阶段。

20世纪初,美国出现了用来管理视觉教具教学的"学校图书馆",出现了活动展品、立体图片、幻灯片、图表等教学材料。以后,人们对使用媒体的兴趣不断增长,兴起了视觉教具教学的热潮。这个时期,各种教学材料被认为是辅助性的课程教学材料,而不是用来取代教师或教科书的。20世纪20年代末至30年代,无线电广播、录音和有声动画等技术运用于媒体教学。随着声音媒体的广泛应用,这种不断扩大的视觉教学运动变成了视听教学运动。

(2) 电子媒体辅助教学阶段。

一种新型媒体——电子媒体,打破了人类信息传播的时空限制,扩大了信息交流面,提高了传播的速率,弥补了传统媒体在形象逼真、记忆检索、细节描述等方面的局限,丰富了信息传播形式。从20世纪50年代起,视听教学运动的倡导者们开始关注各种传播理论和传播模式的研究,提出了几个典型的传播模式。这些模式关注传播的过程,综合考虑信息的传递者、接受者以及信息传送通道,改变了视听研究领域只关注媒介的倾向。视听教育的研究重点由视听媒体的信息显示转向了信息传播过程的设计,扩大了视听运动研究的范围。教育传播理论的加入,使得多媒体学习的研究范围更加开阔。传播理论对媒体特性的研究,使教育者认识到每种媒体都有其独特的内在规律,不存在对任何教学目标都擅长的超级媒体。传播理论和教育理论的渗透结合,将人们对媒体研究转移到了对教育媒体的分类、功能与特性的研究,注重在教学过程中多种媒体的选择、组合和应用。

（3）计算机辅助教学阶段。

在电视教学之后,计算机成为新一代的教学媒体。早在20世纪50年代IBM的研究者们就开展了计算机辅助教学（CAI）方面的许多早期工作,但在70年代末之前,CAI对教育的影响仍然微乎其微。20世纪80年代早期,微型计算机开始进入大众视野,教育研究者们逐渐兴起了对计算机教育应用的研究兴趣。到20世纪90年代,随着以多媒体技术、网络技术和通信技术为代表的信息技术的发展,多媒体计算机在教学中的应用日益增多。多媒体计算机所具有的良好的人机交互、形象直观呈现教学信息等特点,使得很多教学设计领域的专家开始关注基于计算机的教学程序的开发。

2. 数字化学习的兴起

多媒体技术应用到学习后,在多媒体学习飞速发展的同时,数字化学习也在渐渐兴起。20世纪后期,信息技术将人类社会由传统的工业化时代推向信息化时代,世界各国都在进行信息技术与教学相结合的改革,逐步形成了以信息技术为支撑的数字化学习。著名的数字化大师尼葛洛庞蒂教授一直倡导利用数字化技术来促进社会生活转型,他在1996年就指出,信息的DNA正在迅速取代原子成为人类生活中的基本交换物,传统上的大众传播方式正演变成个人间的双向交流。这意味着,我们的学习、工作、娱乐——总之,人类的生活方式在信息化。

2000年6月,美国教育技术首席执行总裁论坛（The CEO Forumon Educational Technology,简称CEO论坛）召开的以"数字化学习的力量:整合数字化内容"为主题的第三次年会上,首次提出了数字化学习的观念,把数字技术与课程教学内容的整合方式称为数字化学习,并着重阐述了为达到将数字技术整合于课程中,要建立适应21世纪需要的数字化学习环境、资源和方法。2001年11月,在广州举行的以"E-learning"（数字化学习）为主题的"教育技术论坛"研讨会上,何克抗教授做了"E-Learning与高校教学的深化改革"的主题报告,引发了对"E-learning"的广泛探讨。

进入21世纪,以学校教育为主的数字化学习研究和实践也在向其他教育领域拓展。2001年,华南师范大学的研究人员进行了网络学习社区的研究,并认为"网络学习社区与通常的学校班级有很大的不同"。2003年李克东教授指出,运用信息技术,构筑数字化教育社区,提供共享性资源,开展各种教育活动,构造终身学习体系,是促进教育发展、提高全民整体素质的有效途径。2004年美国学者王海东和丁兴富教授研究认为,通过网上学习社区,来自不同地域和知识文化背景的人们聚集在一起,使用统一的软件平台,经常通过各种通信手段沟通信息、分享知识和经验,协作完成学习任务。2006年,教育部设立教改项目《数字化学习港与终身学习社会建设与示范》,探索如何利用数字化手段和远程教育公共服务体系,面向社会大众提供数字化的终身学习环境,为更加广泛的社会人群的终身学习提供教育资源和支持服务。不难看出,现代信息技术的发展为我国社区数字化学习奠定了基础并提供了可能。

二、从远程学习到移动学习

1. 远程学习的兴起

早在19世纪中叶,北欧和北美发生了一场工业革命,此次革命带来了巨大的技术进步,引发了一种新的学习形式——远程学习(D-learning)。当时交通和通信技术的发展使得这种新的教育形态——远程教育在人类历史上第一次成为可能。而在最近100年(1879至1970年),远程学习常常受到尖锐的批评。传统大学很少承认这种教与学的形式,这一领域的理论研究也未赢得传统大学学者们的尊重。20世纪80年代以来,一场席卷世界的新科技革命正以不可遏制的力量冲击着各个国家。这场以微电子技术为核心的新技术革命使美国社会由工业社会向信息社会发展。工业社会分工越来越细,相应地要求教育能够培养出具有不同专业的人才。但随着信息社会的到来,知识本身在不断地爆炸式发展,人们在学校教育中获得的知识已明显不能适应科学和社会的发展,人一生从事一种职业的机会越来越少,这些都要求人们必须不断学习。于是,终身教育的观念受到人们的重视,远程学习这种新的学习形式越来越受关注。但是人们对于远程学习的效果一直没有一个明确、权威的评价。20世纪90年代中期,英国政府建立了一种对包括英国开放大学弥尔敦·凯恩斯(Milton Keyvens)在内的100多所大学的学术成就进行评价的体系,以评价远程学习的办学水平和成就。出乎意料,开放的大学同属于英国大学前10位的评价统计状态连续5年不变。此时人们才意识到远程学习是一种有效的教育形式。现在,远程学习已随处可见,利用搜索器在互联网上搜索远程学习,可以得到数十万个相关的站点。远程学习系统成功的奥秘在于,当教师和学生在时空上分离时,仍能确保教育过程成功地进行下去。远程学习成功地重整了教学活动,这种重整通过为远程学生开发学习材料和提供学习资助服务两方面的出色活动得以体现。学习者无论在家中还是在工作单位或其他任何地点,远程学习都能充分发挥技术进步的优势,使学习者虽然处于师生分离、学习者与学习集体分离的状态,但教育教学过程仍能够得以继续进行下去并取得成功。

在我国,远程教育起步比较晚,大致经历了三个发展阶段。第一代是函授教育,这一方式为我国培养了许多人才,但是函授教育具有较大的局限性;第二代是20世纪80年代兴起的广播电视教育,我国的这一远程教育方式和中央电视大学在世界上享有盛名;20世纪90年代,随着信息和网络技术的发展,产生了以信息和网络技术为基础的第三代现代远程教育。每一阶段的技术基础和相应的教育形态都有所不同,具体发展过程如表1-1所示。

表1-1 我国远程教育发展阶段

发展阶段	兴起时间	技术基础	教育形态
第一代	19世纪中叶	适合自学的函授印刷材料	函授教育
第二代	20世纪80年代	广播、电视、录音、录像等视听手段	广播电视大学
第三代	20世纪90年代	信息技术,特别是互联网和多媒体技术	网上大学、虚拟大学

现在所说的远程教育一般是指第三代远程教育。目前,在我国的各级各类学校中,很多都有自己的远程教育体系和机制,国家也出台了相应的政策予以支持。为了提高远程教育的教学质量,远程教育公共服务体系便应运而生。例如,2002年10月,经教育部高等教育司批准,奥鹏远程教育中心与分布在全国的130所奥鹏远程教育学习中心共同组成了我国首个国家级的远程教育公共服务体系,为解决远程教育质量问题提供了一个新模式。因此,可以说,我国的远程教育从硬件、技术到最后的服务体系已具雏形。

2. 移动学习的兴起

远程学习使得时空分离学习成为可能。随着移动通信技术和网络技术的发展,以及人们对教育需求的不断增加,基于移动通信技术的移动学习就应运而生了。移动学习是在这种背景下发展起来的新型的学习模式,成为目前国内外教育技术界研究和探讨的热点。移动学习不仅具备数字化、多媒化、网络化、智能化的特征外,还有其独特的优势:学习者不再局限在电脑前,可以随时、随地、随心所欲地进行学习。在生活节奏日益加快的现代社会里,移动学习的方便灵活性满足了学习者的要求。根据教学模式的特点,移动学习的发展过程可以划分为三代。

第一代移动学习基于行为主义和认知主义的学习理论,主要考虑内容设计、内容传递和无线交互,强调知识的传授和迁移。其典型的学习模式有:课堂即时信息反馈系统、基于短消息的移动学习服务、"播客"服务等。

第二代移动学习是基于建构主义理念而发展起来的,强调在真实的问题情境中,借助社会交往与周围环境的交互,通过移动设备作为知识处理和加工的认知工具来解决真实问题。典型的移动建构型学习模式有：移动环境下基于问题的学习、移动探究式学习等。

第三代移动学习以"一对一"学习情境认知为特征，其主要特点是通过移动技术以自然的方式模拟真实与逼真的情境和活动，以反映知识在真实生活中的应用方式，从而为理解和经验的互动创造机会。

当今，电子科技日新月异，信息技术快速发展，手持式终端设备的功能越来越强，其应用越来越广泛，使得人们可以在任何时间、任何地点接收信息、处理信息、发送信息。另一方面，由于社会节奏加快，人们已经不再满足于在某一固定的时间和地点开展学习活动，人们倾向于随时随地利用碎片时间进行学习。在不知不觉中，移动微学习时代到来了。

三、移动微学习时代的到来

1. 微学习

微学习（Microlearning）是近年来成人学习及培训领域开始关注的一种新型学习形态，Microlearning 中的"Micro"有微、小、轻等含义，这种微小不仅体现为构成微学习的内容组块的知识含量，还包含对其品性、格调判断的意味，其中蕴含着对这种学习发生发展的认识以及学习参与者对待学习的心态。微小的学习组块可以通过轻便的学习设备轻易地获取、存储、生产和流通，并在轻松的心态中获得一种轻快的乃至富有一定娱乐性的学习体验。微学习的出现不仅适应了新媒介技术引发的学习媒介生态的变化，也满足了知识经济时代学习型社会中学习者对非正式学习的需求，并且提供了数字化操作的实用模式。

大众文化对微学习形成与发展的作用体现在"消费文化""快餐文化"和"娱乐文化"对学习行为的影响上。新消费经济时代微型媒体和微内容所能延展出的长尾效应，刺激了微学习内容的生产以及微学习服务的供应。学习成为一种文化消费和生产合一的活动。现代生活的快节奏和高压力使学习这种消费活动和其他的文化消费活动一样无可避免地呈现快餐化的趋向，微学习以其便捷、快速、微量的特征适应了这种快餐风格，正如麦当劳一款新品的广告词"好吃的，有营养的"，快餐未必就是垃圾食品，微学习不仅是在迎合现代人的学习口味，也在着力建构着新的学习价值观。这种价值观中自然也包含着对快乐学习的追求，在"娱乐至死"的文化时代，学习文化活动自然无法漠视群体娱乐精神的存在。微学习的娱乐品格正体现出一种"对学习者生命体验与志趣的尊重"。

2. 移动微学习

在推进"人人皆学、时时能学、处处可学"的学习型社会的进程中，人们越来越注重自由、灵活、个性化的学习方式，以课堂教学为主的知识传授模式已经不能满足人们对知识获取的需求。因此，基于智能手机、微型平板电脑、学习机、电子词典、电纸书等手持终端设备的移动微学习开始引起人们的重视。移动微学习是移动学习和微学习相互融合的结果,是使用移动终端设备进行短时间、小片段、个性化的学习形式。移动微学习改变了知识的存在形式,把学习融入了生活的各个过程中,大大满足了人们对知识的需求。它的移动特性可以满足处于动态中的学习者学习的需求,它的微型特性可以为学习者充分利用零碎时间进行学习提供便利,它的泛在性和交互性真正实现了人类按需学习的理想。

信息技术深入影响人们的学习,学习者的学习需求、信息的表达形式、学习系统的诸要素及其相互关系也在不断地发生变化,信息时代中微学习也表现出新的特征,再加上移动通信技术的支持,移动微学习由于它的便捷和效力更凸显出新媒体的教育价值。

3. 微学习和移动微学习的关系

移动微学习的产生来自于人们利用移动便携设备进行按需学习的需求,它充分利用了微学习与移动学习的优势与特点,即运用移动终端设备随时随地获取具有片段化、微型化特点的学习内容,随时随地满足人们的学习需求。因而,它非常适用于利用模块化的知识片段更新和补充学习者现有知识体系结构。移动微学习的以上特点使得人们能够方便、快捷地获取知识,从而提高学习效率。从移动微学习的特点可以看出,它所具有的泛在性和交互性特点比微学习更为显著,即移动微学习活动不受时间、地点限制,而且它还有助于学习者与教师或网络服务器之间进行持续的自由交流。

第二节　移动微学习的基本特征

一、移动微学习的内涵

1. 微学习的内涵

2004年,奥地利学习研究专家林德纳(Linder)首先提出了"微学习"的概念,并将其表述为一种存在于新媒介生活系统中,基于微型内容和微型媒体的新型学习。因此,微学习是一种数字化的学习方式,也是规模相对较小的学习单元和时间相对较短的学习活动。微学习的主要特征有:学习时间相对短小,而且分散在学习者的日常生活中;学习内容相对独立,都是由微小的板块组成;学习形式相对灵活,学习内容和地点可以根据学习者的实际情况随时改变。

2. 移动微学习的内涵

移动微学习是指学习者利用移动终端设备进行的微学习活动,也是移动学习的一种类型。移动学习是一种在移动计算机设备帮助下的能够在任何时间任何地点发生的学习,移动学习所使用的移动计算设备必须能够有效地呈现学习内容并且提供教师与学习者之间的双向交流。北京师范大学黄荣怀教授则认为,移动学习是指学习者在非固定和非预先设定的位置下发生的学习,或有效利用移动技术所发生的学习。随着智能手机、PDA、平板电脑、电子词典等微型移动媒体的不断出现,越来越多的人使用它们进行移动学习。

当人们希望更快地获取答案,希望更好地解决问题时,他们都可以利用移动设备有针对性地查找信息,这便是移动微学习。因此,移动微学习是微学习与移动学习相互融合的产物,是运用移动设备随时随地进行的一种微型学习,它把学习场所拓展到了更广泛的地域,提高了学习效率。

二、移动微学习的基本特征

由于移动微学习是移动学习和微学习相互融合的结果,那么它既有移动学习的特征,也有微学习的特征。总体上分为以下几点。

1. 移动性

移动性主要表现在进行移动学习的移动终端设备上。这些设备具有可携带性、无线性、移动性等特点。随着技术的不断发展,这些移动设备体积也越来越小,功能上也呈现互补性。学习者利用这些移动设备就可以随意支配时间,把握时间,获取信息与学习材料。

2. 微型性

移动微学习的微型性主要表现在三个方面。第一是学习内容的微型性。移动微学习将知识点细化,把学习内容分割成最适合零碎时间学习、不易受外界干扰的微小的学习组块,即微内容。从媒体表达形式来看,学习内容可以是小文本、图形、图像、一段音频或视频小片段、动画等,甚至可以是一个链接。从微内容的来源来看,它可以是一条新闻、一个即时短信、一封邮件、一篇刚更新的博客短文、一个新添的知识百科词条、一个小游戏等。第二个方面是学习时间的微型性,即学习时间短。移动微学习充分利用人们日常生活中的片段闲暇来开展学习活动,强调在有限的时间内学习相对短小的、松散连接的知识内容或模块。第三个方面就是学习设备的微型性,即移动终端设备为方便携带的,越来越微型化。

3. 泛在性

由于移动设备具有轻巧、便携的特点,学习者就能够在任何时间、任何地点,根据需要随时进入学习状态。

4. 交互性

交互性是指交互新技术条件下学习环境所赋予学习者的独特优势,包括师生交互、生生交互、学习者或教师和资源的交互。利用移动终端,人们的交互方式除了社会网络外,还增加了短信、彩信、通话、视频等,这些都能够让学生非常方便、有效地进行学习。

5. 个性化

由于学生的基础不同、条件不同、兴趣爱好不同、对同一门课程的掌握程度也不同,这导致了知识需求的差异化。大规模的统一教学模式不适合学生的个性化发展和因材施教。移动微学习有效地支持了个性化学习,使学习更具个人意义,只需要提供合适的学习资料,让学生根据自身的实际情况灵活选择,学习随时可以展开。另外,移动微学习还有助于培养学生自主学习的习惯和能力,给学习者以强烈的归属感。

6. 社会性

智能手机可以安装各种社交软件,如QQ、微信,方便学生间及师生之间的交流,形成社会化学习,通过交流、排名、评选、奖励等手段,有效提升学习的积极性。

三、移动微学习系统的组成要素

运用系统分析的方法,对任意正在进行的移动微学习进行空间结构的剖析,其媒介环境是基于Web2.0和无线网络技术的,其中的学习者、学习内容、学习媒介(移动媒体终端和信息的呈现形式)、学习资源是构成移动微学习系统的必要因素,如图1-1所示。在移动微学习情境下,这些要素富有了新的内涵和特征。

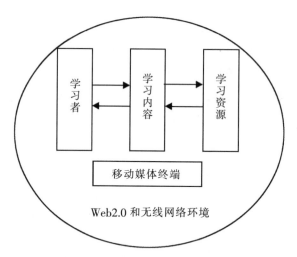

图1-1 移动微学习系统的空间构成

1. 学习者

移动微学习中的学习者不同于课堂情境下的学生,他们通常在户外进行学习,如工作现场、野外或交通工具上等。这种环境吵闹且易分散学习者的注意力,而且学习者通常处于运动状态,利用零碎的时间进行学习较难做到全神贯注,这就要求学习者具有强烈的学习愿望和较好的自控能力。对于职员、旅行者以及那些渴望改变知识状态却没有机会进入学校进行学习的人来说,由于学习需求强烈、压力较大,通常较为积极、勤奋,移动微学习尤为适合。如果学习过程中能获得及时的反馈,那么学习的效果会更好。

2. 学习内容

移动微学习的内容是微内容。微内容(Microcontent)的概念最初诞生于1998年,尼尔森(Nielsen)所说的Microcontent是指一种用以描述宏大内容的短小扼要的摘要形式的东西。移动微学习的内容通常由专家或服务器提供,要求是"小的信息单元、狭窄的主题、相对简单的问题及呈现"。基于学习环境和学习者需求,设计学习内容时应该注意两个方面:一是主题要有趣且能满足学习者的需求;二是内容的组织和呈现最好采用游戏的形式,"娱乐的方式是移动微学习的完美形式"。有趣的主题和游戏化的内容设计能够吸引并保持学习者的注意力。

3. 学习资源

移动微学习中的学习资源可以是以人力资源存在的在线专家,也可以是以信息资源存在的服务器。为了能及时、有效地服务于学习者,这要求在线专家有较强的解决实际问题的能力,要求服务器中信息的内容丰富、形式多样、趣味十足且能满足不同学习者的学习需求。学习资源的质量将是影响学习者学习兴趣和效果的关键因素之一。

4. 手持式移动终端设备

移动微学习的泛在性和交互性的特点要求移动终端设备小型、移动方便、高速、高效,如移动电话、智能手机、PDA、可佩戴式计算机、迷你便携式电脑等。而一些新型的移动设备更是整合了多种功能,如3G手机可以有收音、数字拍摄、视频播放、播放音乐等功能,并可以通过无线通信(如COTA空中传媒、蓝牙、红外线等)实现与服务器的数据同步,可以满足学习者个性化的学习需求。

第三节 移动微学习的研究和应用现状

一、研究现状

根据2013年4月中国互联网络信息中心(CNNIC)的《中国移动互联网发展状况报告》统计,截至2012年12月底,我国手机网民规模为4.2亿,年增长率为18.1%,在整体网民中的占比提升至74.5%,第一上网终端的地位更加稳固。我国手机网民整体偏年轻化,其中20~29岁年龄段手机网民比例为34.3%。移动上网悄然间成为沟通交流、休闲娱乐的重要方式,人们逐渐形成一种通过手机等移动设备随时随地搜索、获取、存储、生产和传播碎片化知识的学习习惯,其学习体验往往是带有娱乐性质的,会使人保持一种轻松、愉快的心态。这种学习者利用无线通信网络技术以及无线移动通信设备,随时随地获取与学习相关的信息、资源和服务的活动就是移动学习。爱尔兰国际远程教育技术专家戴斯蒙德·基更博士指出,移动学习(M-Learning)将是未来远程继续教育的主要方式。在移动学习过程中,学习资源、学习时间、学习媒介等要素的"微"特征明显,因此奥地利学习研究专家林德纳提出微型学习的概念,表述为一种指向存在于新媒介生态系统中,基于微型内容和微型媒体的新型学习形式。移动微学习可以看做是新媒介时代微型学习的主要表现形式。

目前,国内外关于移动微学习的研究主要集中在以下几大领域。

1. 移动微学习的可行性研究

该研究从认知和教学的角度出发,探讨移动设备应用于教学和学习的可能性,包括移动设备辅助学习的有效性和在何种学习情境中使用移动设备更为有效两个方面。目前,该研究还没有一致可信的结果。一些研究结果表明,新技术使学习者表现出极大的好奇心和兴奋感,在新技术辅助下学习者的学习效果得到了明显提高。也有研究表明,学习者的兴趣只是暂时的,一些学习者不仅不能合理、有效地使用移动设备,有时甚至影响了正常的教学秩序。但学者们普遍认为,移动微学习只是目前教育形式的一种扩展,并不能替代现有的教育,也不是所有的教学活动都适合使用移动设备。

2. 移动微学习资源的开发

移动微学习资源的开发是在创建必要的移动微学习硬件环境的基础上,进行课程模块、服务和产品的开发、测试和评价及适用于移动设备的学习工具和应用程序的开发,以满足不同的学习需求。该项目已经取得一定的进展,但还没有得到普遍应用。

3. 信息推送

所谓信息推送,就是"Web广播",是通过一定的技术标准或协议,在互联网上通过定期传送用户需要的信息来减少信息过载的一项新技术。推送技术通过自动传送信息给用户,来减少用于网络上搜索的时间。它根据用户的兴趣来搜索、过滤信息,并将其定期推给用户,帮助用户高效率地挖掘有价值的信息。信息推送在行业内有着大量的应用方向,是当今互联网非常火热的一个技术方向。当信息推送运用到教育教学中时,非常符合移动微学习的特性。在学习者闲暇时间,根据学习者平时搜索,推送一些相关的学习内容,这种在微信中运用得很好。在一些公众号中,每天都会推送很多精品学习内容,使得学习者可以充分利用碎片时间学习。

4. WAP教育站点的建设

WAP教育站点与普通WAP站点相比不同之处在于,其应用目的是移动教育,其服务对象是具有一定针对性的移动学习者,其内容是经过精心设计、适合移动学习、符合情境教学理论的主题内容。从目前看,许多研究项目都建立了自己的WAP教育站点。

5. 作为终身学习、基于问题的学习和协作学习的有效辅助手段

移动微学习是针对终身学习、基于问题的学习和协作学习的需求,尝试把移动技术和设备作为相应的有效辅助手段,进而开发相应的移动微学习资源和移动微学习的工具。

二、应用现状

移动微学习通过个性化的移动终端随时定位、获取和分享所需信息,突破了传统学习环境的限制,可以真正实现学习者的"按需所取",支持学习者泛在的学习需求。我们有理由相信随着移动微学习资源的建设和不断丰富,移动微学习将成为成人学习者的一种实用模式。

自从诺基亚推出全球第一个真正意义上的在线移动学习应用软件"行学一族"以来,互联网公司、软件公司、高等院校、教育培训机构纷纷加入到了移动学习软件开发和应用的行列,移动互联网教育呈现蓬勃发展之势,为成人学习者提供了随身而行、随意而动、随心所欲的新型数字化学习方式。目前的移动学习软件针对性都比较强,基本采用模块化的设计,提供丰富的学习资源。在移动学习向微化转变时,这些软件也同样适用于移动微学习,只是在资源设计方面更加微型化。

除了应用软件方面,移动微学习在继续教育这个领域的应用也比较典型。当前,新生代员工基于微信公众平台进行移动学习,尚处在探索阶段,作为继续教育领域传统正式学习的一种有益补充,其还面临很多障碍和不利因素:带宽不足、网速过慢、WiFi的覆盖范围有限、资费限制;可供利用的微学习资源偏少,开发成本过大;新生代员工的自制力较弱,上网的大部分时间用于休闲娱乐,有效学习时间偏少等问题还比较突出。令人欣喜的是,国家教育部门越来越重视微学习,各种形式的微课大赛、微课教学正如雨后春笋般地广泛开展。关于移动微学习的研究得到了越来越多专家学者的重视,在学习平台构建、资源开发、教学模式设计等方面不断有新的成果涌现。可以预见,移动微学习在新生代员工继续教育过程中的作用越来越大,将对传统成人高等教育内涵重构与教学模式改革起到积极的推动作用。

还有一个重要的应用就是在远程教育中的应用。在国外的相关研究中,移动微学习实现的第一个原型就是选择以电脑或手机屏幕保护程序为切入点。即当电脑已经闲置一段时间,操作系统就会进行检测,从而启动一个特殊的屏保程序,充当访问交互式学习对象的用户界面。这个原型将德文、英文、法文、西班牙文和意大利文等的短语和句子作为学习内容,主要用于测试和提高语言技能。例如在远程外语教学中,这一原型就可以用来测试学习者的学习情况,即时反馈,帮助提高学习效果。在教育理论和电子技术的双重发展下,移动微学习的应用范围正在变得更加广阔,使得学习更加人性化和理想化。

第二章　移动微学习的理论基础

移动微学习是指学习者利用移动终端设备进行的微学习活动,也是移动学习的一种类型。影响移动微学习发展的因素主要有两类:一是起推动作用的移动计算设备及移动通信技术;二是起引导作用的学习理论、教学设计理论和计算机辅助教学(CAI)理论。移动通信技术和移动终端设备的发展,为学习提供了新的媒体和工具。学习理论为移动微学习提供了理论支持,同时随着科技的迅猛发展,学习理念也发生了一系列的变革,给学习者带来了新的学习方式,这种新的学习方式通过弥漫、渗透、关联、混合传统的学习方式,促进情境学习、非正式学习、社会化学习等学习理念的创新性实践。

移动微学习与行为主义理论、认知主义理论、建构主义理论、非正式学习、情境学习、静脉学习、活动学习、经验学习等学习理论有着密切的关系。一方面,这些理论为移动微学习实践提供了理论基础;另一方面,移动微学习又为这些学习理论在实践中的应用提供了技术手段与方式。

第一节　行为主义学习理论

一、行为主义学习理论概述

行为主义产生于20世纪初的美国,代表人物是华生和斯金纳。行为主义心理学认为,行为就是有机体用以适应环境变化的各种身体反应的组合,这些反应不外乎是肌肉的收缩和腺体的分泌。它们有的表现在身体外部,有的隐藏在身体内部,其强度有大有小。他们认为,具体的行为反应取决于具体的刺激强度,因此,他们把"S-R"(刺激-反应)作为解释人的一切行为的公式。学习的起因被认为是对外部刺激的反应,只要控制刺激就能控制行为和预测行为,从而也就能控制和预测学习效果。当外界环境产生特定的刺激时,会引发相应的条件反射,如果这种反射得以加强,刺激和反应之间就建立了联结,学习也就相应地发生了。

行为主义主要观点可以概括如下。

1. 机械唯物主义决定论

这种观点承认世界的物质性,但却用孤立、静止、片面的观点解释世界,看不到世界的事物和现象之间的普遍联系和变化发展,或者只是承认机械的联系和机械的运动,因而表现出机械的、形而上学的特征。

2. 要求心理学必须放弃与意识的一切关系

这种观点提出两点要求:第一,心理学与其他自然科学的差异只是一些分工上的差异,行为主义理论认为,心理学的任务就在于发现刺激与反应之间的规律性联系,这样就能根据刺激而推知反应,反过来又可通过反应推知刺激,从而达到预测和控制行为的目的;第二,必须放弃心理学中那些不能被科学普遍术语加以说明的概念,如意识、心理状态、心理、意志、意象等。

3. 极力要求用行为主义的客观法去反对和代替内省法

这种观点认为客观方法有以下四种。

(1) 不借助仪器的自然观察法和借助于仪器的实验观察法。

(2) 口头报告法。

(3) 条件反射法。

(4) 测验法。

斯金纳则属于新行为主义心理学,他只研究可观察的行为,试图在刺激与反应之间建立函数关系,认为刺激与反应之间的事件不是客观的东西,应予以排斥。斯金纳认为,可以在不放弃行为主义立场的前提下说明意识问题。

4. 行为主义

这种观点认为:学习是刺激(S)与反应(R)的联结,学习过程是渐进式的尝试与错误的过程,形成固定的 S-R 联结,直到最后成功。行为主义特别强调"强化"的作用。

二、行为主义学习理论与移动微学习

移动微学习兴起的阶段,人们自然想到利用移动设备的便携性、移动性和无处不在的通信,开始将原来在电脑上运行的课件迁移到手持式设备中,原来通过网络传递内容的方式,现在改为通过无线技术更便捷的传递,原来需要通过有线的数据网络互动和反馈,现在可以通过无线技术互动和反馈,可更便利。这一阶段移动微学习核心考虑的是内容设计、内容传递和无线交互,还是以知识为中心,这种移动微学习范式的主要理论基础是行为主义学习理论和认知主义学习理论。

基于行为主义学习的移动微学习利用移动设备来呈现学习材料,使学习者作答,并提供适当的反馈。在这种范式中,促进学习的最好方法是强化某一特定刺激与反应的关系。移动学习就可以先提供一个问题(刺激),再由学习者提供解决方案(反应),并由系统的反馈强化这一过程。

例如:在"有道口语大师"这个APP中,在课程这一部分,学习者利用短暂的时间使用自己的智能手机就能随时随地进行听力练习。根据行为主义的及时反馈,此部分的练习题在一段短听力过后,学习者选择问题的答案。如果选择错误,系统会自动播放第二遍、第三遍,直到学习者选出正确答案,符合行为主义的尝试与错误的观点。如果学习者回答正确,系统将出现此练习题的解释。学习者就会将图片与所听到的关键词联系起来,以促进学习者的学习。在听力部分后面有相应的口语练习,可以对联结进一步强化。

第二节 认知主义学习理论

一、认知主义学习理论概述

认知主义源于格式塔心理学派,这个学派认为学习是人们通过感觉、知觉得到的,是由人脑主体的主观组织作用而实现的,并提出学习是依靠顿悟,而不是依靠尝试与错误来实现的观点。自从20世纪60年代之后,认知派学习理论逐步取得了主导地位,进而发展为现代建构主义学习理论。

该理论关于"学习"的观点是:关于学习的心理现象,否定刺激(S)与反应(R)的联系是直接的、机械的。认为人们的行为是以"有机体内部状态"——意识为中介环节,受意识支配的,他们以S-O-R这一公式代替S-R这个公式(O为中介环节);学习并不在于形成刺激与反应的联结,而在于依靠主观的构造作用,形成"认知结构",主体在学习中不是机械地接收刺激、被动地作出反应,而是主动地、有选择地获取刺激并进行加工;对学习问题的研究,注重内部过程与内部条件,主要研究人的智能活动(包括知觉、学习、记忆、语言、思维)的性质及其活动方式。认知主义强调学习过程是每个人根据自己的态度、需要和兴趣爱好并利用过去的知识经验对当前的外界刺激(如教学内容)主动做出的有选择的信息加工过程,学生不再是外界刺激的被动的"接收器",而是在主动地对外界刺激所提供信息进行选择性加工的主体。这一学派的代表人物有皮亚杰、布鲁纳、奥苏贝尔和加涅。

认知派学习理论为教学论提供了理论依据,丰富了教育心理学的内容,为推动教育心理学的发展立下了汗马功劳。认知派学习理论的主要贡献是:①重视人在学习活动中的主体价值,充分肯定了学习者的自觉能动性。②强调认知、意义理解、独立思考等意识活动在学习中的重要地位和作用。③重视了人在学习活动中的准备状态:即一个人学习的效果,不仅取决于外部刺激和个体的主观努力,还取决于一个人已有的知识水平、认知结构、非认知因素。准备是任何有意义学习赖以产生的前提。④重视强化的功能。认学习理论由于把人的学习看成是一种积极主动的过程,因而很重视内在的动机与学习活动本身带来的内在强化的作用。⑤主张人的学习的创造性。布鲁纳提倡的发现学习论就强调学生学习的灵活性、主动性和发现性。它要求学生自己观察、探索和实验,发扬创造精神,独立思考,改组材料,自己发现知识、掌握原理原则,提倡一种探究性的学习方法。强调通过发现学习来使学生开发智慧潜力,调节和强化学习动机,牢固掌握知识并形成创新的本领。

二、认知主义学习理论与移动微学习

与现在的台式电脑相比,移动设备具有显示屏幕小、分辨率低、计算性能有限、输入不方便、网络连接速率低等一系列问题。在这些限制条件下,如何精心设计内容,以符合移动学习过程中的认知规律则很重要,在学习设计中,不仅仅是考虑"刺激—反应",还要考虑学习者原有认知结构和认知规律。认知主义体现在移动微学习设计上就是强调学习内容分析、学习者分析、学习环境设计和教学策略设计,强调教学设计首先要充分考虑学习者的认知特征,并把重点放在教学组织策略上,强调教学内容的组织和传递策略必须充分考虑学生原有的知识结构。

移动设备作为学习活动本身的一部分,帮助吸引学习者的注意力,由于学习者对环境的不同部分是有选择地注意,因而问题呈现的方式与知觉特征就显得非常重要,移动设备能够非常有效地突出材料的特征。移动设备能够帮助学习者进行精细加工,安排广泛的、在实际情境中可变的练习,为学习者提供应用概念的各种情境。因此,移动技术经过精心设计后,能够有效地促进学习认知。另外,移动设备的弱计算性能、小屏幕等限制条件,也要求对学习内容做精心设计。认知主义在移动学习中的集中体现,就是强调个别化学习,强调学习对象(Learning Object)的小规模学习(Bitesized Learning)。为了更好地利用移动技术来促进学生认知,开发新形式、有利于移动设备的学习材料就显得非常重要。需要根据移动学习的特点,将整个学习内容分解成各个部分,并将学习材料设计成为学习对象(Learning Object);使用学习对象可以很好地支持小规模的学习;学习对象可以重复使用、自由组合。

英国 Ultralab 根据 m-Learning 计划的研究目标,通过分析 16～24 岁的欧洲青年人的学习特征,开发和建立了支持移动学习的 WAP 教育站点。他们认为,现在移动学习发展缓慢是因为大多数移动设备屏幕尺寸小、分辨率低、计算能力不强及存储能力有限,联结各种各样的移动设备到同一个网络也非常困难。为了能够适合这些青年人的认知特征,使他们能够对移动学习保持持久的兴趣,研究人员在学习资源的建设上下工夫,着重选取能够贴近学习者生活和工作同时又较为时尚和流行的主题作为学习内容。他们设计的基于 WAP 技术的数字化学习课程主要内容有：①即时提醒与警告；②与同伴及教师交流；③即时反馈的多项选择测试；④每日提示；⑤概要信息；⑥按照小学习对象原则设计的数字化学习的课程材料；⑦主题信息搜索；⑧课程注册信息等。

第三节　建构主义学习理论

一、建构主义学习理论概述

建构主义是认知主义的进一步发展。在皮亚杰和早期布鲁纳的思想中虽然已经有了建构的思想，但相对而言，他们的认知学习观主要在于解释如何使客观的认知结构通过个体与之交互作用而内化为认知结构。20 世纪 70 年代末，以布鲁纳为首的美国心理学家将前苏联教育心理学家维果茨基的思想介绍到美国，对建构主义思想的发展起了极大的推动作用。

建构主义认为，知识不是通过教师传授得到，而是学习者在一定的情境即社会文化背景下，借助其他人（包括教师和学习伙伴）的帮助，利用必要的学习资料，通过意义建构的方式而获得。因此学习是在一定的情境即社会文化背景下，借助其他人的帮助即通过人际间的协作活动而实现的意义建构过程。建构主义认为世界是客观存在的，但是对于世界的理解进而所赋予的意义却由每个人自己决定。人们是以自己的经验为基础来建构或解释现实。人们的个人世界是用自己的头脑创建的，由于各自的经验以及对经验的信念不同，人们对外部世界的理解也不同。因此，建构主义学习理论认为"情境""协作""会话"和"意义建构"是学习环境中的四大要素或四大属性。在建构主义学习环境下，教学设计不仅要考虑教学目标分析，还要考虑有利于学生建构意义的情境的创设问题，并把情境创设看做是教学设计的最重要内容之一。协作发生在学习过程的始终。协作对学习资料的搜集与分析、假设的提出与验证、学习成果的评价直至意义的最终建构均有重要作用。会话是协作过程中不可缺少的环节。学习小组成员之间必须通过会话商讨如何完成规定的学习任务的计划。意义建构是整个学习过程的最终目标。所要建构的意义是指事物的性质、规律以及事物之间的内在联系。在学习过程中帮助学生建构意义，就是要帮助学生对当前学习内容所反映的事物的性质、规律以及该事物与其他事物之间的内在联系达到较深刻的理解。这种理解在大脑中的长期存储形式就是前面提到的"图式"，也就是关于当前所学内容的认知结构。获得知识的多少取决于学习者根据自身经验去建构有关知识的意义的能力，而不取决于学习者记忆和背诵教师讲授内容的能力。

对于学习,建构主义有着鲜明的区别于其他学习理论的观点。第一,学习是学习者主动建构内部心理表征的过程,它不仅包括结构性的知识,而且包括大量非结构性的经验背景。维特洛克(M. C. Wittrock)提出的学生学习的生成过程(Generative Process)模式较好地说明了这种建构过程。他认为,在学习过程中,人脑并不是被动地学习和记录输入的信息,而是主动地建构对信息的解释,学习者以长时记忆的内容和已有的经验相结合,需要借助于存储在长时记忆中的事件和信息加工策略。当今的建构主义者更多地强调在具体情境中形成非正式的经验背景的作用,即非结构性的经验背景。第二,学习过程同时包含两方面的建构。建构一方面是对新信息的意义的建构,同时又包含对原有经验的改造和重组。第三,学习者以自己的方式建构对事物的理解,从而不同人看到的是事物的不同方面,不存在唯一标准的理解。虽然事物是客观存在的,但事物的意义并非独立于我们而存在的,而是源于我们的建构,每个人都以自己的方式理解到事物的某些方面,教学必须增进学习者之间的合作,使他看到那些与他不同的观点,从而全面地建构事物的意义。

建构主义的教学原则主要有认知灵活性理论及其随机通达教学(Random Access Instruction)、自上而下(Top-down)的教学设计及知识结构的网络概念、情境式(抛锚式)教学(Situated or Anchored Instruction)、支架式(Scaffolding)教学、教学中的社会性相互作用。

认知灵活性理论是建构主义的一个分支,它主张,一方面必须提供建构理解所需的基础知识,同时又要留给学生广阔的建构空间,让他们针对具体化情境采用适当的策略。结构不良领域有以下两个特点:一是知识应用的每个实例中,都包含着许多应用广泛的概念相互作用;二是同类的各个具体实例之间所涉及的概念及其相互作用的模式有很大的差异。乔纳生提出了知识获得的三个阶段,如图 2-1 所示。

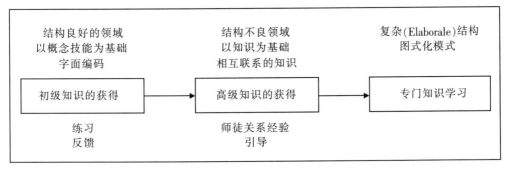

图 2-1 知识获得的三阶段

从图 2-1 可见,在初级阶段,学生往往还缺少可以直接迁移的关于某领域的知识,这时的理解多靠简单的字面编码(Literal Coding)。在教学中,此阶段所涉及的主要是结构良好的问题,其中包括大量的通过练习和反馈而熟练掌握知识的活动过程。在高级的知识获得阶段,开始涉及大量结构不良领域的问题,这时的教学主要以对知识的理解为基础,通过师徒式的(Apprenticeship)引导而进行的。学习者要解决具体领域的情境性问题,必须掌握高级的知识。在专门知识学习(Expertise)阶段,所涉及的问题则更加复杂,这时,学习者已有大量的图式化的模式(Schematic Pattens),而且其间已建立了丰富的联系,因而可以灵活地对问题进行表征。斯皮罗等人根据对高级学习的基本认识提出了"随机通达教学"。随机通达教学认为,对同一内容的学习要在不同时间多次进行,每次的情境都是经过改组的,而且目的不同,分别着眼于问题的不同侧面。每个概念的教学都要涵盖充分的实例,分别用于说明不同方面的含义,而且各实例都可能同时涉及其他概念。在这种学习中,学习者可以形成对概念的多角度理解,并与具体情境联系起来,形成背景性经验。这种教学有利于学习者针对情境建构用于指引问题解决的图式。

建构主义者批判传统的自下而上的教学设计,认为它是使教学过于简单化的根源。他们在教学进程的设计上遵循相反的路线。

(1) 自上而下地展开教学过程。即首先呈现整体性的任务,让学生尝试进行问题的解决,在此过程中,学生要自己发现完成整体任务所需首先完成的子任务,以及完成各级任务所需的各级知识技能。

(2) 知识结构的网络概念。布洛非(J. Brophy)的研究指出,在教和学的活动中,不必要组成严格的直线型层级,因为知识是由围绕着关键概念的网络结构所组成的,它包括事实、概念、概括化以及有关的价值、意向、过程知识、条件知识等。

建构主义批评传统教学使学习去情境化的做法,提倡情境性教学。首先,这种教学应使学习在与现实情境相类似的情境中发生,以解决学生在现实生活中遇到的问题为目标,学习的内容要选择真实性任务,而不能将学习内容做过于简单化的处理,使其远离现实的问题情境。其次,这种教学的过程与现实的问题解决过程相类似,所需要的工具往往隐含于情境当中。最后,情境性教学不需要独立于教学过程的测验,而是采用融合式测验(Test Integrated),在学习中对具体问题的解决过程本身就反映了学习的效果,或者进行与学习过程一致的情境化评估(Context-driven Evaluation)。

维果茨基认为,认得高级心理机能,如对于注意的调节以及符号思维等,在最初往往受外在文化的调节,而后才逐渐内化为学习者头脑中的心理工具。在支架式教学中,教师作为文化的代表引导着教学,使学生掌握和内化那些能使其从事更高认知活动的技能,这种掌握和内化是与其年龄和认知水平相一致的。但是,一旦他获得了这些技能,便可以更多地对学习进行自我调节。支架式教学包括以下环节:首先,搭脚手架,即围绕当前学习主题,按"最邻近发展区"的要求建立概念框架;其次,进入情境,将学生引入一定的问题情境;再次,独立探索;复次,协作学习,进行小组协商讨论;最后,效果评价,对学习效果的评价包括学生个人的自我评价和学习小组对个人的学习评价。

建构主义者重视教学中教师与学生以及学生与学生之间的社会性相互作用,合作学习、交互式教学在建构主义的教学中广为采用。

二、建构主义与移动微学习

建构主义体现在建构主义学习的框架内,教师鼓励学生自己发现原理。为了让学生们从信息的被动接收者变为积极的知识建构者,教师必须给他们提供环境来参与学习活动,提供适当的工具来运用知识。移动设备给教师提供了独特的机遇,让学习者进入真实的情境,使得具体情境下的信息传递成为可能;同时移动设备的计算与信息管理功能,可以作为认知工具来支持、指引和扩充学习者思维过程或心智模式,促进知识内化与问题解决。所以在移动微学习中如何利用移动技术促进学习和知识构建是十分重要的。

移动环境下基于问题的学习(PBL)是一种典型的移动建构型学习,其旨在通过提出不确定的问题来发展学生的批判性思维技巧。这种教学方式能够有助于促进问题解决能力的伸展,使学生的学习得到深化、扩展,促进学生打下灵活的知识基础,发展其解决实际问题、批判性思维和创造性思维的能力,发展合作能力与自主学习能力,这与知识经济社会对人才培养的新要求是完全一致的。英国利物浦约翰莫瑞斯大学的数字内容国际中心设计出一个对于乳腺癌病人利用掌上电脑进行教育的系统。它在病人的疗程中,根据病人病情发展,通过互联网和无线网络将医疗或保健的多媒体学习信息传递到他们的掌上电脑上。病人在学习的过程中,可以利用无线网络向乳腺癌专家来询问专门的知识,从而得到有效的、可靠的信息,包括那些具体的、隐私的信息。用户还可以通过日志方式做私人笔记,这些笔记可以为医生的会诊提供参考信息。病人们可以通过 SMS 进行交流,分享知识和经验。

探究式学习模式可以利用移动技术来实施。一般都是由某个教育机构(如中学、大学或研究机构)设立一些适合由特定的学生对象来解决的问题,通过移动网络向学生发布,要求学生解答来实现。与此同时提供大量的、与问题相关的信息资源供学生在解决问题过程中查阅。另外,还设有专家负责对学生学习过程中的疑难问题提供帮助。移动探究学习模式有四个基本要素:情境问题、主题资源、活动提示和问题反馈。将这四个要素组织和衔接好,便能在移动技术背景下,达到良好的教学效果。实施这种教学模式要注意的一点就是,应防止学生产生过强的挫折感,因此要有比较敏感的反馈系统,通过移动信息及时给予学生帮助。中国台湾中央大学设计了一个可支持小学探究式自然实验课程的移动学习环境,以PDA为移动学习装置,并搭配无线网络学习环境,可同时支持教室内及户外的教学活动,并兼顾支持实验设计、资料收集及分析讨论等一系列完整的自然实验课程,整个系统包括"自然实验站"和"PAD自然实验系统"两部分,"自然实验站"支持完整的小学探究式自然科实验课程的实验设计、收集数据、图表分析、实验报告及评价等阶段;"PDA自然实验系统"提供在户外实验操作时的相关支持,如收集数据及图表分析。活动是基于移动设备进行的,学生可以通过无线网络获得信息和任务,并且通过实际观察确认"自然实验站"上植物的种类、叶子、茎干、果实和花朵,即将客观现实与虚拟现实进行对照。PDA自然实验系统除了支持网络环境外,也可支持离线环境时的资料收集与分析,因此在进行实验时校园内并不需要特别搭建无线网络。实验过程中,学生能够立即透过PDA的红外线对传功能与同伴进行交流互动,等回到教室有网络的环境,可将实验记录上传到服务器,与自然实验站共同运作。

第四节　非正式学习理论

一、非正式学习理论概述

目前,非正式学习有以下几种定义。

(1) A learning activity which occurs outside the curricula of formal educational institutions.

(2) Learning in which both goals and processes of learning are defind by the learner, and where the learning is "situated rather than pre-established".

(3)"非正式学习"是相对正规学校教育或继续教育而言的,指在工作、生活、社交等非正式学习时间和地点接受新知的学习形式,主要指做中学、玩中学、游中学,如沙龙、读书、聚会、打球等。

综合以上定义,我们认为,"正式学习"主要是指在学校的学历教育和参加工作后的培训、远程与继续教育等;相对于"正式学习"而言,"非正式学习"是指在非正式学习时间和场所发生的,通过非教学性质的社会交往来传递和渗透知识,由学习者自我发起、自我调控、自我负责的学习。在非正式学习时间和地点发生,学习过程由学习者调控和自我负责是非正式学习的特点。非正式学习(Informal Learning)是一种隐含式的学习,源于直接的交互活动及来自伙伴和教师的丰富暗示信息,这些暗示信息远远超出了明确讲授的内容。非正式学习强调学习的泛在性,认为人及通信交流的本质就是学习。

研究表明,非正式学习广泛的存在着,它满足了大部分学习需要——达到个体在工作中学习需要的70%左右。非正式学习与实践的需要密切相关,能使人获得很多能够立即应用到实践当中去的知识和技能,非正式学习在如何胜任工作方面发挥着关键性的作用,收到明显的经济效益。更有学习者认为,正式学习通过80%的付出只得到了20%的产出,而非正式学习20%的付出得到了80%的产出。因此,正规学习不再构成学习的主题,非正式学习成为学习的重要部分。非正式学习的学习目的可以是不确定的,根据学习目的是否确定和学习过程中是否察觉到自己的学习,可以将非正式学习划分成三种形式,如表2-1所示。

表2-1 非正式学习的分类

分类	学习目的是否确定	学习过程中是否意识到学习的发生
自主学习 Self-directed Learning	是	否
偶然学习 Incidental Leaning	否	是
社会化学习 Social Learning	否	否

自主学习的学习目的是确定的,在学习过程中能意识到自己在学习,如课外学习外语、阅读专业短文等。偶然学习事先是无意的,但在学习过程中意识到了学习的发生,如在聊天、浏览新闻的过程中学到了意想不到的知识。社会化学习的目的事先不确定,在学习的当时也意识不到学习的发生,过了很长时间才意识到或许意识不到自己的学习结果,如两位舞蹈演员经过很长时间的合练不断默契。

正式学习和非正式学习的界限并不是严格区分的,而是过渡性的。非正式学习不是技术或者认识,而是一种理念、一种状态。如课堂教学是比较典型的正式学习;户外学习通常在非正式学习场合发生,但有教师的组织和调控,也可看做是正式学习或正式学习在非正式学习场合的延续;个人在博物馆中的学习通常具有非正式性,但是有教师指导和设计的博物馆学习活动也具有正式性;个人利用自己的零散时间使用移动设备进行的移动微学习是比较典型的非正式学习。不过,非正式学习相对于正式学习而言,对学习者主动能力、学习应变能力、知识管理能力、个人人际品质要求和感悟能力提出了更高的要求。

二、非正式学习理论与移动微学习

正式学习理论为移动微学习的可行性提供了理论依据。学习既具有个体特点（思考、阅读等），也具有社会性特点（听讲座、讨论等）。基于阅读和思考等个体性学习活动所获得的知识深刻且带有一定的倾向性（个人感兴趣的），但花费时间较多，需要一定的毅力；而基于听讲座、讨论和社会交往等社会性学习活动所获得的知识广泛而不深入，但花费时间较少，不需要太大的毅力。因此，在进行移动微学习设计时，根据非正式学习的特点，为学习者创造协作交流的环境，并鼓励他们参与讨论交流，以达到获取知识的目的。

在非正式学习中，学习者利用 UMPC 可以随时随地存取内容与信息，通过电子邮件、即时消息、聊天或博客等手段相互沟通，在旅途中以视频、游戏、音乐、图片或者电视自娱，通过监控办公应用程序和工具提高工作和学习效率等。在非正式学习中，学习者可以利用 PDA 上自带或安装的程序，如移动概念图软件、记事本工具等记录学习心得；通过无线网络访问局域网中的学习资源，上传或下载学习资料；在集成外部信息获取设备和相应软件的基础上，进行问题探究、情境模拟等不同形式的非正式学习活动。智能手机在通信能力上优于掌上电脑，更适合灵活多样的非正式学习方式，随着技术的日趋完善和价格下降，智能手机将是一种相对普遍的微型移动学习终端设备。

第五节 情境认知学习理论

一、情境认知学习理论概述

情境学习（Situated Learning）是由美国加利福尼亚大学伯克利分校的让·莱夫（Jean Lave）教授和独立研究者爱丁纳·温格（Etienne Wenger）于 1990 年前后提出的一种学习方式。较早针对情境学习进行阐述的是瑞兹尼克（Resniek），她在 1987 年的美国研究协会的就职中发表了"学校内外的学习"演说，她认为，学生所处的学校情境是有一定目的、计划和意义的，其主要强调学习者的个体学习。而在日常生活中人们则更偏重于使用工具去解决问题，常常把运用情境化推理，强调学习的偶然性。她的分析推动了以情境理论为重点的参与式观点的发展，所以她的演说及相关论著在情境认知与学习的研究中具有里程碑的作用。在瑞兹尼克提出以上观点后不久，1989 年布朗、科林斯与杜吉穗（Brown、Collins & Duguid）在《教育研究者杂志》上发表了他们著名的论文《情境认知与学习文化》（Situated Cognition and the Culture of Learning）。该论文比较系统、完整地论述了情境认知与学习理论。他们认为:知识正是在活动中,在其丰富的情境中,在文化中不断被运用和发展着。学习的知识、思考和情境是相互紧密联系的,知与行是相互的——知识是处在情境中并且在活动、行为中得到进步与发展的。文中的观点被后来的研究者们频频引用,使之成为情境认知与学习理论研究领域中的开创与指导性之作。莱夫(Jean Lave)从人类学的视角对情境认知与学习进行研究。1991年出版了她的最具有代表性的名著《情境学习:合法的边缘性参与》。在她的论著中,莱夫从对"认知学徒模式"的反思中,在对利比亚的瓦伊和戈拉两地的裁缝手工学徒的调查研究中认识到"隐性知识"在学习中的重要性,从而提出了情境学习理论研究中的著名论断"情境学习:合法的边缘性参与",从而使对这一理论的研究得到了拓展与提升。20世纪90年代以来,情境认知与学习(Situated Cognition and Learning)理论依赖其深刻、广泛的理论基础,超越了传统的、基于心理学的情境观,并从人类学、批判理论、生态学与政治学等相关学科的研究中反思自身的发展,进而成为20世纪90年代学习理论领域研究的主流。情境认知与学习作为一种能够提供有意义的学习并促进知识向真实生活情境转化的重要学习理论,有着丰富的内容和鲜明的特征。

情境认知是一种关于知识获取的普遍理论,认为学习发生在活动行为的境脉中。情境认知强调将知识视为工具,并试图通过实践中的活动和社会性互动促进学生的文化适应。知识是基于社会情境的一种活动,而不是一个抽象具体的对象;知识是个体与环境交互过程中建构的一种交互状态,不是事实;知识是一种人类协调一系列行为,去适应动态变化发展的环境的能力。

情境认知与学习理论强调外部学习环境对于学习的重要意义,认为只有当学生被镶嵌在运用该知识的情境中时,有意义学习才有可能发生。因此,在教学中要提供真实或逼真的情境与活动,以反映知识在真实生活中的应用方式,为理解和经验的互动创造机会;提供接近专家以及对其工作过程进行观察与模拟的机会,在学习的关键时刻应为学习者提供必要的指导与搭建"脚手架",重视隐性知识的学习,为学生建构学习模式、搭建抛锚式学习的支架,增强学生的自信心。

对于自然科学知识的学习,情境认知与学习理论主张学习者走进大自然,进行野外考察;对于社会科学知识的学习,则主张学习者走向社会,进行调查研究与访谈。但是,野外考察、调查研究与访谈等学习活动成本较高,在一般的学校教育中开展得较少;另外,在学生走进大自然或社会进行考察、调查研究等学习活动时,知识的获取变得困难,这大大影响了学习的质量。

综述这些教育学家的观点,可以概括出情境认知与学习理论的主要观点。

(1) 知识具有情境性，学习者需要在情境中获得和应用知识。

传统看法认为知识只能通过正式的课堂学习、教师的传授才可以获得，而事实上，知识普遍存在于学习者日常生活的各个角落，如我们周围的社交圈子、网络资源、社会环境等，都蕴涵着丰富的知识。知识无法从环境中独立出来，任何知识都和环境相关，是人与环境交互作用的产物。人们进行学习的整个过程，是与整个环境之间的互动，简单地从书本中获取概念和公理往往达不到预定的学习的效果。如果一定要把知识与实践视为两个独立的部分，也就是将学习知识及使用知识分离开来，把知识独立于情境之外，那么就会产生惰性知识，而并不是对生活、生产、社会进步有用的健全的知识。在传统的课堂教学中，学生从教师那里学习各种抽象的算法、理论、规则以及其他脱离情境的知识。由于这些知识的获得脱离了相应的使用情境，最终导致学习者常常无法在实际生活中使用。这样必然造成没有很好地达到获得知识的最终目的，即指导人们生产、生活实践。情境学习主张在情境中学习知识，并且将知识视作生产、生活实践的工具，将学习知识的过程与情境相结合。

(2) 学习者最好在真实活动和文化背景中学习。

知识除了有情境的特性之外，还具备通过真实活动得到发展，通过使用进而逐步被掌握的特性。真实活动可以简单定义为日常的文化实践，强调符合现实生活中的真实情境，而非校园里形成的封闭环境。在学校的封闭环境中，学习者往往在人造的活动中学习，但却无法将所学的知识转化为在校门外真实的世界中应用的知识，以至于学习者掌握许多不能转化为实践的理论知识。

除了活动以外，学习还需要具有相应的文化背景——也就是知识的获得需要具备适应社会已存在的文化类型。由于这种文化适应的隐蔽性、复杂性和客观存在性，人们往往忽略了这样一个事实：人们所熟悉的一切不是外部教学的结果，而是周围环境文化的产物。学习者在学习、交流、合作、参与社会活动的过程中都会受到所处的社会群体的影响，不断改变、调整原有的看法和行为。其本质就是学习者在真实的活动情境中参与到社会的文化背景中，逐步形成新的看待世界的方式和解决问题的能力，从而使学习真正有利于学生对某一特定共同体文化的适应。

(3) 通过写作与互动学习效果更佳。

情境学习鼓励通过小组、团体的方式来进行学习。在团体中，学习者可以和专家、同伴或者其他人进行互动，并且只有通过协作式的社会互动，才能最大限度地发挥情境学习的效果。这与传统的教学形式有本质上的区别。传统的教学形式大部分都是教师的教授式，而教师的内容也过分地依赖于教科书上静态、固化的文字和图片信息，这是一种抽象、单调的知识传授方式，这种方式无法使用学习者喜欢追求具体意义、多元思考的人之特性,结果就会造成学习者对知识的简单记忆,而对知识的产生、应用缺乏深刻的了解和掌握。在强调写作的情境学习的过程中,多个学习者在合作过程中可能会对同一知识有不同的理解,他们之间要进行交流和争论,由此引发的认知冲突有助于加深对知识的深层理解。并且小组协作、交互学习可以将单个学习者独自难以完成的任务进行分派,将认知负担分散到各个学习者身上,通过多人的共同努力,完成学习任务,达到学习的目的。

二、情境认知理论与移动微学习

随着学习理论从行为主义范式到认知主义范式,再到建构主义范式的不断发展,人们对学习的认识逐渐从单纯的信息加工、知识传递向情境学习转变。在情境认知学习理论的支持下,移动终端给我们提供了很好的机遇。学习者可以携带移动终端进入真实的问题情境或工作情境中进行非正式学习。在基于移动终端的微学习中移动终端由传统的内容传递和信息反馈工具转化为学习者知识建构的工具。它协助学习者在特定的情境下进行意义建构,引导和扩充学习者的思维过程,改善学习者的心智模式,并最终促进知识的内化与问题的解决。

情境感知主要依据情境提供信息或服务,这些信息和服务与使用者目前任务相关。目前,移动通信技术的迅速发展使随时随地获取任何知识成为可能,这将极大地提高学习活动的质量。因此,移动学习为情境认知与学习理论提供了技术支持,情境认知与学习理论则为移动学习提供了理论基础。在移动学习系统设计时,应当多为学习者提供真实情境的学习环境,让学习者将学习与现实生活结合起来,以提高他们的知识迁移和解决实际问题的能力。

第六节 境脉学习理论

一、境脉学习理论概述

境脉涉及"生理、心理、认知、语言、社会、文化"等方方面面。"境脉"用通俗的话来说就是"学习环境"+"学情",或者干脆叫"学情分析"("学"既包括学习环境,也包括学习对象)。美国的安尼德(Anind. K. Dey)对境脉信息的定义为:境脉是能够表现一个实体状态的一切信息。这个实体可以是一个用户、一个位置或者任何一个与系统联系的对象。这些信息包括环境境脉、用户境脉和计算境脉。环境境脉包括传感器的ID和位置,环境的声音分贝值、亮度、温度、湿度、天气等,以及对接近传感器的物体的判定信息。用户境脉包括学习者当前所处位置,学习行为(如拍照、记录等),到达某处的时间、体温、心跳、血压、操作习惯、个人喜好、预先的学习计划、学习的起止时间、学习路径或课程序列、学习者与设备之间的交互情况、学习者与他人的交互情况、学习绩效和个性化需求等。计算境脉包括CPU占用率、网络带宽、终端屏幕大小、Web服务的性能等。首先,"境脉"这一概念具有主体指向性、整合性与动态性。主体指向性是指"境脉"总是与其主体相关,或者总是围绕某一主体来讨论其相关信息。整合性是指一旦确定了主体,"境脉"总是力求全面地捕捉与主体相关的信息。动态性则是指面向主体的各种境脉信息之间互为关联、相互作用,总是处于动态发展过程中。其次,研究"境脉"包括三个相互关联的环节,一是明确"境脉"的主体,二是挖掘与该主体相关的信息,三是根据主体需求以及相关信息提供相应的应用服务。

境脉学习(Contextual Learning)理论认为,学习者自身原有的记忆、经验、动机和反应构成了一个完整的内部世界,学习者在处理新的信息或知识时,与其内部世界发生意义,这便是学习。境脉学习理论假定,大脑本能地在境脉(Context)中搜寻意义,即在学习者所处环境中搜寻所处理的新信息或新知识与内部世界之间发生意义或看似有用的关系。境脉学习理论强调学习者内部世界对于学习的重要性,强调学习者自身原有的记忆、经验、动机和反应是一种内部学习环境,重视对学习者现有知识结构、学习动机、学习兴趣的分析。

二、境脉学习理论与移动微学习

在课堂外,学习者利用移动设备与环境进行交互,系统利用境脉信息为学生提供适应性服务,支持学习者的情境式学习和协作性学习,同时将境脉信息通过无线通信传送给服务器并进行存储。移动技术利用境脉感知为学习者提供最恰当的内容与服务,适应性服务的实现分为境脉感知、适应性内容传递和编码变换三个步骤系统。通过境脉感知,获取学习者的位置、学习时间、网络性能、环境情况、移动设备的内存、屏幕尺寸等相关信息,从而进行分析得出结论,选择出当前最适合该学习者的学习内容,这些学习内容可能包含文本、图片、视频、音频和动画等多种媒体格式,而由于移动设备具有的小体积、便携性等特殊性能,针对不同的移动学习设备要对这些被选择的学习内容进行编码转换,将不适合传递的内容进行媒体格式转换来适应用户的移动设备。最后,系统通过适应性标记语言将转换后的内容与其他内容一起传递给学习者。

小学自然科学课程中的识别植物单元,系统利用RFID(无线射频识别技术)传感器和无线网络来为学习者提供情境学习。环境中的每个目标植物都配有RFID标签,记录此植物的一些特征数据。每个学习者都配备内置RFID阅读器的PDA(个人数字助理)。当学习者靠近某一植物时,PDA中的RFID阅读器可以从植物上的RFID标签中读出相关数据。通过RFID来感知计算场景中与交互任务相关的境脉能实现交互的隐式化,从而让计算终端和日常物体具有与人自然和谐交互的能力。

在传统学校教育中,学习者和教师能显著认识到学习者在学习动机、学习兴趣方面的差异,但对于学习者在知识结构进而学习习惯等方面的差异性则重视不够。而在移动微学习中,系统能很方便地记录学生所访问过的学习网站、阅读过的学习内容,从而分析和总结出学习者的知识结构与学习习惯。因此,移动微学习为境脉学习理论在教学中的应用提供了技术基础,而境脉学习理论为移动学习的发展提供了理论基础。

第七节　活动理论

一、活动理论概述

活动理论源于康德和墨格尔的古典哲学、马克思的辩证唯物主义和维果茨基、列昂捷夫、鲁利亚等俄国心理学家的社会文化和社会历史的传统。活动理论不是方法论,它是研究作为发展过程的不同形式人类实践的哲学框架,同时包括相互联系的个体层面与社会层面。人类与环境客体之间的关系由文化内涵、工具和符号中介联系着。它的定义可概括为:活动理论是"一个研究不同形式人类活动的哲学和跨学科理论框架"。它是一个社会文化分析的模式(实际上所有人类活动都处于由人和物组成的社会大系统之中);一个社会历史分析的模式(实际上所有人类活动都在与时俱进且分布在个人及人们的文化之中);中介行动的理论,关注行动者和其文化工具,文化工具是活动的中介。

活动理论的先驱鲁宾斯坦(S. L. Rubinstein)认为,人类的心理是在实践活动中形成的,因此,必须从"活动"的基本形态(劳动、学习、游戏)中研究这种现象。活动理论关注的不是知识状态,而是人们参与的活动、他们在活动中使用的工具的本质、活动中合作者的社会关系和情境化的关系、活动的目的和意图以及活动的客体或结果。活动理论的关键概念就是"活动"与"沟通",如何设计活动及如何在活动中促进沟通,则是活动理论的核心内容。活动学习(Action Learning)是指在实践活动中的学习,即以问题为中心组成学习团队,在外部专家与团队成员之间的相互帮助下,通过主动学习、不断质疑、分享经验,使问题得到解决。活动理论认为,自觉的学习和活动是完全相互作用和彼此依赖的(人们不可能不假思索地行动,也不可能有缺乏行动的思索)。学习不是传输的过程,也不是接受的过程。学习需要有意图的、积极的、自觉的、建构的实践,包括互动的意图、行动、反思活动。活动理论中分析的基本单位是活动。

人类活动是一个复杂的进化过程。在进化过程中，物种通过适应并建构而进行裂变，形成了活动系统中的诸要素。人类文明演变的进展，以一种特定的人类活动形式，要求过去单独的裂变和形成的中介成为统一化的决定因素。

活动理论认为，人类是作为与环境互动的一个特殊的要素而产生和存在的。所以活动(感觉的、心理的、身体的)和有意识的加工(学习)不可分割。有意识的意义形成是由活动促成的。个体的所知是基于有意识的意义形成和活动的互动。活动理论认为，学和做是不可分的，它们都是由意图启动。意图指向活动客体。工具中介改变了人类活动的性质，工具被内化后，还能影响人的心理发展。活动是一种历史地发展的现象，活动总是在文化中演进，如图2-2所示。

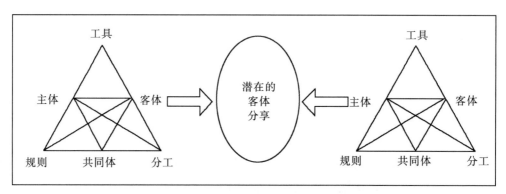

图2-2 第三代活动理论中两个相互作用的活动系统模式

活动理论有五大原则，分别是以目标为导向、具有层级结构、内化和外化结合、具有工具中介和发展原则。以目标为导向是指活动是指向目标的，无论采用什么样的活动形式，什么样的活动过程，其目标是一定的。活动理论具有层级的结构形式，列昂杰夫认为活动存在三个等级：活动、行动和操作。内化和外化是指活动对人的影响的两个方面。内化是将活动中的知识、技能、理论等内化到人的头脑之中，是学习者对外在世界认识的改变。外化则是因内化而改变学习者行为，改变学习者行为方式的表现。活动理论需要工具中介的介入。活动理论使用大量的工具，有基于人类文化的，如符号、语言等，也有物理的活动工具，如机器、自然环境等。这些工具是活动理论的基础。

二、活动学习理论与移动微学习

活动理论中关键的一点是，内在和外在是融合的、统一的。活动理论的内在在于理论本身的精神，是教学设计中灵魂之所在，而其外在的表现形式，是活动形式设计的表现，网络发展、硬件技术的成熟，已使网络的优势不断显现，新时代的教育已向个性化、终身化方向延伸，将活动理论的灵魂与移动技术结合起来必将为教育带来一阵清新春风。

活动学习的效果主要取决于问题的界定、活动的设计与组织以及学习团队成员之间的分工协作。但是,在学习活动进行之中,学习者能否随时随地方便地获取需要的知识与信息,是活动学习能否成功的一个关键因素。以移动学习技术为支撑开展活动学习往往能充分发挥活动学习的优势,优化活动学习的效果。因而,移动微学习为活动学习的开展提供了技术基础,可以让学习者充分发挥活动学习的优势,优化活动学习的效果。同时,在移动微学习系统中,关于活动的设计也是应该考虑的问题。

活动理论提供了一个研究使用移动技术中介的学习活动框架,能用来较好地理解移动微学习的活动和目标,能够解释移动学习情境中不同要素之间的关系,能够把握住影响移动微学习活动中的关键要素。活动理论同样提供学习活动的历史观,诠释移动学习活动的连续性,导向不同情境中的共同目标。在此基础上,其强调情境和移动学习活动的关系,能有助于理解移动学习情境的特性和要素、学习活动发生的环境、学习活动中个体与移动技术和社会群体的关系。运用活动理论设计移动学习活动的思想是:通过某种移动学习设备中介,分析移动学习活动的角色和规则、共同体和劳动力分工,考察蕴含在移动学习活动中的物理和社会情境变化,分析学习过程和结果的不同视角,关注学习者参与的活动及所获得的进展。移动技术不应被理解为学习的客体,而是作为一种搭建解释学习者经验、深化理解、发展对话、互动观点和建立更有效学习环境的活动网络的工具,从而促进学习者的学习活动。

活动理论视域的移动学习活动设计原则主要有:凸显移动技术的中介性;持续保持移动微学习目标的感知性;强调移动微学习活动的转化性;促进移动微学习的双重建构性;保障移动微学习活动结构的完整性;关注移动微学习活动的情境性。

第八节 经验学习理论

一、经验学习理论概述

大卫·库伯(David Kolb)在总结了约翰·杜威(John. Dewey)、库尔特·勒温(Kurt Lewin)和皮亚杰经验学习模式的基础之上提出自己的经验学习模式,也即经验学习圈理论。经验学习是指"改造经验产生知识的过程"。"强调经验在学习过程中的所发挥的中心作用",这个定义强调学习过程中的四个重要方面:第一,强调适应和学习的过程而不是内容和结果;第二,知识是持续的构成与再构成的改造过程,不是独立实体的获得和传递过程;第三,学习是改造主观形态的经验和客观形态的经验的过程;第四,要理解学习必须理解知识的性质,理解知识的性质必须理解学习,二者密不可分。

库伯的经验学习理论认为,学习中的自主性就是独立和相互依赖,并提出学习的四步骤循环的观点。他认为,学习是由抽象概念(Abstract Conceptualisation)、活动实验(Active Experimentation)、具体经验(Concrete Experience)和反思观察(Reflective Observation)四个阶段构成的循环往复的过程。雷斯(Race)进一步把库伯的四步骤简化为"思考、活动、反思、理解"。抽象概念是学习者必须达到能理解所观察的内容的程度并且吸收它们使之成为合乎逻辑的概念。活动实验阶段,学习者要验证这些概念并将它们运用到制定策略、解决问题之中去。具体经验是让学习者完全投入一种新的体验。反思观察是学习者在停下的时候对已经历的体验加以思考。学习的起点或知识的获取首先是来自人们的经验(Experience),这种经验可以是直接经验,即人们通过做某事获得某种感知,或借用哲学的术语说,就是"对世界图景的第一次粗略地把持"。当然这种也可以是间接经验,因为人们不可能在有限的生命周期内将世界的每一件事都"经验"过一次。有了"经验",学习的下一步逻辑过程便是对已获经验进行"反思"(Reflection),即人们对经验过程中的"知识碎片"进行回忆、清理、整合、分享等,把"有限的经验"进行归类、条理化和拷贝。然后,有一定理论知识背景和一定理论概括能力的人便会对反思的结果从理论上进行系统化和理论化总结,这个过程便进入了学习的第三阶段——"理论化"(Theorization),如果说前面两个阶段是知识的获取的充分条件,那么,这个阶段的学习对于知识的获取则是充分必要条件。库伯认为,"知识的获取源于对经验的升华和理论化"。理论化阶段,学习者要做的工作很多,包括要将过去的分析框架即类似于某种"应用程序"从大脑"存储器"中暂时"打开",对反思的结论即相关文本进行处理,得到人们所希望得到的结果。学习圈的最后一个阶段是"行动"阶段(Action),可以说,它是对已获知识的应用和巩固阶段,是检验学习者是否真正"学以致用",或是否达到学习的效果。如果从行动中发现有新的问题出现,则学习循环又有了新的起点,意味着新一轮的学习圈又开始运动。

经验学习的特点有以下几个:①学习是一个过程而不是结果。库伯认为,知识是经验的构成与再构成,是动态变化的。②学习是以经验为基础的连续过程。知识来自经验,并在经验中接受检验,所有的学习都是一种经验,而经验是连续的,因此,学习也是连续的过程,并且是以经验为基础的连续的过程。③学习过程是适应环境的不同模式之间矛盾解决的过程。④学习是一个适应环境的有机过程。把学习看成是人类适应环境的有机过程,学习这个概念就跨越了时间和空间的限制,它发生在人类生活的各个场所,并贯穿人的一生。⑤学习是个人与环境互动的过程。⑥学习是知识生产的过程。知识是社会知识和个人知识相互作用的结果,前者是人类文化经验积累,具有客观性;后者是个人生活经验的积累,具有主观性。"主观经验和客观经验相互交流的过程就是学习的过程"。

经验学习理论强调抽象思考、实践活动、形成经验与反思观察的重要性,并指出四个部分互动螺旋式上升是有效学习的基本特征。在抽象思考与实践活动中,需要大量的知识与信息做基础,否则,思考将变成胡思乱想,实践也会成为一种脱离了知识与科学的蛮干。

二、经验学习理论与移动微学习

经验学习理论强调学习知识内容的连续性,将经验放在重要的位置,包括直接经验和间接经验。人们通过亲自实践获得的知识直观且深刻,有利于指导人们的生产生活。而通过书本、互联网、人际交往等渠道获得的间接经验抽象晦涩,但也是人们进行正常社会活动的重要组成部分。基于经验主义进行移动微学习的设计时,要注重对学习者不同经验的区分对待与分析,并且要通过多种合适的渠道对经验进行建构。

经验主义主张学习是一个连续、螺旋式循环反复的过程。学习是永无止境的过程。学习者对头脑中已有的经验不断地进行整理、分析、归类、重组,构成自己所能理解的系统。在实际应用过程中,学习者将经验付诸行动,一方面是对经验知识的巩固,另一方面也会产生与原有的经验不相符合的问题。此时学习者并不能利用以往的经验解释所遇到的一些问题,于是学习者又要进行思考、活动、反思和理解。基于此,移动微学习在设计学习活动时,应从问题的多方面入手,随机进入,并且有相应的辅助练习、变式练习、知识点归纳总结。经验主义还强调学习是主体与环境相互作用的过程,移动微学习在板块设计时应为学习者提供经验交流共享的平台。

利用移动学习技术,在抽象思考与实践活动过程中方便、及时地获取所需的知识与信息,将极大地调动学习者的学习积极性,提高学习效果。

第三章　移动微学习的技术环境

作为一种新型的学习方式,移动微学习的产生和发展不仅需要相关理论做支持和引领,还需要相应技术的支撑。移动微学习依赖于多媒体技术、无线网络技术、移动通信技术和移动终端设备的推广与应用。

第一节　多媒体技术

一、多媒体分类

多媒体技术是指通过计算机对文字、数据、图形、图像、动画、声音等多种媒体信息进行综合处理和管理,使用户可以通过多种感官与计算机进行实时信息交互的技术。因此,本书从媒体元素的角度将多媒体分成文本、图片、动画、音频、视频影像等。

1. 文本

文本是以文字和各种专用符号表达的信息形式,它是现实生活中使用最多的一种信息存储和传递方式。用文本表达信息给人充分的想象空间,它主要用于对知识的描述性表示,如阐述概念、定义、原理和问题以及显示标题、菜单等内容。

（1）文本信息的特点。

移动终端屏幕上的文本信息可以反复阅读,从容理解,不受时间、空间的限制,但是,在阅读屏幕上显示的文本信息,特别是信息量较大时,容易引起视觉疲劳,使学习者产生厌倦情绪。另外,文本信息具有一定的抽象性,阅读者在阅读时,必须会"译码"工作,即将抽象的文字还原为相应的事物,这就需要学习者有一定的抽象思维能力和想象能力,不同的阅读者对所阅读的文本的理解也不完全相同。

（2）文本的作用。

移动微学习过程中,移动终端可以通过文本向学生显示一定的教育教学信息,在学生用多媒体进行自主学习遇到困难时也可以提供一定的帮助、指导信息,使学生的学习顺利进行下去,一些功能齐全的移动终端设备上的教学软件还能根据学生的学习结果和从学生一方获得的反馈信息向教师提供一定的学习评价信息和相应的指导信息。另外,文本还可以为学习平台提供一定的使用帮助和导航信息,增强了学习平台的友好性和易操作性,学习者不用经过专门的培训就能根据屏幕上的帮助、导航信息进行移动微学习。最后平台能从学习者身上获得一定的反馈信息,实现信息提供者和接收者之间的信息的双向流动,加强了学习过程的反馈程度。

(3)超媒体。

我们常说的,超媒体＝超文本＋多媒体。

超文本类似于人类联想思维的一个非线性的网状结构,没有固定的顺序,也不需要读者必须按某个顺序去阅读。它以节点作为一个信息块,按需要用一定的逻辑顺序链接成非线性的网状结构,提供联想、跳跃式的查询能力,极大地提高获取知识和信息的效率。超文本节点还可以提供声音、图像、动画和动态视频。

超媒体在本质上和超文本是一样的。超文本在诞生的时候是纯文本,随着多媒体技术的发展,超文本从最初的纯文本扩展到多媒体,因此就产生了超媒体这个词。超媒体是超文本和多媒体在信息浏览环境下的结合。超媒体是超文本的扩展,除了具有超文本的功能外,还能够处理多媒体和流媒体信息。

因此,超文本是超媒体的一个子集,超媒体是多媒体的一个子集。

2. 图片

这里的图片指的是静态的图形图像。不同的学习者有不同的学习习惯,有些学习者善于从文字的阅读过程中获取教学信息,而有些学习者则喜欢从图形图像的观察、辨别中发现事物的本质,这里的图形图像就为这类学习者提供了优质的教学信息。另外,与教学内容相关的图形图像有利于降低教学内容的抽象层次,更加有利于学习者理解、掌握学习内容。

(1)图片信息的特点。

与文本信息相比,图片信息一般比较直观,抽象程度较低,阅读容易。而且图片信息不受宏观和微观、时间和空间的限制,大到天体,小到细菌,上到原始社会,下到未来,这些内容都可用图片的形式来表现。

(2)图片的作用。

首先,图片可以传递教学信息。图形、图像都是非文本信息,在教学过程中可以传递一些用语言难以描述的教学内容。

再者,图片可以美化界面、渲染气氛。在移动微学习过程中,不论是移动微学习的APP平台还是网页界面,如果没有图片的美化,学习界面的枯燥、没有吸引力就会影响学习者的学习心态。用合适的图形或图像作软件的背景图或装饰图,美化了操作界面和交互界面,给学习者一定的美的享受,可以激发学习者学习的兴趣。

(3) 图片加工技术。

常见的图片加工处理手段主要有:色调调整,修正拍摄过程中光线不足所导致的偏色现象;增加锐度,提高图片的清晰度;修版,去掉图片中的斑点、瑕疵和图片中的缺损部分等;转变分辨率,根据不同的使用场所和不用的终端设备,转变成相应的分辨率。

图像的处理必须通过图像处理软件完成。图像处理软件可对图像进行常规处理,例如处理图像的尺寸大小、调整色彩的对比度、调整亮度等。如果采用稍微复杂的特殊算法,还可以生成许多特殊的图像效果,例如水纹涟漪效果、优化效果、扭曲效果等。

3. 动画

动画是利用人的视觉暂留特性,快速播放一系列连续运动变化的图形图像,也包括画面的缩放、旋转、变换、淡入淡出等特殊效果。通过动画可以把抽象的内容形象化,使许多难以理解的教学内容变得生动有趣。

(1) 动画信息的特点。

与文本信息、图片信息相比,动画信息更加生动、形象。动画可以重现生活现象。动画有利于更加直观地讲解知识点。在教学过中,如一味地采用文本形式教学,学习者会产生视觉疲劳,对知识点的吸收会很慢,影响教学效果,而在教学过程中加入动画形式的知识点讲解,教学效果会很明显,有事半功倍的感觉。

(2) 动画的作用。

在教学过程中,有很多教学内容无法给学生一个很好的感性认识,这样反过来又增加了学生理解问题的难度,如果这时候用动画来展示教学,有利于学习者理解。例如:化学反应过程中分子结构的变化、机器结构的模型拆装等大量的教学内容都难以给学生以直观的感性认识;而动画技术则可以将各种现象或模型在移动终端设备上表现出来。

4. 音频

声音是人们用来传递信息、交流感情最方便、最熟悉的方式之一。

(1) 音频的特点与作用。

第一,音频有助于促进学生智力的发展。音频使教学生动、形象、感染力强,易于激发学生学习兴趣、集中学生注意力,有助于发挥学生在学习过程中的主体作用。学生听着优美的音乐,看着迷人的"景色",又伴随着老师热情洋溢的解说词,很快便投入课堂环境,数字音频不受空间、时间、微观、宏观的限制,能形象地表现各种事物、现象及其变化过程,使学生获得充分的感知材料。第二,数字音频可以对学习者的多种感官产生影响,对于学习者对知识的记忆有一定的帮助,还可以活跃学生思维、发展思维能力。第三,数字音频,是一种形声结合的方式,显现的教学信息比文字、图片在单位时间内传递给学习者的信息量要大得多。这种方式能有效地提高教学效率。

（2）音频数字化。

把模拟声音信号转变为数字声音信号的过程称为声音的数字化，它是通过对声音信号进行采样、量化和编码来实现的。

- 采样——在时间轴上对信号数字化。
- 量化——在幅度轴上对信号数字化。
- 编码——按一定格式记录采样和量化后的数字数据。

5. 视频影像

视频影像是指由一组连续的、内容相关的图形、图像和声音组成的一种时基媒体形式。当视频影像中的每一幅画面是人工制作的图形时，这种视频影像称为动画。当视频影像中的每一幅画面是自然景物的图像时，这种视频影像称为视频。在通常情况下，动画和视频统称为视频。

视频具有时序性与丰富的信息内涵，是图形、图像和声音的完美结合。当播放（或者录制）视频时可以同步播放（或者录制）画面和声音，这使得视频可以形象地描述事物的发展过程。

（1）视频信息的特点与作用。

① 直观性。视频利用学习者的视觉系统直观地获取信息。

② 确定性。视频信息内容不易与其他信息的内容混淆，很确定。

③ 高效性。利用视觉系统，人们可以并行地观察图像的各个像素，因此具有高效性。

④ 广泛性。视觉系统占外界信息总量的70%，学习者获得信息量较广泛。

⑤ 视频信号的高带宽性。视频信息包含大量的、变化的信息，信息量极大，传输网络所需要的带宽相对较大。

（2）视频的数字化。

视频数字化就是将视频信号经过视频采集卡转换成数字视频文件存储在数字载体——硬盘中。在使用时，将数字视频文件从硬盘中读出，再还原成电视图像加以输出。

首先是提供模拟视频输出的设备，如录像机、电视机、电视卡等。

然后是可以对模拟视频信号进行采集、量化和编码的设备，这一般都由专门的视频采集卡来完成。对视频信号的采集，尤其是动态视频信号的采集，需要很大的存储空间和数据传输速度。这就需要在采集和播放过程中对图像进行压缩和解压缩处理，一般都采用有损压缩方法来解决图像和视频的存储和传输问题。

最后，由多媒体计算机接收和记录编码后的数字视频数据。在这一过程中起主要作用的是视频采集卡，它不仅提供接口以连接模拟视频设备和计算机，而且具有把模拟信号转换成数字数据的功能。

6. 流媒体

流媒体是指采用流式传输的方式在互联网上播放的媒体格式。流媒体又叫流式媒体,它是指商家用一个视频传送服务器把节目当成数据包发出,传送到网络上。用户通过解压设备对这些数据进行解压后,节目就会像发送前那样显示出来。

(1) 流媒体。

传统 Web 服务器不支持多比特率视频,这意味着将不能对客户端进行智能流控制,也不具备对传送协议进行转换,因此在客户端、播放器受到网络状况的影响时,可能会出现既无音频也无视频而最终导致数据流传输中断的现象。

与此相反,流媒体是专门为传输基于流的内容所设计的,能根据向某个客户端播放器发送流时受到的反馈信息来衡量数据包的发送,并确定合适的客户端传输协议及连接带宽,所以当播放器以这种方式收到数据包时,图像将更加平滑和流畅。此外,当网络带宽受限时,流媒体服务器可以将流进行多重广播,让更多的用户同时连接并持续地接收流,而当进行网上实况转播时,也只有流媒体服务器才能配置实况流的传送。

(2) 流媒体技术。

所谓流媒体技术就是把连续的影像和声音信息经过压缩处理后放上网站服务器,由视频服务器向用户计算机顺序或实时地传送各个压缩包,让用户一边下载一边观看、收听,而不用等整个压缩文件下载到自己的计算机上才可以观看的网络传输技术。该技术先在使用者端的计算机上创建一个缓冲区,在播放前预先下一段数据作为缓冲,在网络实际连线速度小于播放所耗的速度时,播放程序就会取用一小段缓冲区内的数据,这样可以避免播放的中断,也使得播放品质得以保证。

传统下载方式的时延很大,因为音视频文件一般都较大,需要的存储容量也较大,同时受到网络带宽的限制,下载一个文件很耗时,根据文件的大小,可能往往需要几分钟甚至几小时。这种方式不但浪费下载时间、硬盘空间,重要的是使用起来非常不方便。流媒体技术出现后,人们能够"即点即看"了,多媒体文件一边被下载一边被播放,不仅使启动延时大大缩短,而且不需要太大的缓存容量,极大地减少了用户在线等待的时间,而且也提升了互动性。

二、多媒体技术的特点

此前,我们了解了不同的多媒体对学习者的感觉器官产生的作用是不同的。若学习者利用移动终端设备进行移动微学习时,只有一种感觉器官在运动,那么学习者会很快感到很疲倦,同时对学习产生厌恶情绪。那么在设计移动微学习资源时必须调动学习者多种感觉器官,使学习者对学习产生兴趣,同时愿意进行移动微学习。因此我们需要用到多媒体技术,多媒体技术通过将多种媒体信息进行整合,调动多种感觉器官,使教学内容与学习者进行交互作用。多媒体技术应用于移动微学习具有以下几个特点。

1. 多样性

信息媒体的多样性使得多媒体技术具备多样性。多媒体技术就是要把计算机处理的多样性或多维化,使之在信息交互的过程中,具有更加广阔和自由的空间。通过对多维化信息进行捕获、交换、组合和回收,可以大大丰富信息的表现力。只有多媒体技术多样化了,移动微学习的教学资源才能多种多样,吸引学习者学习。

2. 集成性

这种特点主要体现在以下两个方面:一是多媒体能将不同的信息组合成一个整体,包括多媒体信息的集成和多媒体表现集成,让这些信息能够同步地发挥各自的作用。这些信息在发挥各自作用的同时,还能弥补其他信息的弱点,体现着整体作用大于部分作用的效果,也包括多媒体信息进行技术集成和功能集成,实现图、文、声、像一体化。二是多媒体能将不同的媒体硬件设备组合在一起,让它们成为一个系统的整体,为多媒体服务。多媒体有着强大的输入输出功能,能够连接各种网络接口,使其具有应用的广泛性。多媒体还能够存储超大容量的信息,有着较多高效的软件系统,能够很好地处理不同的信息。

3. 实时性

多媒体技术能将各种文字、图片信息很好地结合起来。在应用时,各种信息的出现可以借助多媒体技术的功能连贯地展现出来。在移动微学习时,学习者可以根据需要随时地进行停顿而去理解知识。

在多媒体系统中,音频、动画和视频等媒体是与时间密切相关的,多媒体技术必然要提供对这些时基媒体(Time-based media)的实时处理能力。例如:在视频教学的过程中,教师和学生可以实时交流。同时,在视频过程中,传出的声音和图像都应尽量避免延时、断续或者停顿等,体现多媒体技术的实时性。

4. 交互性

多媒体技术的交互性也体现在两个方面:一是多媒体不仅能在自己的操作上合理控制,而且还能够将其他媒体信息处理得恰到好处。比如:从数据库中检索出用户需要的文字、照片和声音资料,是多媒体交互性的初级应用;通过交互特征使用户介入到信息过程,则是交互应用的中级阶段。二是当用户完全进入一个与信息环境一体化的虚拟信息空间遨游时,才达到了交互应用的高级阶段。也就是说多媒体不仅是单纯地对数据、图片做一些简单的搜索,还要从中提取自己所需的信息,并且对这些信息做一些处理,用户可以按照自己目的和认知特征重新组织信息,增加、删除或修改节点,重新建立链接。这是相对复杂的交互性。交互式工作不是简单的单向或双向传输。

用户可以与计算机的多种信息媒体进行交互操作,从而为用户提供有效的控制和使用信息的手段。交互可以增加对信息的注意力和理解力,延长信息的保留时间。

5. 高质量

多媒体技术的高质量体现在声音、图片的处理上。早期的信息处理,是对信息的存储以及演示播放,但是当时的信号不好,在声音上造成干扰较大,并且在存储的过程中也会出现误差。而现在的多媒体技术采用的是全部数据化的形式对声音和图片进行处理,这种处理在精确度上要比早期的处理好得多,使得声音和图片的处理在质量上更好。在移动微学习中,视频质量的好坏决定学习者学习效率的高低。

6. 非线性

多媒体技术的非线性特点将改变人们传统循序性的读写模式。以往人们读写方式大都采用章、节、页的框架,循序渐进地获取知识,而多媒体技术将借助超文本链接(Hyper Tex Link)的方法,把内容以一种更灵活、更具变化的方式呈现给学习者。

第二节 无线网络技术

一、无线网络的分类

无线网络是使用无线电电波进行信息交换的通信网络总称,随着通信技术的飞速发展,无线网络早已遍布全球,深入人们生活的每一个角落。根据所使用的无线通信技术的通信范围来划分,可以把无线网络总结为以下四类:无线个人网络(WPAN)、无线局域网络(WLAN)、无线城域网络(WMAN)、无线广域网络(WWAN)。如图3-1所示。

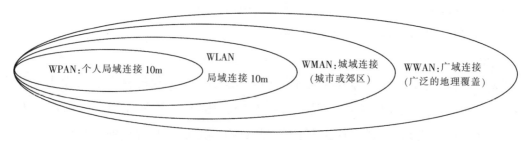

图 3-1 根据距离不同无线网络技术的分类

1. 无线个人网络(WPAN)

无线个人网络是一种在 10 米或更小范围内的无线网络,这一网络形态定位在电缆替代技术和邻近设备的连接设备的连接技术上。它主要包括蓝牙、红外等无线网络传输协议。

WPAN 典型的应用实例是移动电话上的蓝牙（Bluetooth），它可用于支持不同设备之间的无线连接，实现无缝化的信息共享。在移动微学习过程中，学生可以通过蓝牙设备连接其他移动终端传输需要的教学资源。共享优质的教学资源有利于提高学习者的学习效率。目前市场上具备蓝牙技术的手机很多。蓝牙技术设计的初衷就是将手机和笔记本电脑、掌上电脑以及各种数字化的信息设备用一种小型的、低成本的无线通信技术连接起来，进而形成一种个人身边的网络，使得在其范围内各种信息化的移动便携设备都能无缝地实现资源共享。蓝牙 v1.1 被 IEEE802 采用形成了 IEEE802.15.1 标准。蓝牙是一个开放性的无线通信标准。

2. 无线局域网络（WLAN）

无线局域网络是指以无线信道作为传输媒介的计算机局域网络（Wireless Local Area Network，简称 WLAN），它是在有线网的基础上发展起来的，可以使网上的计算机具有可移动性，能快速、方便地解决有线方式不易实现的网络信道的连通问题。这样学习者利用移动终端设备进行移动微学习，在空间上不再受无网络不能下载、不能观看教学资源的限制。2002 年，国际无线网络联盟规定将 WiFi 作为无线局域网络的标准协议。从理论上来说，只要设备处于 WiFi 接入点的通信覆盖范围之内，就可以得到传统有线网络的网络访问能力。

无线局域网络的标准是基于 IEEE802.11 建立的。目前最新的 802.11n 已经支持超过百兆级别的通信带宽，有效通信范围可达 300 米。其突出优势在于：第一，无线电波的覆盖范围广。目前，普通 WLAN 的半径可达 100 米，借助于特殊交换机，其无线网络半径可扩大数倍之多。第二，服务商进入该领域的门槛比较低。服务商只需在图书馆、机场等人口密集的地方设置"热点"，并通过高速线路将互联网接入上述场所，用户即可用移动终端接入网络。

WLAN 有两种基本的组网方式：Infrastructure 模式和 Ad hoc 模式。Infrastructure 模式带有无线接入点（Access Point，简称 AP），配置简单，很容易通过有线网络接入互联网，因而是目前无线局域网络主要的也是比较成熟的一种应用方式。而 Ad hoc 模式可以自成网络，无需 AP，可组成一种临时性的、松散的网络组织方式，实现点对点、一点对多点连接。

3. 无线城域网络（WMAN）

无线城域网络可以看做是将数个不同的无线局域网络连接起来的无线网络形式。无线城域网主要采用 IEEE802.16 的标准，工作于 10～66GHz 的频段，能覆盖数十公里的距离。它具有容量高、建网迅速、带宽高的优点,在一个城域网范围内,可为运营商提供综合的网络服务和各个种类的业务。无限城域网络能够进行漫游接入,向固定的便携设备提供高速度语音服务,还能用来连接无线局域网与互联网,以及各类局域网的自由连接。

在 WLAN 技术快速发展的同时,我们在进行移动微学习尤其在室外环境学习时,带宽和用户数方面受到了限制,同时,还存在通信距离较长等一些其他问题。为更好地解决上述问题,IEEE 制定了一套全新的、更复杂的全球标准,这个标准能同时解决物理层环境(室外射频传输)和服务质量(QoS)两方面的问题,典型的 WMAN 有 WiMAX、Mesh 等。

4. 无线广域网络(WWAN)

WWAN 主要指 IEEE802.20(Mobile-Fi)、2G、2.5G、3G 等。2G(如 GSM、9.6kbps)、2.5G(如 GPRS＞140kbps、EDGE＞380kbps)、3G(如 WCDMA、CDMA2000、TD-SCDMA、2Mbps)、B3G(如 HSDPA、14Mbps)、4G 等是指我们现在的蜂窝移动通信体系。蜂窝移动通信发展到现在已差不多经历了 3 代。2000 年 5 月,在土耳其举行的 IUT-R 全会上,通过了用于 3G 的五种技术,其中有三种是基于 CDMA 技术的(WCDMA、WCDMA2000、TD-SCDMA)。随着 3G 技术的成熟和陆续开始部署,所谓"超 3G(B3G)"技术(如基于 MIMO 技术的 HSDPA 可以提供高达 14Mbps 的下行速率),4G 技术(基于 MIMO、OFDM 和空时编码及智能天线技术)都在不断发展,为移动微学习提供了信息传输的便利。

无线广域网络也称移动通信网络,可用于为移动电话提供语音通话和数据传输服务。移动通信网络的覆盖范围遍及全球,随着时代不断变更,技术也在不断发展,3G 标准下的 WCDMA、CDMA2000 等技术已经可以提供超过 2Mbps 的带宽,在此基础上的扩展标准 HSDPA、HSUPA 等可把带宽进一步提升至 7.2Mbps 甚至更高,正如现在已经出现的 4G 通信技术。可以预见,在不久的将来无线网络技术将会得到进一步的发展,可为各类移动终端设备提供更加便捷的互联网访问支持和更好的网络通信质量,从而实现网络整体从有线网络向无线网络的平滑过渡,这对移动微学习的开展起到了十分积极的促进作用。

二、无线网络环境的选择

对于移动微学习来说,首先要构架起无线网络环境,这是移动微学习的关键。由于移动微学习场景及学习活动依赖的网络环境不同,其应用部署方式是不一样的。

移动微学习下的学习活动并不限于固定时间和固定地点,其可以满足学生自由移动、自由选择学习。学习者可以通过无线网络在任何时候、任何地点联系他人或者学习资源。语音通信的带宽要求范围通常是 8kbps（固话质量）、31kbps（调幅广播质量）、96kbps（调频广播质量）、128kbps（可接受的音乐质量）、256～320kbps（CD 音乐质量）。视频通信的带宽要求范围通常是 16kbps（电视电话质量）、128～384bps（商务视频会议系统质量）、1Mbps（VHS 录像带质量）、5Mbps（DVD 质量）、15Mbps（HDTV 高清电视质量）。

个人通信网中的蓝牙技术可以支持距离 10m 内的学习者以 1Mbps 的速度进行视频、音频和数据传送。WLAN 则可以支持更大空间范围内的学习活动。目前主流的 WLAN 技术是 WiFi（IEEE802.11），802.11b 最高传输速度为 11Mbps，802.11g 最高传输速度为 54Mbps，802.11a 最高传输速度为 54Mbps，但与前两个协议不同，802.11a 运作在 5GHz 频段。同样运作在 5GHz 频段的 HiperLAN2 最高传输速度也可达 54Mbps。对于长距离通信情况，WiMax（World Interoperability for Microwave Access，全球微波接入互操作性）可以无线连接 5～8km 内的学习者，这是 WLAN 所不能达到的；而且可以将 WiFi 热点连接到互联网。

已有的移动微学习实践研究中多采用 GMS/GPRS、UMTS、WiFi 及蓝牙技术。一般而言，户外探究学习通常采用 Ad hoc 网络，校园环境或固定教学环境下的移动微学习可以采用 WLAN，而面向公众服务的 m-Learning 可采用 GPRS/CDMA 等。这里我们仅对校园的和户外的网络环境予以简单的探讨。

1. 无线校园网

无线校园网最大的特点是具有高度的空间自由性和灵活性，其采用无线接入的方式；可以避免大规模铺设网线并减少固定设备投入，有效地削减了网络建设费用，极大地缩短了建设周期；无线局域网带宽很宽，适合进行大量双向和多向的多媒体信息传输。

无线校园网建立在充分考虑学校使用需要的基础上，力求实现整个校园网的灵活性、方便性、经济性、可扩展性和安全可靠性。

（1）灵活性。

在无线网覆盖范围内，学习者可以随时随地上网，可以不受地域、网线的限制，真正做到随时随地学习。

（2）方便性。

在进行高校无线校园网的建设时，没有必要进行网络线路的铺设。同时，也没有必要进行设备间的物理连接，配置非常简单，建设周期非常短，组建简单方便。学习者不用进行手机或笔记本电脑等移动终端设备间的物理连接就可以开展移动微学习，查看资料、发表感想或下载教学资源都无拘无束。

（3）经济性。

高校无线校园网中没有必要使用线缆进行各种设备的连接,使得网络的管理和维护方便,因此,在进行高校无线校园网的规划与设计时,节省了许多材料费用、施工费用和维护费用等。

（4）可扩展性。

高校无线校园网可以经过扩展实现许多功能。另外,对当前的有线主干局域网进行扩展可得到高校无线校园网。在进行方案建设时,力求做到网络结构清晰、合理并具有扩展能力;硬件配置先进、可靠;系统软件界面友好,易于操作和维护,这样移动微学习的学习者才不会因为种种外因而中断学习。

（5）安全可靠性。

高校无线校园网要保证系统可靠运行,关键设备应有冗余。安全性一直是网络及系统管理的重要环节之一。学习者在利用无线网络进行移动微学习的过程中要确保信息的隐私等问题。如果安全可靠性不能得到保障,学习者在学习过程中会有安全的忧虑,这对学习者的学习有很大的阻碍,影响学习的效果。

构建无线校园网是一个循序渐进的过程,一方面要先进行周密和有条理的规划,另一方面需要利用技术和经验来实现其设计和安装。主要步骤:第一,环境分析。首先要根据实际需要构建校园网的场地情况和项目需求进行环境分析,了解现在网络情况、设备配置、网络管理、应用类型等,建立无线覆盖或者无线网桥构建方案。第二,效果测试。根据环境分析得出的结论,进行现场效果测试。通过特定的辅助工具可以检测无线覆盖范围、信号强度以确定无线接入点的最佳安装位置,另外还可以调整天线的高度和角度,达到最佳的桥接性能。第三,建设。通过效果测试后,根据实际情况选择相应的设备。一般来说,无线局域网的主要组成部分有无线网卡、无线接入点、无线网桥、接入控制器、认证服务器、天线、适配器等。第四,评估。网络建设完成后,应在各种环境中进行测试,以确定无线网络的流量、稳定性、不同区域的带宽、桥接性能等要素。

2. Ad hoc 网络

Ad hoc 网络,又称"点对点网络"。1991年成立的 IEEE802.11 标准委员会采用了"Ad hoc 网络"一词来描述这种特殊的对等式无线移动网络。Ad hoc 网络是一种特殊的无线移动网络。网络中所有结点的地位平等,无须设置任何的中心控制结点。网络中的结点不仅具有普通移动终端所需的功能,而且具有报文转发能力。与普通的移动网络和固定网络相比,它具有以下特点。

（1）无中心。

Ad hoc 网络没有严格的控制中心。所有结点的地位平等,即是一个对等式网络。

结点可以随时加入和离开网络。任何结点的故障不会影响整个网络的运行,具有很强的抗毁性。

(2) 自组织。

网络的布设或展开无需依赖于任何预设的网络设施。结点通过分层协议和分布式算法协调各自的行为,结点开机后就可以快速、自动地组成一个独立的网络。

(3) 多跳路由。

当结点要与其覆盖范围之外的结点进行通信时,需要中间结点的多跳转发。与固定网络的多跳不同,Ad hoc 网络中的多跳路由是由普通的网络结点完成的,而不是由专用的路由设备(如路由器)完成的。

(4) 动态拓扑。

Ad hoc 网络是一个动态的网络。网络结点可以随处移动,也可以随时开机和关机,这些都会使网络的拓扑结构随时发生变化。

以上这些特点使得 Ad hoc 网络在体系结构、网络组织、协议设计等方面都与普通的蜂窝移动通信网络和固定通信网络有着显著的区别。

Ad hoc 网络的对等式互联特点可以使个人通信终端直接连接到其他用户的终端交换共享信息资源,无需连接到服务器或基站浏览和下载相关信息。利用 Ad hoc 网络在户外的移动微学习等非正式学习情境中应用很适用,学习者沟通与交流显得更加便捷,也实现了资源共享。这样,学习者之间的学习和交流不受时间、地点的限制,学习将嵌入到实际的工作和生活场景当中,使得学习更加有意义。

基于 Ad hoc 技术,教师可以利用电子白板与学生的移动终端进行无线通信,发布学习内容,收集学生的绩效信息,并展示回馈信息等。教师可以在坐公交车的时候建立虚拟教室,利用这段时间阐明科学探究活动的目的,进行基本规划,列出需要事先掌握的概念,学习者可以利用上课之前的碎片化时间在教师建立的虚拟教室里掌握本次教学目标和教学内容等。这有利于学习者在学习之前有一个学习的预热阶段。教师可以发布测试题检验学生的探究学习效果,也可以就这个探究过程发表自己的看法和心得。这种随机、自由、及时的知识交流方案不仅调动所有的学习者进行交流学习,也可以使得人际间的交流更为迅速、便捷,从而提高了人们解决学习问题和处理社会事务的效率。

我们可以看到 Ad hoc 网络应用于移动微学习具备很多优势,但是它作为一种新型对等无线通信网路,还是会有许多亟待解决的问题,这些问题会影响教学设计。第一,可扩展性问题。一个大规模的 Ad hoc 网络可能包含成千上万甚至更多的节点,但是节点间存在相互干扰,这时候网络容量就会下降,而且网络节点之间的吞吐量也会下降;同时不断变化的网络拓扑对现有的 Ad hoc 网络路由协议存在着很大的挑战。第二,大多数节点使用电池供电,因此我们要保证网络管理的负荷限制在最小值,这样才能达到节省能源的效果。但是如果减少收发和处理的节点数,将与需要拓扑结构的定期更新相矛盾。第三,能源的有限性和节点的移动性导致节点随时可能与网络分离,这就要求网络管理协议随时观察节点的离开和加入,并且及时更新拓扑结构。第四,无线环境下信号质量变化大。信号的衰退和拥塞都会使网管误认为节点已离开,因此,网管必须能够区分是由于节点移动还是由于链路质量的原因导致连接中断。网管必须询问物理层,但这样会违反 OSI 的层次管理结构。

虽然 Ad hoc 网络在移动微学习中具有相当的应用前景,但是国内的这些实用案例还很少。

第三节 移动通信技术

一、移动通信技术的发展历程

在过去的 10 年中,世界电信界发生了巨大的变化,移动通信特别是蜂窝小区的迅速发展,使用户彻底摆脱终端设备的束缚、实现了完整的个人移动性以及可靠的传输手段和接续方式。进入 21 世纪,移动通信将逐渐演变成社会发展和进步的必不可少的工具。另一方面,移动通信的不断发展,也给移动微学习的开发与实现奠定了重要基础。

1. 第一代

第一代移动通信系统(1G)是在 20 世纪 80 年代初提出的,它完成于 20 世纪 90 年代初,如 NMT 和 AMPS,NMT 于 1981 年投入运营。第一代移动通信系统是基于模拟传输的,其特点是业务量小、质量差、安全性差、没有加密和速度低。1G 主要基于蜂窝结构组网,直接使用模拟语音调制技术,传输速率约为 2.4kbit/s。

由于信息化更新速度超前和移动微学习理论起源相对较晚等各方面的原因,第一代移动通信技术对移动微学习的支撑作用甚微,故不作讨论。

2. 第二代

第二代移动通信系统(2G)起源于 20 世纪 90 年代初期。欧洲电信标准协会在 1996 年提出了 GSM Phase 2+,目的在于扩展和改进 GSM Phase 1 及 Phase 2 中原定的业务和性能。在 GSM Phase2+阶段中,采用更密集的频率复用、多复用、多重复用结构技术,引入智能天线技术、双频段等技术,有效地克服了随着业务量剧增所引发的 GSM 系统容量不足的缺陷。由于受传输环境的影响,移动通信系统很难做到总是工作在最佳的信源和信道编码速率中,因此采用自适应编码(AMR)技术来提高通信的质量。同时,GPRs/

EDGE 是 GSM Phase2＋阶段引入的分组型数据业务,为用户提供端到端的基于分组交换和传输技术的移动数据业务,可有效地利用无线资源和网络地面资源,能提供比 GSM 网 9.6kbit/s 更高的数据率。自适应语音编码(AMR)技术的应用,极大地提高了系统通话质量;GPRs/EDGE 技术的引入,使 GSM 与计算机通信/Internet 有机结合,数据传送速率可达 115/384kbit/s,从而使 GSM 功能得到不断增强,初步具备了支持多媒体业务的能力。

移动通信技术发展到 2G 时期,其网络传播及各种功能已经能基本上支持移动微学习的网络传输需求,2G 移动通信网络在技术层面上也已经具有为移动微学习提供通信与数据传输保障的基本条件,移动微学习在此阶段发展迅猛,比较常见的移动微学习模式有:基于短信息内容的移动微学习模式以及基于 WAP 的移动微学习模式。

3. 第三代

第三代移动通信系统(3G),也称 IMT 2000。2009 年 1 月 7 日,我国同时发放了三张 3G 牌照,即:TD-SCDMA、WCDMA、CDMA2000,标志着我国正式进入了 3G 时代。其最基本的特征是智能信号处理技术,智能信号处理单元成为基本功能模块,支持话音和多媒体数据通信,它可以提供前两代产品不能提供的各种宽带信息业务,例如高速数据、慢速图像与电视图像等。如 WCDMA 的传输速率在用户静止时最大为 2Mbps,在用户高速移动时最大支持 144Kbps,所占频带宽度 5MHz 左右。我国现行的三种 3G 网络中,WCDMA 和 CDMA2000 主要采用"软切换"技术,能够实现移动终端在时速 500km/s 时的正常通信,即能在与另一个新基站通信时,首先不中断跟原基站的联系,而是在跟新的基站连接好后,再中断跟原基站的连接,这也是 3G 网络优于 2G 网络的一个突出特点。

3G 网络的大力发展,给移动微学习带来了巨大的机遇。从技术角度来分析,3G 移动通信网络相对于 2G 网络的优势在于更大的系统容量和更好的通信质量,且能够实现全球范围的无缝漫游,为通信用户提供包括语音、数据和多媒体等多种形式的通信服务,这为移动微学习的推广与质量提供了保障。同时,3G 技术也解决了高速运动物体的无缝覆盖问题,这一技术的攻克,让移动微学习的学习环境延伸到高铁领域,无论从移动微学习自身的发展还是学习者的发展角度来看,3G 移动通信网络在技术层面上为移动微学习发展过程中移动通信问题的完满解决奠定了坚实基础。

4. 第四代

第四代移动通信及其技术,简称 4G,是正在全力开发的系统,它是集 3G 与 WLAN 于一体并能够传输高质量视频图像,并且图像传输质量与高清晰度电视不相上下的技术产品。4G 系统能够以 100Mbps 的速度下载,比拨号上网快 2000 倍,上传的速度也能达到 20Mbps,它能够满足几乎所有用户对于无线服务的要求。而在用户最为关注的价格方面,4G 与固定宽带网络在价格方面不相上下,而且计费方式更加灵活机动,用户完全可以根据自身的需求确定所需的服务。此外,4G 可以在 DSL 和有线电视调制解调器没有覆盖的地方部署,然后扩展到整个地区。另外,4G 移动通信对加速增长的广带无线连接的要求提供技术上的回应,对跨越公众的和专用的、室内和室外的多种无线系统和网络保证提供无缝的服务。通过对最适合的可用网络提供用户所需求的最佳服务,能应付基于互联网通信所期望的增长,增添新的频段,使频谱资源大扩展,提供不同类型的通信接口,运用路由技术为主的网络架构,以傅立叶变换来发展硬件架构实现第四代网络架构。移动通信会向数据化、高速化、宽带化、频段更高化方向发展,移动数据、移动 IP 预计会成为未来移动网的主流业务。

如前诉述,4G 的到来,不仅是简单地仅给移动通信带来变化,其同样也是移动微学习发展的巨大推助力,无论是从数据传输还是通信服务等各个角度,4G 对于移动微学习来说都具有无可比拟的优越性。可以预见的是,移动微学习的发展将在 4G 的浪潮中越走越远。

二、3G 的功能特征及给移动微学习带来的新变化

1. 3G 的功能特征

(1) 3G 具有高速的传输速率。

3G 具有在本地采用 2Mbit/s 高速率接入和在广域网采用 384kbit/s 接入速率的数据率分段使用功能,具有在 2GHz 左右的高效频谱利用率,且能最大程度地利用有限带宽,使得 3G 的声音和数据传输速率大大提高,图像、音频、视频的下载传输更加快捷,有利于提高移动微学习的学习者对教学内容的获取时间。

(2) 3G 具有视音频电话功能。

3G 技术被谈论最多的是手机的视频通话功能。在 3G 技术的支持下,视频通话也将像语音通话一样普及。依靠 3G 网络的高速数据传输,3G 手机用户即使远隔千万里,也可以随心所欲、流畅无阻地"面谈"了。当用户用 3G 手机拨打视频电话时,不再是把手机放在耳边,而是面对手机,再戴上有线耳麦或蓝牙耳麦,通话双方都能在手机屏幕上看到对方的影像,一方的通话状态还会被录制下来并传送给对方。同时,3G 手机的语音通话效果也将随着网络技术的提升而得到提高,使得移动微学习中学习者和教师、学习者和学习者可以通畅地进行视频通信。高质量的通信效果有助于学习者对教学内容的接收和理解。

(3) 3G 具有视频社区的功能。

视频社区功能的实现,使空间、速率、介质所造成的干扰变得无关紧要。基于 3G 网络,不同通信介质的兼容和跨设备的通信成为可能。通过 3G 网络,处在世界各地的朋友们可以自发形成视频社区,约定时间,采用不同的介质,在任何一个角落顺畅地实现互动交流。

3G技术自身丰富的特性,决定了它能够用来为移动微学习服务。当3G技术应用于移动微学习时,移动微学习就具有了全新的特性。目前,基于3G网络的移动微学习模式的方案有四种,包括:基于3G多媒体短消息服务的移动微学习模式,基于3G视频服务的移动微学习模式,基于3G无线网WAP浏览等服务的移动微学习模式,基于3G网络的学习软件的移动微学习模式。在这些学习模式中,体现了3G技术所带来的新变化,也给移动微学习带来全新的功能模块。

2. 3G技术给移动微学习带来的新变化。

(1) 优化学习资源,降低成本。

3G技术带来的网络传输高速率,让人们通过移动微学习设备轻易获取多媒体形式的优秀学习内容。比如,名师讲课视频、生化实验动画、语言学习音频等,不必重复建设或高额购买,学习者只需通过移动设备在线浏览或高速下载即可获取,教育成本大大降低。

(2) 加强师生联系,促进交互。

如果人们将3G技术引入移动微学习中,网络传输速率将大幅提升,在原有文字交互的基础上,将融入视、音频的交互功能,让师生通过视音频电话听到对方的声音,看到对方表情。即使是不同的通信设备,只要支持3G技术就能够无障碍通信。一切犹如面对面交流一样顺畅,移动微学习带来的空间距离消失,师生间的情感联系更加紧密。学习反馈因此传递得更加及时,学生的学习效果也将得以提高。

(3) 促进教育公平,实现终身学习。

当3G技术与移动微学习结合,移动微学习将更好地促进教育公平。从学习资源的获取到师生交互方式的丰富,移动微学习的学习功能将更加完善,它在实现传统教育的教学功能的基础上,还为因经济状况不佳、年龄过大、所在地区偏僻、学习时间不固定等原因造成的学习障碍提供帮助,使最好的学习资源能够为大家所共享,实现终身学习的目的。

(4) 丰富内容呈现方式,实现多媒体移动微学习。

在3G出现之前,移动微学习内容大多数是以文本的形式呈现,而诸如实验操作、听力材料以及课堂实录等学习内容则适宜采用多媒体方式呈现。随着网络带宽和传输速率的提高,通过移动设备就能浏览网络上的视、音频信息,学生远隔千里一样可以看到名师讲课视频,听到外语学习材料,多媒体学习材料成为移动微学习者随时随地可以获取的内容。

第四节　移动微学习的移动终端设备

在移动微学习中，移动终端设备是必需品。现在市面上的移动终端很多，可供大家选择的很多，大家可以根据自己的爱好和习惯选择适合自己的移动终端进行移动微学习。本节主要介绍PDA、智能手机、笔记本电脑、超便携个人电脑、学习机类产品几种移动终端设备以及现阶段流行的人机交互技术，并对移动终端的选择原则进行阐述。

一、移动微学习的移动终端设备类型

1. PDA

PDA又称Pocket PC、Personal Digital Assistant或者掌上电脑，是便携式个人计算机，一般不配置键盘，支持触摸和笔输入，安装有Window Mobile、Palm或者Linux等操作系统，拥有一般电脑大多数的功能。

PDA也意指"个人数字助理"。其最初的功能是取缔笔纸的功能，进行个人信息管理，帮助人们进行一些日常工作，主要包括日程安排、通讯录、任务安排便笺。如图3-2所示。

早期的PDA并不具备通信功能，但是随着技术的发展和融合，PDA也逐渐具有通信的功能，并且装有Palm、Window Mobile等操作系统。更重要的是可以通过附加通信模块上网浏览，收发E-mail、发传真。如图3-3所示。

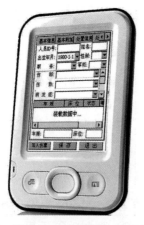
图3-2　利用PDA处理事务、登记信息

图3-3　利用PDA收发邮件

Palm-source公司的Palm几乎是早期PDA操作系统的唯一选择，其优点是简单易用，对PDA配置要求相对降低，耗电量小。同Windows操作系统不同，Palm利用一个内建、简单的应用调度器来呈现Palm上的所有资源。Palm操作系统还有一个显著的特点，它运行在一个抢占式的多任务内核之上，同一时刻用户界面允许一个应用程序

被打开,该程序将控制整个屏幕,应用程序始终运行在单用户界面线程上。这点看来和现在的多媒体流行趋势相比有点落伍,但是这种特性使操作系统更为紧凑,到目前为止,其主流版本 Palm OS3 只需要 2MB 内存就可以了。国内许多 PDA 厂家目前更倾向于微软 Windows Mobile 系列操作系统。该系统多媒体支持能力远好于 Palm OS 系统,支持时下 MPEG 等媒体格式,此外,用户界面上更加接近 Windows 操作系统,可以方便地实现与 Windows 系统间的数据交换。

与普通手机相比,掌上电脑具有显示屏大、分辨率高的优点,同时 PDA 还支持无线网络协议如 WiFi,用户可以访问无线局域网和互联网。而且大部分掌上电脑都有浏览器,可以访问无线局域网和互联网上的资源或应用程序。再者,用户还可以利用网络在 PDA 上下载用户需要的软件和资源。

2. 智能手机

智能手机在当今社会已经相当普及了,其在很多方面与 PDA 有相似的地方。智能手机也有以下特性。

(1) 在多媒体性能方面。

在多媒体性能方面,智能手机具有大尺寸、大分辨率的屏幕,在视、音频方面,智能手机具有立体扬声器、视频摄像头等配件,所以智能手机可实现效果逼真的多媒体内容回放,这是普通手机不能达到的。此外大容量的存储空间也可以方便地存储多媒体信息。

(2) 在便携性方面。

在便携性方面,智能手机具有小巧的外形,重量比较轻,便于携带,通常只需要放入公文包、手袋甚至衣服口袋中就可以随身携带。另外,一般智能手机的电池在待机情况下可以使用5~7天,在正常使用的情况下可以连续使用6~7个小时,并且由于手机电池也比较小巧,随身携带一块备用电池也是可以接受的。

(3) 在网络接入方面。

在网络接入方面,智能手机具有丰富的网络支持,内置 WAP 浏览器和 WWW 浏览器,可以随时通过 GPRS 网络或是 CDMA 网络连接互联网。随着 4G 时代的到来,无线连入互联网的速度有了很大的提升,学习者可以非常畅通、快速地访问 WAP 网站和普通的 Web 网站寻求自己想要的信息资源。除了无线网络的接入支持,智能手机通常还具备蓝牙、红外等功能,可以轻松地跟其他手机或是具备同样接口的电脑进行通信。

(4) 在功能扩展方面。

在功能扩展方面,智能手机可以在开放式的操作系统下安装所需的应用程序以获得新功能,功能型移动电话由于使用了封闭式的操作系统导致扩展能力不强。例如:学习者想要学习英语,想让自己的手机移动终端具有查英语单词的功能,可以下载"海词词典"这个应用程序进行学习。如图 3-4 和 3-5 所示,学习者可以根据自己的需求下载一些应用程序进行移动微学习。

(5) 在交互性方面。

在交互性方面,智能手机既具备普通手机的通信功能,可以进行语音通话、文本及多媒体短信息的接受及发送,还具备无线网络功能,可以方便地连入互联网,学习者可以随时随地进入互联网与其他学习者进行交互。

图 3-4　利用智能手机学习　　图 3-5　利用智能手机学习英语口语

3. 笔记本电脑

笔记本电脑在开展小范围内的移动微学习是比较适合的。首先,笔记本电脑的屏幕比较大,在 12.1 英寸到 17 英寸之间甚至更大,能够满足移动微学习的学习者观看任何学习资源。其次,利用笔记本电脑学习,获取资源很便捷,学习者可以通过网上下载等多种方式获得。再者,笔记本的存储容量较大,可以保存大量的资源,有利于学习活动的开展。最后,笔记本电脑扩展性很强大,无论是软件方面还是硬件方面,都可以进行扩展。

市面上存在很多针对教育市场的笔记本电脑,主要应用对象是学生,尤其是中小学生。这些笔记本电脑设计的关键不在于性能,而是相关的学习资源的建设。例如,国芯天华笔记本(产品型号 GX-1)英语学习套件、模拟实验系统、模拟考试系统和各门功课学习上万套资料等。这类笔记本电脑的价格不高,一般在 2000 元左右,能够适应普通家庭的消费水平。

4. 超便携式笔记本电脑(Ultrabook)和平板电脑(Tablet PC)

目前最流行的便携式电脑是追求极致便携性的超便携式笔记本电脑(Ultrabook)和

采用全新触摸式控制方式的平板电脑(Tablet PC)两种。

超便携式笔记本电脑,简称超级本,如图3-6所示。超便携式笔记本电脑屏幕有的只有7英寸或者更小的尺寸。它支持全球定位系统、无线和蓝牙功能,为学习者提供了随时随地上网的便利,通过一些聊天软件例如QQ、微信等可进行学习上的实时沟通与交流。和一般的笔记本电脑相比,超便携式笔记本电脑具有体积更薄、重量更轻、电池续航能力更长这三大特色,在价格上也采取高性价比的路线。英特尔所规划的超便携式笔记本电脑主要具有以下几个特征。

超薄,其机身厚度的最大值不超过20毫米。

超轻,其机身重量的最大值不超过1.4千克。

超长续航时间,其电池寿命的最小值不低于5小时。

超高性能,以固态硬盘取代传统的机械硬盘,采用英特尔低电压处理器。

超高性价比,其标准售价约在1000美元左右。

平板电脑是一种新式的便携式电脑,如图3-7所示,它具有笔记本电脑的所有性能与功能,还具备了提高移动计算能力的功能,其中包括用于使用Tablet笔输入数据的自然界面、超轻的机身尺寸,以及先进的手写与语音识别功能。平板电脑的输入方式区别于传统的键盘和鼠标,它使用的是触控式屏幕作为输入设备,它使用Wacom数位板,该数位板能快速地将触控笔的位置"告诉"电脑。使用这种数位板的平板电脑会在其屏幕表面产生一个微弱的磁场,该磁场只能和触控笔内的装置发生作用。所以用户可以使用触控笔或手指来进行各种操作,典型的例子有苹果公司生产的iPad平板电脑、摩托罗拉公司生产的XOOM平板电脑等。

无论是超便携式笔记本电脑还是平板电脑,由于出色的性能及较高的便携性,它们为移动微学习带来良好的支持。

图3-6 利用超级本学习

图3-7 利用平板电脑学习

5. 学习机类产品

早期的学习机是与电视机相连的,借助于电视机的屏幕来进行输出和显示。在当时,学习机是不便于携带的。如今,时代在不断发展,学习机也在不断进步,现在的学习机尺寸小、带有独立的显示屏、方便用户随身携带,还可以利用学习机进行个人信息管理、进行中英文互译等。我们还可以利用学习机听名师讲课和学习英语,如图 3-8 和 3-9 所示。

图 3-8　利用学习机听名师讲课

图 3-9　学习机学习英语

目前,好记星、诺亚舟、步步高等学习机类产品在基础教育领域占据一定的市场。这类产品拥有电子词典、数学公式查询、诗词欣赏等功能,在语文、数学、英语三大主学科领域的应用掀起热潮,引起多家学习机企业竞争,如"名人""步步高""好易通"等。这些学习机类产品紧密联系学习教材,力求与课堂同步,并且支持下载服务,深受学生家长的喜爱。这类产品体积小巧,携带方便,耗电量低,使用起来方便、快捷。

再者,学习机在通信能力上也在不断加强,从原来的无法通信、无法更新资料发展到通过数据线从计算机上拷贝资源,再到利用无线通信自动更新资料。学习者可以从厂家提供的网站及资源库直接下载学习资源并及时更新。在接入方面,这类产品一般是通过数据线与电脑连接,或者使用红外进行无线连接的,通常不提供网络接入。他们本身的容量比较小,在扩展性方面比较差,一般只能扩展一张存储卡。在成本方面,学习机类产品市场价都不算高,一般在千元左右,但是资源更新需要电脑的支持,这也是一个需要考虑的使用成本。

与前面的几种移动终端相比,学习机更加注重学习资源的获取和教学策略的展现。学习机之间竞争的一个方面是学习资源和教学水平的比较。课堂同步、多语言学习、专业标准词典、全科辅导等功能也已引入学习机的竞争潮流中。

通过上述分析,我们总结了各个移动终端的特点,如表 3-1 所示。

表 3-1 移动终端的比较

设备名称	便携性	网络接入	屏幕		成本	操作系统
PDA	中	WLAN/WPAN	中	<7英寸	高	Android,iOS,Windows,Linux,etc
智能手机	高	WLAN/WWAN	小	<5英寸	中	symbian,Windows,Palm,Android,iPhoneOS,etc
笔记本电脑	低	WLAN/WPAN	大	约10～18英寸	高	Windows,MacOS,Linux,etc
超便携个人电脑	中	WLAN	大中	约7～11英寸；≤7英寸	高	Android,iOS,Windows,Linux,etc
学习机类产品	中	WLAN/ Wt-Ou	小	<5英寸	中	无

二、移动终端人机交互技术

随着移动互联网的飞速发展，用户体验成为移动互联网应用普及和加速渗透的关键，而"人机交互"（Human-computer Interaction）成为用户体验移动互联网应用的第一关口。人机交互是通过输入输出设备，实现人与终端设备交互的手段，包括人通过输入设备给机器输入交互信息、机器通过输出或显示设备给人提供交互信息，最终实现人机互动。

当前人机交互技术已发展到多通道用户界面，综合采用触摸、语音、手势等新的交互通道、设备和交互技术，用户就可以利用这些技术以自然、并行、协作的方式进行人机交互，使得人机交互逐步贴近人们的自然交互习惯。

1. 屏幕触控技术

手机键盘是传统手机交互必备的配件，而屏幕触控交互技术的应用颠覆了手机的定义，屏幕触控交互为人机触觉交互提供有效的信息输入功能，并为用户提供了简单、方便、自然的人机交互方式。利用这种技术，用户只要用手指轻轻地触碰智能终端设备触摸显示屏上的图符或文字就能实现对终端的操作。

触控技术包括单点触控和多点触控。单点触控一次只能向控制器传达一个触点信息；多点触控技术能够记录同时发生的多点触控信息，使智能终端系统可以同时响应操作者在屏幕上的多点操作，从而实现屏幕识别人的多个手指同时做的点击、触控动作。目前，多点触控已经在智能移动终端中占据主流地位。

2. 传感感应技术

由于移动终端的便携性和智能性逐步提升，传感感应技术被逐步引入到智能手机中。进入到3G时代，由苹果公司发起，谷歌、微软等公司积极跟进，逐步在智能手机操作系统中引入了对重力感应器、距离传感器、光线传感器、位置传感器、陀螺仪等多种感应设备的支持。

这些传感器的应用，使得智能终端在用户体验上表现得更加真实、自然，同时带给用户良好的操作体验。比如，手机内置重力感应芯片，支持摇晃切换所需的界面和功能，能够支持"摇一摇""甩歌甩屏""翻转静音"等具体功能，这些都是非常实用的功能。

3. 语音交互技术

语音控制是人机交互中最直接的模式，语音作为人类信息交互最自然、最便捷的人机交互方式之一，近些年已被众多企业关注。随着移动互联网的快速发展，无线带宽大幅提升和云计算技术体系不断成熟，为语音交互技术应用到移动智能终端上创造了条件，语音交互应用开始运用到移动智能终端上，根据用户使用的目的，语音交互技术可以在语音控制、语音聊天、语音翻译、语音搜索、语音导航等多种场景中应用。语音交互技术主要包括语音识别、语义理解、语音合成等关键技术。

苹果公司的 Siri 是当前语音交互的代表应用，其与消息、提醒、天气、记事本、邮件、电话、浏览器等系统应用进行互通。Siri 和传统的语音识别有所不同，传统的语音识别是将用户所说的语音正确地识别并转化为文本，而 Siri 则是在传统语音识别的基础上更进一步，进行了语义的理解，并根据用户语音的意图进行回答。

4. 增强现实技术

增强现实（Augmented Reality，简称 AR）技术是借助计算机图形技术和可视化技术产生现实环境中不存在的虚拟对象，并通过传感技术将虚拟对象准确"放置"在真实环境中，借助显示设备将虚拟对象与真实环境融为一体，呈现给使用者一个感官效果真实并可以双向互动的新环境。近年来，随着移动终端设备计算能力的提升、多媒体性能的增强以及各种传感模块的集成使用，将 AR 技术借助移动互联网络应用到移动智能终端上，即 AR 技术的移动化，也称移动增强现实技术开始得到了应用，例如目前智能手机上 GPS、摄像头和指南针的搭配已经可以初步实现移动增强现实应用，像发现附近的餐馆或将镜头对准餐馆，关于这个餐馆的评价会浮现在画面之上。

支撑移动增强现实的关键技术主要包括目标特征提取技术、目标跟踪注册技术、内容实时渲染技术。随着用户对移动增强现实应用体验要求日益提高，必将对移动终端、增强现实平台的媒体计算能力提出更大的挑战，在复杂场景（如光线变化、快速运动）下的目标识别技术、将终端摄像头和终端其他多种传感器结合的目标追踪方法将是未来技术研究的方向。

三、移动终端的选择原则

如前所述，移动微学习手持式终端设备种类丰富多样，其操作系统也各有差异，即便是将焦点放在某一特定的设备上,如基于安卓系统的移动智能手机,可选择的范围也十分广泛。如何选择合适的移动微学习终端设备,对于移动微学习的开发与实现至关重要。一般而言,在移动微学习的开发与实现过程中,移动终端的选择一般要综合考虑多方面的因素。

1. 以学习目标和学习活动的需求为基本出发点

不同的学习目标及学习活动,对移动终端的性能及功能需求均有不同,因此,为达到不同的移动微学习目标和开展不一样的移动微学习活动,需要使用不同的移动终端。具体而言,移动微学习的学习有着灵活多变的学习场景,学习任务也因目标设置而不同,学习者同样存在很大的差异性等。拿英语学习为例,如果学习场景是户外所进行的合作学习(英语实时场景表演),并需要使用强大的数据处理和通信能力,大屏幕的 Pad 进行移动微学习的开发与实现更为妥当;如果是公交或者地铁环境中的英语单词听力练习,使用便于携带且学习内容便于更新的移动终端比较适合,比如 MP3/MP4;如果学习内容为英语单词背诵,则更多的需要基于某一个英语单词软件的屏幕显示及外语发音,移动智能手机是不错的选择;如果学习活动是英语口语练习,那么就需要使用带有麦克风功能的移动终端。

2. 依据网络条件选择

不同移动无线网络方案的选择直接决定着终端设备的选择。比如,现阶段,虽然随着 3G 时代的普及以及 4G 时代的到来,移动网络和 WiFi 无线环境的数据传输效率正在逐步减小,但很多 Pad 都分为基于移动网络版和 WiFi 版,目的就是在于根据不同的需求,设计不同的产品。移动微学习开发与实验也不例外,如果学习资源需要较大的数据传输,那么选择 WiFi 版的 Pad 数据传输效率表现会比移动网络的好得多。

3. 依据预期用户及市场规模选择

不同的移动设备的市场占有率是不一样的。Pad 的市场占有率明显低于智能手机。而在另一个层面,基于安卓操作系统的智能终端又明显多于苹果 iOS 智能手机终端和微软 WP 智能手机终端。截止到 2013 年,安卓智能手机占据全球智能手机操作系统市场份额的 78.9%,苹果公司 iSO 操作平台占据智能手机 17.6% 的市场份额,余下的份额为 WP 系统和其他智能手机操作系统。当然,随着技术的进一步革新,移动终端设备及其市场占有数据会发生相应的变化,在 2015 年 3 月,安卓智能手机占据全球智能手机操作系统市场份额的 47.51%,苹果公司 iSO 操作平台占据 41.97% 的市场份额。在移动微学习的开发与实现过程中,需要设计开发者依据目标用户及市场预期做出相应的判断与选择。

4. 综合考虑性能和价格,遵循最小代价原则

移动终端选择的最小代价原则是尽可能选择低代价、高性能、高效能的终端设备。

移动终端在性能表现上各有优劣,需要设计者综合把握。比如移动智能手机采用开放式操作系统,可以通过安装或者卸载第三方软件开发者开发的应用程序,实现用户和设备间按照需求达成的学习关系。安卓机完全开源,给开发者带来便利的同时,也存在着操作系统的不稳定性和可能遭受病毒的影响;苹果智能手机终端始终保持着良好的用户体验,但其封闭式的开发和高昂的价格或许会让很多学习者望而却步;基于 WP 系统的智能终端延续着微软 Windows 系统的稳定与便捷式操作,但推广和移动应用的开发是个仍需解决的主要问题。

另外,移动微学习的项目策划者很容易重视显性的代价,比如设备购买的财力投入,但对于隐性的代价,比如设备应用对用户学习和工作的影响,往往就忽视了。比如,到现阶段为止,学生可不可以带手机进入课堂仍然是一个争议很大的问题。很明显,评估移动终端设备应用于移动微学习的成本效益需要考虑社会、组织、文化等综合性因素。

需要指出的是,以上阐述的几个移动终端的选择原则,并非是单一的,而是一个综合的整体,在移动终端的选择上,需要同时考虑到各个方面的因素。

第四章 移动微学习的资源设计

移动微学习的资源设计是一项非常重要的内容,移动微学习资源设计的好坏直接影响到移动微学习的效果。本章从移动微学习资源的概述及其分类、特点、设计与建设几个方面来阐释移动微学习的资源设计。

第一节 移动微学习资源概述

一、微学习与移动微学习

1. 微学习与移动微学习理论概述

微学习(Micro-learning)是近年来成人学习及培训领域开始关注的一种新型学习形态,Micro-learning 中的"micro"有微、小、轻等含义,这种微小不仅体现为构成微学习的内容组块的知识含量,还包含对其品性、格调判断的意味,其中蕴含着对这种学习发生、发展的认识以及学习参与者对待学习的心态。微小的学习组块可以通过轻便的学习设备轻易地获取、存储、生产和流通,并在轻松的心态中获得一种轻快的乃至附有一定娱乐性的学习体验。微学习不同于"传统"的 e-learning,微学习倾向于使用各种媒体来减轻学习者的认知负荷。作为一种教学技术,微学习在吸引越来越多知识工作者目光的同时,也使学习活动融入每一个学习者的日常生活中。而移动微学习是微学习与移动学习相互融合的结果,是运用移动设备随时随地进行的一种微学习,它把学习场所拓展到了更广的地域,提高了学习效率。移动微学习"不太适合运用于内容覆盖全部主题的学习情境,但在运用结构化的小信息片断去更新和补充现存知识时最为成功"。学习资源如果具有了可移动性,会使学习更加便捷、快速地被获取。微学习与移动微学习的区别从表象上区别于"移动"两个字,微学习内容可以借助移动终端设备随时随地地被获取和学习使用。微学习和移动微学习的区别主要在于移动,微学习必须有移动终端设备的支持才能被称之为移动微学习。移动微学习同时又是微学习的其中一种。

2. 微学习的特点

(1) 目的明确。

在学习需要上,微学习目的明确,以问题解决为导向。学习的内容主要以解决问题为主。

(2) 内容微小直观。

学习内容上,微学习的内容短小直观且学习起来相对传统学习更轻松、独立,内容也是数字化的,便于导航和检索。

(3) 对象全面终身。

微学习的面向对象没有局限性,传统的学习主要是面向学校的学生,而微学习的对象(学习者)是全民的、终身的。

(4) 模式多样。

微学习模式是多种学习模式,能够体现学习的灵活性和个性化。

(5) 方法各异。

微学习方法是非正式、在线(离线)、个别化、协同的。

(6) 过程不一。

根据学习者的特点和所处环境不同,微学习过程是个性化、随时随地、多种交互、存在干扰的。

(7) 环境与设备先进。

支持微学习的移动终端更新换代快,所以学习环境和设备都比较先进,网络环境大致包括通信网络、卫星网络、互联网、无线网络。设备小巧、便携、多样、灵活。

(8) 学习支持多样性。

当学习者学习时,会给予学习支持多样反馈,可以通过短信、电话、留言、移动QQ等进行学习支持反馈。

(9) 评价记录。

学习评价有学生的成长记录,每个学习者都有终身学习档案袋等以记录评价学习者的学习状况。

3. 移动微学习的特点

(1) 短时间性。

移动微学习要求学习者学习时间相对较短,学习者充分利用闲散的时间去学习。

(2) 小片断化。

移动微学习的学习内容应该是微小的学习组块,便于"通过学习设备轻易地获取、存储、生产、流通"。当我们需要把零散的、碎片化的学习时间都利用起来学习时,这些小片断化的知识是十分适合的。

(3) 个性化。

学习者可以根据自己的意愿或者结合自身特点去选择学习的内容、时间、地点和方法,"可以在轻松的心态中获得一种轻快的、愉悦的学习体验"。

(4) 多媒介化。

移动微学习可以采用多种媒介进行,如面对面、单个媒体、多媒体等,这既增强了学习内容的表现力,又为学习者的个性化选择提供了便利。

(5) 可移动便携性。

移动微学习所使用的工具一般体积比较小、携带方便,方便使用者随时随地地操作和学习。

二、资源与学习资源

1. 资源

资源是指自然界和人类社会中一种可以用以创造物质财富和精神财富的具有一定量的积累的客观存在形态,如土地资源、矿产资源、森林资源、海洋资源、石油资源、人力资源、信息资源等。在教育的领域中,所谓资源是指能够影响和改变人们的认知结构或能够促进人们的认知结构发生变化的一系列内外部支持条件。

2. 学习资源

教育技术定义中第一次提到资源是在 1970 年,并把资源分为人力资源和非人力资源。

(1) AECT 1977 年的定义和 1994 年定义。

1972 年,AECT 关于教育技术的定义中重点提到了学习资源,并把学习资源看作教育技术研究对象之一,把硬件工具、设备和软件各种资料与教师置于相同位置。在 1977 年的定义中虽然没有直接提到学习资源,但是在对定义的解释中强调了学习资源,并进行了分类,即人员、材料和设备;到了 1994 年的定义中,学习资源的范围进一步扩大,包括支持系统、教学材料、学习者与学习环境(如图 4-1 所示)。

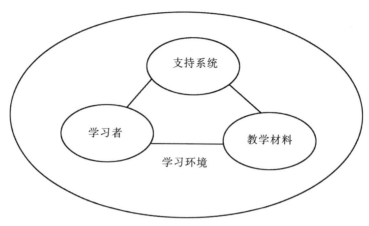

图 4-1　学习资源

AECT94'定义中学习资源主要包括以下三种。

① 支持系统。支持系统主要是指支持学习者有效学习的内、外部条件,包括学习能力的支持、设备的支持、信息的支持、人员的支持等。支持系统作为资源的内容对象与学习者沟通的途径,实现了媒介的功能,它与资源的构成相关联,是我们认识学习资源概念的结构性视角。

② 教学材料。教学材料是学习者学习过程直接作用的客体。具体包含符合一定教学目标和教学要求的经过筛选的可用于教学、促进学习的一切信息及其组织。教学材料作为学习者学习活动中操作的对象以及意义的载体存在于资源概念之中,与资源组成的内容相关联,是我们认识学习资源概念的对象性视角。

③ 学习环境。学习环境不只是指教学过程发生的地点,更重要的是指学习者与教学材料、支持系统之间在进行交流的过程中所形成的氛围。其最主要的特征在于交互方式以及由此带来的交流效果。学习环境是学习者运用资源开展学习的具体情境,体现了资源组成诸要素之间的各类相互作用,是我们认识学习资源概念的关系性视角。

(2) AECT 最新的定义——教育技术 2005 定义。

资源不仅仅是东西,还包括人员、资金和设施。资源包括了一切有助于个人有效学习的因素,AECT 最新的定义——教育技术 2005 定义认为"资源是人、工具、技术和为帮助学习者而设计的材料"(如图 4-2 所示),它包括系统、社区资源,如图书馆、动物园、博物馆以及那些拥有特殊知识或者专业技能的人,它还包括数字媒体,如光盘、网站、网络查询系统和电子绩效支持系统等。

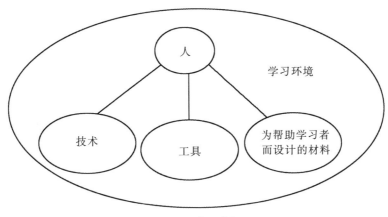

图 4-2　学习资源

（3）学习资源的具体组成要素。

学习资源由信息、材料、设备、人员、环境、资金六个要素组成。

信息主要是指教学过程中的教师所传授的教学信息和学生所接收的学习信息，比如学习中所要用到的规律、概念和原理等。

材料主要是指与学习有关的信息的载体，通常我们指软件，比如教材、录像带、CAI课件等。

设备主要是指加工、传递信息的工具，通常我们指硬件，比如录像机、计算机、网络、手持终端设备等。

人员主要是指在整个学习的过程中促进学习的人，比如教师、小组、专家等。

环境主要是指学习者学习所处的物理环境，比如教室、电子阅览室、实验室、图书馆等。

资金主要是指整个学习过程所用到的资金费用，比如学费、培训费、资料费、资源费等。

（4）学习资源对移动微学习资源的意义。

学习资源是我国教育改革时期的新生事物，能否被学习者充分利用取决于学习者本身的知识水平和学习意愿，能否在教学上取得更大发展最终还将取决于教学质量和教学水平。学习资源是教育、教学和学习的资源和依据，其质量的优劣是决定教育质量的关键要素。纵观学习资源的发展现状，我们发现学习资源都是仅仅将非常先进的现代信息技术当作了简单的通信工具。学习资源完全可以很好地被利用到移动微学习资源中来，这样可以使学习资源得到充分利用的同时促进学生泛在学习。

3. 学习资源的分类

学习资源有很多种分类方式。沈书生先生将资源分为三类,即硬件、软件、潜件,其中潜件主要是指与教育技术相关的理论体系与方法等。章伟民教授认为学习资源来自两方面,一是专门为学习目的而设计出来的资源,二是现实世界中原有的可被利用的资源。曹梅、张增荣认为信息时代学习者可利用的学习资源包括四大类,即教师、教学媒体、学习环境、学习者内部资源(包括学习者本人的以及作为学习伙伴的内部资源)。

从不同的角度分类,学习资源有不同的划分方法。根据其不同的来源、表现形态、呈现方式可以将其划分不同的种类。

(1) 按学习资源的来源划分。

① 设计资源。设计资源即专门为教育而设计的资源,它指的是一般可以直接用于支持教学的设计资源,如文字教材、录音带、录像带、多媒体课件等。此类资源为教学而生,教学目的性较强。

② 可利用资源。可利用的资源与设计的资源相反,没有很强的教育教学目的性,但是可以被利用在教育教学中。在互联网上的很多信息资源如百科全书可以作为教学资料,百度图片里的图片可以作为教学素材,土豆网和优酷网的一些视频可以节选为视频素材。这样的资源通常需要经过二次开发加工处理才能更好地应用于教学。

(2) 按学习资源的表现形态来划分。

① 硬件资源。硬件资源是指在学习过程中所需要用到的物化设备,例如书本、计算机、移动终端设备、多媒体教室等。硬件资源为学习者的有效学习提供了物质保障。

② 软件资源。软件资源是指各种媒体化的学习材料和支持学习活动的工具性软件。软件资源按表现形式可以分为投影教学软件、录音教学软件、电视教学软件、多媒体教学软件和网络课件五类。软件资源和硬件资源没有谁重谁轻之说。只有合理配置资源,把硬件资源和软件资源的数量与质量调整到最佳的比例,才能真正达到优化教学的目的。

(3) 按照学习资源的呈现方式划分。

① 静态学习资源。静态学习资源即指那些具有相对稳定性,一旦设计完成一般不易发生变化,并可根据一定的属性特征进行分类、整理并存储的学习资源。这些资源可以理解为传统意义中狭义的学习资源,包括学习内容、学习资料,具体表现形式为网络课件、多媒体素材、学生用书、教师用书、用户手册等。

② 动态学习资源。动态学习资源主要强调基于人的资源,人在网络教学和学习过程中扮演着不同程度的重要角色。人力资源是极有价值的学习资源。动态学习资源即有助于学习者认知与建构的灵活多变、即时更新的资源,它们是动态的、不断更新的、不断变化的,具有相对的不可控性,资源的创造者具有不确定性。人力资源主要包括教师资源、学习者内部资源(学习者本人及作为学习伙伴的内部资源)、交互资源,具体表现为教师给予的指导与帮助、学习者个体在 BBS 和 Blog 与社区中所表达的想法、通过交互讨论所产生的思想等等。

三、移动学习资源

1. 移动学习资源的含义

移动学习资源是按照教学目标的要求,通过合适的资源开发工具开发的能够反映某种教学策略的,并能够在移动终端上运行并呈现的片段微小的学习内容以及促进学习者学习的数字化资源。常见的移动学习资源有:短消息类型的移动学习资源和基于超文本的非线性结构的移动学习资源,短消息类型的移动学习资源主要通过文字、彩信的形式呈现,内容简洁;基于超文本的非线性结构的移动学习资源,这种形式的移动学习资源类似于网络学习资源,就是以浏览内容页面的方式访问的学习资源。

移动学习资源是基于便携的移动设备,能够帮助学习者有效学习的信息和支持服务,如通过手机学习的教学课程,辅助教学的移动答疑系统等。

2. 移动学习资源的特点

移动学习资源主要具备如下特点:

(1) 多媒体数字化。

移动学习资源主要是以多媒体化和数字化的形式呈现在移动终端上,主要是以文字、图片、音频、视频、动画等多媒体组合的方式数字化呈现。

(2) 实时性交互。

学习者得到及时的反馈可以获得更好的学习效果,所以良好的交互对取得满意的学习效果是十分重要的。凭借移动终端的优势以及无线网络的存在,在移动微学习的过程中,实时性的交互可以得到很好的实现。

(3) 简明性。

学习者在进行移动学习的过程中,是通过移动终端设备完成学习的,因此,移动学习资源的呈现应做到简洁概要且重点突出,尽量避免冗余信息,这样可以帮助学习者在零碎的时间里,获得最佳的学习效果。这样可以体现出移动微学习的学习优势,使学习者更多地去依靠移动微学习去获取知识,移动微学习得到了更广泛的推广。

(4) 片段化。

移动学习的灵活性强,网络带宽和具体设备等客观因素都会影响到学习成效。如果学习资源过大,会造成加载显示缓慢,进而影响学习者情绪。在设计移动学习资源时,可以借鉴微学习理论的思想,资源承载的信息量不要过大,应做到短小精悍。

(5) 资源个性化。

设计者需要满足学习者的个性化学习,所以在设计开发移动学习资源时我们需要充分考虑不同学习群体的个性特点,针对学习群体的不同特点生成多样化的学习资源,进而满足不同学习个体的个别化的学习需求。

四、移动微学习资源

1. 移动微学习资源的含义

移动微学习资源是按照教学目标的要求,通过合适的资源开发工具开发的能够反映某种教学策略的,并能够在移动终端上运行并呈现的片段微小的学习内容以及促进学习者学习的数字化资源。

移动微学习资源是基于便携的移动设备能够帮助学习者有效学习的片段化的个性化的信息和支持服务,如通过手机学习的教学课程,通过互动功能的通信工具软件进行生生交流或者师生交流,辅助教学的移动答疑系统等。

2. 移动微学习资源的特点

由于受到学习内容、场所和时间的限制,移动微学习资源一般由一些小的文本、图形和图像、动画和视频、音频组成,具有微小、短时等特征。

3. 学习资源的建构和应用策略

(1) 学习资源的建构。

建构过程是众人参与的资源建设过程,包含资源的设计过程、资源的制作过程和资源的发布过程。以下是详述分析了启动、开始建构和审核发布三个阶段的具体流程。

第一阶段是启动任务。团队成员可以根据社会的学习需求来启动一个共建任务。该任务旨在集合群体的力量来共同设计、制作微型学习资源。在启动任务时,需要填写任务概况和资源条目。

第二阶段是参与任务。所有用户都可以参与资源建构。用户可以按照自己的兴趣、特长来选择参与的对象。用户可以填写或修改资源设计的脚本,包含内容设计、活动设计和媒体设计,可以根据脚本来制作,媒体可以上传制作好的学习对象,可以评论和留言,如果权限允许,还可以向共建任务中添加需要共建的资源。

第三阶段是任务审核发布。建构者对学习对象即一个资源条目,包括资源脚本和用户上传的媒体的多个版本进行审核,当某一版本的资源条目满足一定标准后,即可锁定其编辑状态。此时,该资源的该版本即资源"成品",并被发布到最新资源列表中。

在开始建构的前阶段,建构者需要确定任务属于哪个分类,即职业技能、语言短训、轻松百科等,除了通过脚本模板来规范化资源的设计,平台上还有多个指南、教程和帮助文件来支持资源的设计和制作审核发布阶段,建构者有权限将某个资源设置为优质资源,并显示在首页上,方便用户检索、获取。

(2)学习资源的应用策略。

有专家提出,我国的资源建设正在进入一个以智能化的网络资源与人力资源的结合作为主要标志的阶段。显然,这符合教育的时代特征。由于学习资源应该最大化符合学生的需求,所以学习资源的应用策略应最大化的符合教学策略,我们在培训教师教学平台的操作能力、信息处理能力和信息查找能力等能力的同时,也需要加强学生应用学习资源的能力,比如定期开办关于查找学习资源的培训和举行信息检索大赛等。

第二节 移动微学习资源的分类

分类是根据事物的共同点和不同点将事物划分为不同种类的逻辑方法。它是在比较的基础上,找到事物的异同,按照共同点将事物归为较大的类,按照不同点将事物归为较小的类,从而将研究对象区分为有一定从属关系、不同层次和等级的系统。移动微学习资源的分类没有一个固定的分类法,此章节我们主要根据不同视角下资源的不同特点来分类移动微学习资源。移动微学习资源的分类对于移动微学习资源的设计十分重要,我们可以根据移动微学习资源不同的分类选择适合使用的有效资源,这样可以很准确地提高资源设计者的效率。

这里需要特别强调的是,资源内容粒度的定义至关重要,粒度太小,需要花费更多的精力重新定义和组织资源;而粒度太大,则可能导致重组的资源不能完全适应教学的需求。所以资源内容的粒度大小决定了我们设计重组资源的情况。

一、按照移动微学习的资源形式分类

1. 文本型

文本是指以文字和各种专用符号表达的信息形式,它是现实生活中使用最多的一种

信息存储和传递方式。如各种报纸、杂志、印刷书籍等传统媒体都是文本的载体,文本是人和计算机交互作用的主要形式。文本一直被认为是最基本、最重要的教学信息传播媒介,目前仍占据主要地位。

2. 图文型

就图形来说,目前的图形图像文件大致上可分为两大类:一类为位图文件,另一类为矢量类或面向对象图形图像文件。前者是以点阵形式描述图形图像,后者是以数学方法描述的一种由几何元素组成的图形图像。一般说来,后者对图像的表达细致、真实,缩放后图形图像的分辨率不变,在专业级的图形图像处理中应用较多。图文结合可以使知识内容更加直观,方便学习者学习感受。

3. 动画型

动态图像包括动画和视频信息,是连续渐变的静态图像或图形序列,沿时间轴顺次更换显示,从而构成运动视感的媒体。当序列中每帧图像是由人工或计算机产生的图像时,我们常将其称作动画;当序列中每帧图像是通过实时摄取自然景象或活动对象时,我们常将其称为影像视频,或将其简称为视频。动态图像演示常常与声音媒体配合进行,二者的共同基础是时间连续性。一般意义上谈到视频时,往往也包含声音媒体。但在这里,视频(动画)特指不包含声音媒体的动态图像。动画型移动微学习的资源使学习内容能够更形象、生动地被学习者记忆。

4. 音频型

音频就是声音,其中包括人声、音乐和各种效果声等,音频丰富了人的感官,特别是对于语言类的移动微学习资源有至关重要的学习帮助。

5. 混合型

混合型是由文本型移动微学习的资源、图文型移动微学习的资源、动画型移动微学习的资源、音频型移动微学习的资源中的任意两种或两种以上的移动微学习资源混合而成的。移动微学习的资源可以根据不同的适用人群和实用目的来合理组合不同的资源类型。

二、按照移动微学习的实用目的视角分类

1. 语言短训

语言短训类主要包括金融英语、词汇学习、语法百日通、经典电影对白、实用交流100句、办公室英语等类型的英语学习APP。

2. 职业技能

职业技能类主要是关于会计、电子商务、驾照考试等移动微学习资源。

3. 轻松百科

轻松百科类主要是集邮、宠物、育儿等移动微学习资源。

4. 生活保健

生活保健类主要是生活百科、健康饮食、烹饪学习、办公室瑜伽、美容秘籍等移动微学习资源。

5. 家庭理财

家庭理财类主要是支出管理、投资计划、炒股学习等移动微学习资源。

三、按照移动微学习的适合人群视角分类

根据人群不同的社会身份,移动微学习的资源会有不同的分类。

1. 社区居民

社区居民包括老年人、少儿、家庭主妇、临时居住者等,不同的社区居民可以找到适合自己的课程,如老年人的实用需求可能更多的是兴趣、资讯,比如钓鱼知识等,家庭主妇比较倾向于生活百科、健康饮食等移动微学习的资源,临时居住者比较倾向于支出管理等移动微学习的资源。

2. 各行业从业者

各行业从业者包括专业技术人员、党政干部、公司职员、外来务工人员等,这类人比较倾向于职业技能、艺术人文、政治思想方面的移动微学习资源。

3. 学生

学生包括学历教育、非学历教育等,作为其正式学习的补充,比较倾向于语言短训、文化涵养、轻松百科等移动微学习的资源。

4. 其他人员

其他人员如游行者、外来援助者等,他们可能选择非常即时有用的课程,如地图、餐厅等。

四、按照承载方式分类

1. 短信/彩信

短信形式的学习资源是以有限的文字传递学习的内容或者有关学习的讨论等,一般形式比较单一、内容简洁,彩信可以接收文字、图片和音频的整合内容,但是它们传输内容都十分有限。目前每单位短信最多是140个英文字符或70个汉字符,超过这个的手机将自动分割成相应条数(按条数收费),并在收件人的手机上自动组合。如果字数太多的话,比如1000个汉字,那么建议发送者使用彩信进行发送(如

果双方都支持彩信的话),单位彩信的文字最大容量是 1000 个中文字符。现在由于智能手机的兴起,利用手机短信的方式传输学习资源的方式已经不常见了。

2. 电子教材/电子书

电子书又称为 e-book。简单地说,所谓的电子书是,必须通过特殊的阅读软件,以电子文件的形式,利用网络链接下载至一般常见的平台,例如:个人计算机(PC)、笔记本计算机(Note-book),甚至是个人数字助理(PDA)、WAP 手机,或是任何可大量存储数字阅读数据的阅读器上阅读的书籍,是一种传统纸质图书的可选替代品。电子书是一种广泛运用的移动学习资源载体。

随着 PC 的普及和网络教学的不断进步,电子教科书已经越来越明显地成为 e-book 发展的一个方向。便携设备的普及程度尚不足,所以电子教科书的发展集中在高等院校之中,学员内建的教学用 e-Learning 平台和配套的 e-book 教材开发正越来越成熟,不久的将来中小学校网络教学中电子书的运用会十分普及。

3. 网页

文字与图片是构成一个网页的两个最基本的元素。除此之外,网页的元素还包括动画、音乐、程序等。网页上主要的内容包括信息、娱乐、劝告、对一些问题的帮助、提供志趣相投者联络的机会、链接到有用的网页等。这些内容可以包含很多学习资源,同时也能帮助学习者互相交流。现在使用移动终端访问网站是一件极其方便的事情,所以移动微学习资源应用网页进行传播也是十分可取的。

4. 电子邮件

电子邮件是一种用电子手段提供信息交换的通信方式,是互联网应用最广的服务。通过网络的电子邮件系统,用户可以以非常低廉的价格(不管发送到哪里,都只需负担网费)、非常快速的方式(几秒钟之内可以发送到世界上任何指定的目的地),与世界上任何一个角落的网络用户联系。所以,它也是传播移动微学习资源的一种承载方式。

电子邮件可以是文字、图像、声音等多种形式。同时,用户可以得到大量免费的新闻、专题邮件,并实现轻松的信息搜索。所以,利用电子邮件传播学习资源时,我们可以将多种多媒体整合后再由电子邮件传播。

5. 微博/博客

微博(Weibo)是微型博客(MicroBlog)的简称,即一句话博客,是一种通过关注机制分享简短实时信息的广播式的社交网络平台。微博是一个基于用户关系信息分享、传播以及获取的平台。用户可以通过 Web、WAP 等各种客户端组建个人社区,以 140 字(包括标点符号)的文字更新信息,并实现即时分享。

微博作为一种分享和交流平台,更注重时效性和随意性。微博更能表达出每时每刻的思想和最新动态,而博客则更偏重于梳理自己在一段时间内的所见、所闻、所感。微博和博客都是一种实时的传输资源的方式,可以通过它们传输有效的学习内容实现移动微学习资源的传播。

6. APP

应用程序(Application,简称 APP)一般指的是智能手机的第三方应用程序。随着智能手机和 iPad 等移动终端设备的普及,人们逐渐习惯了使用应用客户端上网的方式。现在出现了很多可以学习不同类型知识的 APP,例如单词记忆类 APP、学科学习类 APP、考试类 APP 等,开发商根据人们的不同的需求个性化设计 APP,使得人们可以根据自身的需求选择学习适合自己的移动微学习资源。

第三节　移动微学习资源的特点

移动微学习资源相较于其他学习资源有很大的不同。移动微学习资源的特点与网络资源和传统资源的区别主要有:内容简洁,重点突出;表现形式多样化;灵活,随机多变;高效的交互性这四个方面。

一、内容简洁,重点突出

由于手持终端屏幕大小的限制,其每屏所能承载的学习内容也非常有限,因此通常基于手持终端所设计的微学习资源的内容均较为简洁。而为了保证在有限的空间内放置最有用的学习资源,微学习资源在具有简洁特征的同时,还具有重点突出的特性。

移动微学习资源的内容应尽量简单明了,学习重点突出,以充分体现移动学习资源信息内容的承载量小而精的特点。网络学习资源往往是一门完整的课程或者学习主题作为资源开发的基础,一般内容比较完整且较多,系统性强,因此信息内容的承载量比较大而且重点也并不十分突出。

以英语口语学习为例,传统学习资源中口语的学习主要是用到磁带、广播和电视播放的口语内容,针对性不强,用户可选择性也很少。而网络资源上学习内容承载量比较大,页面上冗余信息广告较多,如图 4-3 所示。移动微学习资源相较于传统学习资源和网络学习资源内容十分简洁且学习的重点也很突出。如图 4-4 以手机 APP 页面"有道口语大师"为例对比图 4-3,移动微学习资源量小而精的特点十分明显。

图 4-3　英语口语学习的网络学习资源

图 4-4　英语口语学习的移动微学习资源

二、表现形式多样化

手持终端环境下的微学习是一种随时随地、注意力极易分散的学习形式。因此,结合了文字、图像、声音、视频和动画等不同特性的微学习资源更能提高学习者的学习效率。

与传统学习资源相比较,传统学习主要以书本为主要参考,书本上呈现的主要是文字和图片,而手持终端环境下的微学习内容其中包括文字、图像、声音、视频和动画等不同特性的微学习资源,移动微学习表现形式多样化,较传统学习而言提升了学习的乐趣,但是值得一提的是在移动微学习的设计过程中要防止多媒体滥用,这样才能发挥移动微学习的最大的辅助学习效果。

而与网络学习资源相比较,网络学习资源中也有图像、声音、视频和动画等不同特性的学习资源,在表现形式多样化上具有类似效果,网络学习主要以计算机为主要工具,计算机在便携性上不如移动终端,这样使得多样化的表现方式可以更方便、快捷地呈现给学习者。

下面以一款APP为例讲解移动微学习资源表现形式多样化以及移动微学习怎样提高学习者的学习效率。聪聪数学是一款为3~12岁儿童设计的互动型数学学习软件,以寓教于乐的游戏学习形式,引发儿童的好奇心和兴趣,让儿童自主主动学习。

(1)打开聪聪数学APP界面,首先显示的是卡通地图,实际上就是一幅导学图,它主要由文字、图片组成,根据适用人群而设计的卡通图片风格如图4-5所示。

(2)在学习地图上选择需要学习的内容,进入界面后开始学习学习内容,此处主要以文本、图片、声音和动画来组合而成,模仿儿童在沙滩捡拾贝壳的场景配合画外音帮助学习者完成学习任务。当学习者选择了正确答案后,人物会有一个捡拾贝壳的动画呈现,增加了学习的趣味性。比起传统教学中数字的教授方式,它提高了学习者的学习兴趣,让学习者有了好奇心去期待下一轮任务的场景,提高了学习者的学习效率,如图4-6所示。

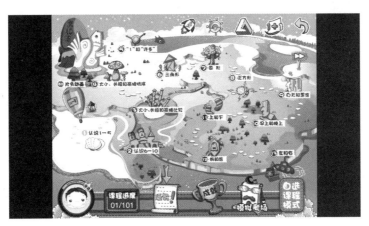

图4-5 聪聪数学APP界面中的卡通地图

(a)

(b)

(c)

图 4-6　聪聪数学 APP 界面中的完成学习任务过程

三、灵活,随机多变

移动微学习不受时间和空间的限制,是一种自主性的学习,相对应的学习资源也具有灵活性与随机性,为学习者能在最真实的问题情境下展开学习提供必备的条件。而这种在真实自然的环境中开展的学习活动,具有较强的实用性,实现了真正意义上的学用结合。

与传统学习相比较,传统学习是在固定的时间、地点以书本为主要参考进行系统的学习,而移动微学习是在真实的问题情境下开展学习,或是在学习者任意有意愿自主学习的时间开展学习,在时间和内容上是灵活且随机多变的。

与网络学习资源相比较,移动学习资源的灵活性和随机性很强,对学习内容的获取也比较随机,而对信息反馈的速度要求尽可能快速反馈,内容尽量简单明了,充分体现了移动学习资源信息内容的承载量小而精的特点。网络学习资源往往是以一门完整的课程或者学习主题作为资源开发的基础,一般内容比较完整、丰富,系统性强,因此信息内容的承载量比较大。

四、高效的交互性

学习者通过手持终端可以更加便捷地获取信息,对信息的处理也更加实时、高效。如学习者在学习过程中遇到困惑或不解时,可以通过手持终端中的交互软件,如博客、Twitter、Facebook和微博等,与教师或其他学习者实现实时的交互,让问题在第一时间得到彻底的解决。学习者的学习过程其实就是一个不断解决实际问题的过程,当解决实际问题对学习者来说由"任务"变成"习惯"时,就能极大地提高学习者的学习效率。

移动微学习的交互性主要体现在媒体支持人与人之间相互通信与作用的能力和特性。主要用于支持学生与教师,以及学生与学生之间的交互活动。

实现高效的交互性需要以下六种要素。

1. 交互符号

文字、图形、语音、视频和多媒体组合都是我们在交互时所需要用到的传递信息的形式。所以,交互符号是实现移动微学习交互性的一个重要组成部分。

2. 交互介质

手持终端通过 WAP 协议,同互联网相联实现与其他手持终端和计算机网络的实时同步的交流。

3. 交互时效性

交互时效性主要是指信息传播的速度。信息传播的速度越快,学习者与学习者之间还有学习者与老师之间的交流就会更加快捷。

4. 交互范围

交互范围是指同一时刻参与交互活动的人员范围,根据一个学生同一时刻可以交流的对象的多少,可以分为点对点交互、一点对多点交互和多点对多点交互。交互范围越广就越能体现出移动微学习的交互性。

5. 交互控制

交互控制是指在交互过程中教师和学生的控制权限,以及系统的控制方法。并不是所有学生上传或者交流的资源都是好的资源,有一些是对学生学习不利的资源,还有一些是不文明的发言,都需要教师或者管理者去剔除,所以交互控制是很重要的一个部分。

6. 交互信息的保留性

在交互过程中,学习者交流的信息大部分是即时产生、瞬时消失的。但是在移动微学习中资源是可以被保存下来的,并且可以在一段时间内反复使用。

与传统学习资源相比较,移动微学习资源十分显著的一个特点就是交互性。当学生面对传统学习资源时,对已学习的资源产生疑问或者希望了解其他学习者的学习情况时,却不能得到及时的反馈,而移动微学习中学习者在任何时间、地点遇到学习上的困难都可以利用手上的移动终端设备实时地联系教师或者其他学习者进行讨论,同时可以保留下所有讨论的相关内容,以便以后查阅。

网络学习资源具有很强的交互性,但由于网络学习资源是以计算机为载体的,计算机在便携性上不如手持移动终端,由于手持终端较大多数计算机体积上小了很多,那人们更青睐于用手持终端设备进行随时随地地交互。

第四节　移动微学习资源的设计

学习资源的概念在教育技术 94' 定义中给出的范围包括支持系统、教学材料与环境,这是广义上的学习资源,本章所讨论的是移动微学习资源的设计,这里的学习资源是狭义范围的,主要研究学生在学习过程中所需要的学习内容和学习材料。

在进行移动微学习资源设计时,需要首先遵循一定的标准,但目前还没有形成一个统一、完善的移动学习资源设计规范和标准。但国际上已有很多研究机构和标准化组织早已进行相关的标准和规范的研究和制定,如由美国国防部 ADL 研究项目提出的"可共享内容对象参照模型"——SCORM。SCORM 标准最初起源于 1997 年,由美国白宫和国防部共同组织的计划 ADL 指定的一个规范。SCORM 的目标是在不同应用环境下,学习内容可以重复使用;学习者在世界各地都可获取到学习内容;科技提升或改变时,无须重新修改应用程序或教材;教材可以在任何开发系统和教学平台上使用;可以随着学习者经验,而调整其学习内容,达成弹性学习;能以经济、有效的方式开发教材。在进行资源设计和开发时,需要遵循 SCORM 标准,保证学习者在任何时间和地点都能方便地获取自己需要的学习资源,并且资源可以在不同平台上都可以使用,达到良好的兼容性。同样,设计的资源随着科学和技术的不断成熟,可以重复使用,内容经典、有效,减少了开发费用。

本节主要讲述在遵循资源设计标准的前提下,移动微学习资源的设计应该遵循哪些原则,移动微学习资源设计的一般过程是什么,以及移动微学习资源设计的方法,并重点介绍移动微学习资源中媒体素材的设计方法。在讲述移动微学习资源设计相关理论之后,介绍移动微学习资源具体的设计案例,以新东方开发的学习英语单词的"乐词"APP为例,讲述"乐词"的设计过程。

一、移动微学习资源设计原则

移动微学习区别于传统的正式学习,具有学习内容碎片化、学习时间分散化、学习环境随机化、学习形式个性化、即时通信便利性等特征,其资源的设计也要区别于传统的课程资源,在进行设计时要遵循以下几个原则。

1. 最小模块原则

移动微学习内容的特点主要体现在"微"上,微学习内容是指小片段、松散连接、一直处于动态重组中的信息单元。因此在进行资源设计时,要将一个完整的知识点尽可能分割成若干个模块,每一个模块都是自包含形式,是完整的知识组块。每一个模块和其他模块之间又可以松散组成,呈现学习的结构性特点,这些相互关联的临近学习模块可以在某一主题下完成某一特定学习目标。每一个学习主题应该由5~9个有意义的内容块组成,以弥补短期记忆能力和移动设备显示屏幕带来的限制。

在进行学习内容设计时应该遵循模块最小化原则,以最小模块形式提供的学习内容,更加容易被学习者所接受。学习者在移动微学习过程中,注意力处于高度分散的状态,微小的学习模块被拆分和细化,被分割成适合零碎时间学习的内容块,学习者可以在任何地点、任何时间学习这些微内容。

某一学习主题的移动微学习内容被拆分成最小模块,并不意味着学习内容变得零碎。这里的"最小"意味着大小要符合学习者在零碎时间学习的需求,以最小模块来呈现学习内容并组织学习活动,强调在有限的时间内学习相对短小的、松散连接的、自包含的模块,以满足学习者短小、松散、使用的学习需求。在设计学习内容时,应针对知识点展开,一个学习模块涵盖一个知识点,保证学习者能够在短时间内完成学习。模块的安排要合理,信息分类要清晰,每一个模块之间都有松散的连续性,以便学习者能够在碎片化的知识点中了解到整个学习主题的结构。

2. 学习资源界面简洁明了

由于移动网络发展迅速,手机更新换代快,各种手机的配置参差不齐,以及无限网络质量的限制,移动微学习资源的呈现形式要简洁,并且概括性强。呈现学习内容页面要求要小,菜单导航简单。内容表现形式以文本和图片为主,尽量少用其他一些占用系统资源的素材。另外,由于涉及的输入与输出接口比较简单,难以实现复杂的交互操作,在开发时,移动微学习资源的显示格式要简洁、易用,在需要和学习者交互时,导航的设计要简洁明确,界面呈现形式简单,资源页面设计友好、风格统一,各要素布局合理、易识别。

3. 注重互动性原则

移动微学习中,学习者一般是独自一个人进行学习,没有学习同伴,没有教师指导,如果仅仅是静态的学习资源,虽能保证学习知识点的完整呈现,但是却不能展示出学习内容的个性化交互特性,不利于学习者深化学习内容,也使得学习变得黯然无味,使学习者感到孤立无援,容易丧失学习的兴趣。良好的交互设计是提高学习效率的有力保障。在进行移动微学习资源设计的时候,要充分考虑学习过程中的交互。调查显示,学习者不仅需要与教师、同伴进行交流,更需要与学习资源本身进行交互。

与资源进行交互不仅能更好地将内容清晰地表达出来,更能增加学习者的参与,提高学习兴趣。在移动微学习资源内容中设计交互性环节,有利于学习者在知识应用过程中更具有批判性、创造性和协作性,更善于沟通,且有利于知识的社会建构。学习者通过协作性地参与学习内容,有助于他们积极参与创造性活动的学习者构建分布式的学习网络,并对自己和他人的实践进行批判性反思。

具体的移动微学习资源的交互性设计,如:在学习者完成某一知识点的学习后及时提问,促进学习者深入加工信息,并对学习者提供及时、具体、有启发意义的反馈信息;提供笔记工具,以便学习者对学习内容做标注;提供讨论区、答疑区、教师信箱等。

为了保证移动学习效果,移动微学习资源的设计应该充分与终端设备结合起来,发挥交互的功效。移动设备与计算机终端不同,它能够提供的操作很简单,对于计算机中复杂的交互根本无法实现。设计者应考虑这一特性,使移动学习资源的内容格式配置符合终端设备的限制。学习者与学习资源的交互应该尽量使用简单的交互操作,减少学习者为交互操作投入的认知资源。因此要考虑操作便捷,减少复杂的输入和查找操作,让学习内容通过简单的方式呈现,利用手机最直接常用的按键实现交互。

4. 激发随机参与

移动微学习的理念是以泛在学习和非正式学习等为基础的,具有不限时间、地点等学习特点,学习者在进行移动微学习时没有像正式学习时那样的强烈学习动机,只是想通过移动终端和移动网络充分利用零碎时间来充实自己。学习者基本处于一种边缘性的投入与非连续的注意状态。在进行资源设计时应该考虑如何获取和控制学习者的注意力,不断给予可激发学习投入和持续的刺激与反馈。在内容设计方面尽量选取简洁、趣味性的话题,并将内容与生活实践相结合。注重内容情境的创设,增加学习者的学习体验。情境认知理论认为,学习要在一定的社会背景中发生,有意义的情境下的学习是非常有效的。通过提供真实的任务可以在短时间内培养学习者的学习兴趣,激发学习者的随机参与,并保持长久的注意。

5. 快乐体验原则

让学习者在移动微学习体验中有一种自由、开放、快乐、愉悦的感觉,也是设计者在资源设计时应当留意的设计准则。这种自由和开放性体现在心态的轻松自在,注意力的收放自如,以及对学习内容的自主选择和自我创造等多个方面。基于移动微学习的特征,并结合文字、音频、图片、视频、动画等多种媒体,针对不同的学习内容进行不同的媒体设计,让学习者在移动微学习时感到轻松愉悦,减少学习过程中产生的认知负荷。在考虑内容设计之外,为了给学习者创设自由、开放的学习环境,在移动设备上设计学习资源时界面要灵活、可变,使学习者保持新鲜感,拥有良好的视觉体验以及灵活的交互带来的愉悦感。

二、移动微学习资源设计过程

对于资源的设计模式和过程,现有学者已经做过很多相关研究,本书提出的移动微学习资源设计过程是在移动学习和微学习特点的依据下,根据现有基于手机的移动学习资源的设计过程,提出了移动微学习的设计过程。

1. 移动学习资源设计过程

黄荣怀等人在《移动学习——理论·现状·趋势》(2008)中,从设计者的宏观角度提出了移动学习资源的设计开发过程,如图4-7所示。

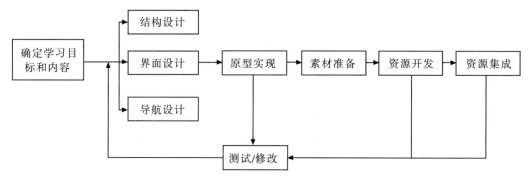

图 4-7　移动学习资源的设计过程

吴燕琴在其硕士论文中根据移动学习特点提出了基于手机的移动学习资源设计流程图,在该设计流程中,在进行前端分析之后,将确定的内容划分成许多知识组块,然后根据划分好的知识组块进行资源的设计,如图 4-8 所示。

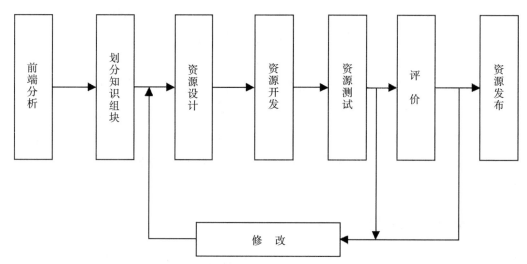

图 4-8　基于手机的移动学习资源设计流程图

朱琦在其硕士论文中提出的手机学习资源设计流程将需求分析进行详细的设计,这一点也非常重要。在网络资源蓬勃发展的时代,如果已经有比较适用的资源,就不必费尽精力开发了。其具体设计流程如图 4-9 所示。

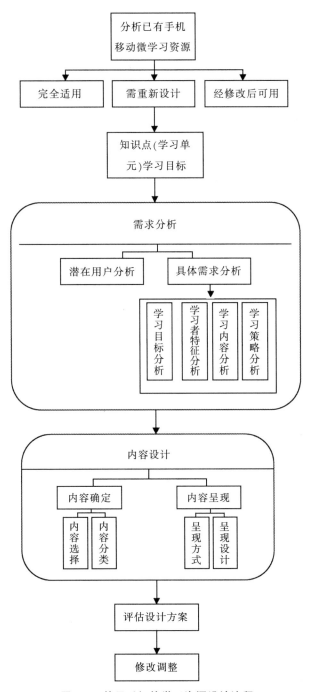

图 4-9 基于手机的学习资源设计流程

学者黄荣怀等人提出的移动学习资源设计过程从宏观和比较具体的方面分析了移动学习资源设计的一般过程,都比较重视资源的需求分析,以及对确定的内容进行划分和分类,为移动微学习资源的设计过程提供了理论方面的支持。

2. 移动微学习资源设计过程

移动微学习研究处于起步阶段,2008年顾晓清等人对微型学习在移动学习中的应用进行了理论研究,并对移动微型内容的设计提出了一些理论参考。2012年学者吴军其提出基于手机终端的微学习资源设计模式,并提出了资源设计时情境化设计过程,如图4-10所示。

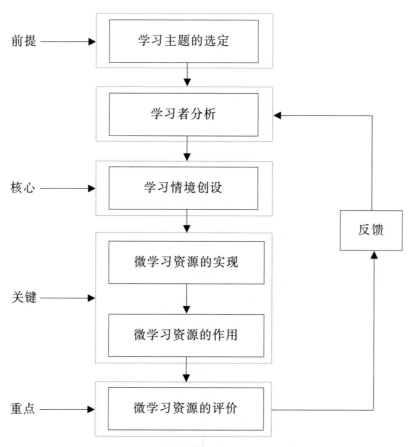

图 4-10 基于手机终端的微学习资源设计模式

本书结合移动学习资源设计过程、微学习内容设计方法以及基于手机的微学习设计模式提出了移动微学习设计资源设计过程,如图4-11所示。

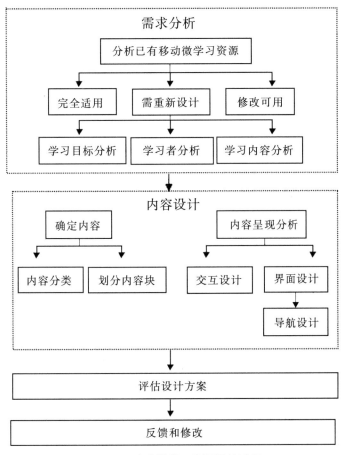

图 4-11 移动微学习资源设计过程

(1) 需求分析。

需求分析包括两方面的内容：一是分析当前存在的资源哪些可以使用，哪些可以经过修改后使用，以及哪些必须经过设计和开发后才能使用；二是进行资源设计前要对学习者、学习目标、学习内容进行分析，以确保设计的资源满足学习者的需要。

① 分析已有的移动微学习资源。设计者在进行资源设计时应当首先调查和搜集已有的移动微学习资源以及可利用的移动学习资源，分析这些资源的属性、使用范围等。具体的操作方式是：根据预定的目标，分析现有的各种移动学习资源，根据微学习的特点，划分出哪些是移动微学习资源，这些资源哪些能够值得参考；哪些资源设计上存在一些问题或者与目标不符，但经过修改、组合后可以使用；以及哪些资源需要设计和开发后才能使用。

② 具体需求分析。学习目标分析：在教学产品开发前需要对学习者的学习需求进行分析，明确学习者当前的学习状态与所期望的理想状态的差距，根据这种需要，确定学习目标。学习目标是学习顺利开展的关键环节，在进行目标划分时，将目标细化为具体的、易于学习者掌握的小目标，这样有利于学习内容设计的针对性和片段化。

学习者分析：学习者分析主要从学习风格和学习动力方面分析。根据非正式学习以及泛在学习特点，移动微学习的学习者的范围很大，包括在校学生、在职人员、老人等有学习需求的学习者。在分析学习者特征时，最好把这些学习者进行分类，然后分析这些群体的一般特征，通过问卷调查的方式以及大数据的数据挖掘技术，分析学习者的喜好和学习风格。

学习者分析的结果是划分知识组块大小的重要因素，因为知识组块的大小和复杂程度要适应学习者的能力。同样，学习者分析的结果也是知识组块之间组织和排列的重要依据。对于不同初始能力的学习者，我们可以利用不同的数学和知识组块进行拆分和组合，形成更加个性化的学习资源，以满足不同学习者的需求。

学习内容分析：分析学习内容，即要明确内容的范围和内容的深度，以反映出各部分之间的联系。学习内容分析为学习目标的确立提供依据，解决的是"学什么"的问题，也为后续开发移动微学习资源提供内容依据。

(2) 内容设计。

本阶段主要是学习资源的内容设计，主要包括内容的确定和呈现设计。确定内容主要是在需求分析的基础上，选择一个完整的知识组块，然后对该知识组块进行分类，然后对每一类内容再进行划分，直到划分成相对独立且又相互联系的微内容；呈现设计主要是对划分好的微内容进行呈现方式的设计，包括框架设计、界面设计、导航设计。

① 确定内容。移动微学习内容的确定的重点是对资源内容进行细化，采用知识模块化分割方法将学习内容依据知识点之间的联系划分成一个个相对独立，但又自成体系的微型知识模块，如图4-12所示。

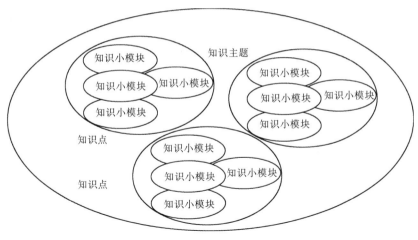

图 4-12 知识模块划分图

图 4-12 是从宏观的角度将一个完整的知识主题划分成若干个小的知识模块,而具体的知识模块划分有以下两种方式。

单一知识模块:将一个知识主题的相关内容如学前测试、学习目标、学习内容和学后测试等分别制作成独立的知识小模块。然后将知识小模块学习内容再进行细化,划分成若干相对独立的知识小模块。这种知识划分方式的优势在于,学习者随时进行小知识的学习或者对已经学习过的知识进行测试。这些微资源可以和其他资源进行组合呈现不同的教学效果。

完整知识模块:将每一个知识主题中的所有内容如学习目标、学习内容全部封装在一起,组成一个完整的学习资源。这种方法比较适合那些本身比较小但非常重要的知识。学习者在学习时可以比较系统地了解这个知识的结构。

② 内容呈现设计。内容呈现的总体设计包括框架设计(交互设计)、界面设计、导航设计。

• 交互设计:交互设计的目的是实现更好的人机交流,保证学习者学习顺利进行。设计一个友好的交互界面需要在分析学习内容特点、媒体呈现形式和手机学习终端承载能力的基础上,重点进行内容交互设计。交互过程可以通过输入文字、提交表单、点击链接等方式进行。交互设计时需要从菜单、按钮、界面的色彩、重点内容的突出、应用字体、用户输入信息的方式等方面考虑。与网络资源的交互设计不同,移动微学习资源的交互界面需要保证简洁、重点突出、色彩搭配合理、交互响应快等因素。

借鉴移动学习内容交互模式,移动微学习内容交互设计模式可采用操练与练习、咨询、指导等基本模式。

操练与练习型模式。在进行移动微学习内容设计时,可以按照单个问题组织学习内容,并组成问题序列,图 4-13 为操作与练习型结构。当学习者输入答案后,系统判断其正确情况,并给予反馈。当学生回答正确时,系统给予适当的鼓励,强化学生的理解和记忆;当学生回答错误时,系统给予适当的提示和帮助。

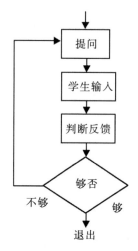

图 4-13　操练与练习的基本结构

咨询型模式。当学习者提出问题和要求时,系统回答并讲解有关内容。图 4-14 为常见的咨询型结构。移动微学习内容设计时可以通过设置导航条、文字输入或热字等,通过查询数据库,反馈学习内容。这种模式适合在手机上获取资讯、应答问题或查询概念等。例如"微信"里的公众号,学习者通过关注公众号,输入相应的文字就可以快速获取自己想要的学习内容。

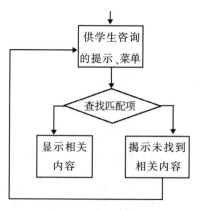

图 4-14　咨询型常见结构

指导型模式。让移动微学习者自主阅读指定的学习内容,回答相关问题,学生根据系统反馈信息,理解所学的知识。知识内容可以是新概念、公式、规律。在学习者学习一个小知识点后,系统会围绕该知识点提出相应的问题,并判断学生的回答是否恰当。如果回答得很好,则会进行适当的鼓励,进行下一个知识点的学习;如果回答不是很理想,则提示出错,给予适当的解答。指导型模式适合传授新概念、新公式、新规律等知识内容,如图4-15所示。

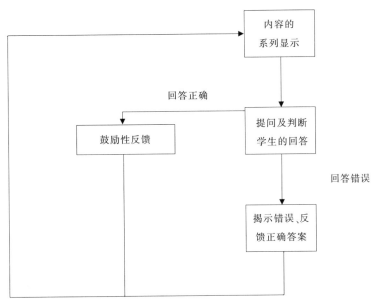

图4-15　一种常见的指导型结构

移动微学习资源的交互方式包括选择问题、判断问题、填充问题、匹配问题。选择问题是提出问题列出选项,学习者选择正确答案,点击相应的选项即可选答,这是一种比较简便且适合移动微学习者进行交互的方式;判断问题,学习者对一个问题进行是非应答;填充问题,补充内容,应答方式可以采用输入文本、选框等,填充题虽然增加了学习者的操作负担,但可以对学习者的内容掌握程度进行更加深入的检测;匹配问题,给定两个或多个栏目,学习者在不同栏目之间进行匹配,应答方式为两次或多次点击后进行匹配反馈。

- 界面设计:学习内容的呈现页面就是学习者与学习内容交互的界面,它是学习者对学习内容最初、最直接也是最重要的印象。对学习软件或网络学习系统来说,界面设计的质量决定了学习过程中学习者与学习内容间交互的质量,对学习效果有着至关重要的影响。但在学习者与界面的交互上,移动学习常常会造成一些不好的用户体验。同样的学习资源,在手机上使用时要比在纸上或电脑屏幕上困难得多。从界面设计的角度看,移动设备的技术特性使得学习资源的布局设计、导航设计、交互设计都受到较大的限制,特别是信息呈现设计,较小的屏幕空间很难完整地呈现复杂的学习内容。这不但会影响学习交互的效果,也增加了学习者的外部认知负荷。因此,移动微学习的界面设计需要注意以下几个方面。

第一，内容布局。布局设计的目的是指定信息元素与交互元素在界面中的位置和显示方式，应符合用户的一般习惯，自始至终保持一致。内容布局的基本要求是重要内容突出、重点知识醒目、凸显空间关系、布局结构新颖、具有艺术性和个性化。主要表现出各个构成因素和谐的比例关系，符合学习者基本的视觉规律与认知特征。在进行手机移动微资源设计时，应充分利用手机屏幕的有效面积，对呈现在屏幕上的各种信息，都要通过屏幕布局设计进行合理的构图和安排。重点注意为信息呈现分配尽可能大的屏幕空间，方便学习者阅读，减少认知负荷。

同样，在进行内容布局设计时要进行结构化布局，结构化布局通过可视结构展现信息元素间的关系（分组、隶属、关联等），可以明确标识学习内容中重要的部分与不重要的部分，进而影响学习者对认知资源的分配。实现结构化布局的方法很多，通过对文字进行分段或列表呈现、设置特殊字体、插入符号、分割线、设置高亮颜色等都能实现结构化布局。

第二，信息呈现。在进行界面设计时如果屏幕信息量过大，学习者的注意力很难集中到各个元素上，在进行视觉搜索时需要花费很长时间，这样有意义的信息就会很难被搜索到。为了符合人们的阅读习惯，每屏显示内容不要覆盖整个屏幕，当需要同时呈现的学习内容超过屏幕空间时，应尽可能地通过技术手段来保证语词与图像的同时呈现，最好不要使用信息压缩的方法。

小字体呈现语词信息，当语词信息较多导致无法与关联的图像同时呈现时，可以考虑使用较小的字体。在小屏幕设备上阅读时，较小的字体、紧凑的格式反而有更好的效果。在小屏幕设备上呈现文本信息时，较大的字体会增加文本空间的长度（更多的页面），单屏呈现的信息量较小，容易破坏信息的组织结构。学习者需要通过工作记忆来整合那些被分离在不同页面的信息，也需要更多的交互操作。因此，在小屏幕设备上呈现文本信息时，较小的字体并不会影响阅读的效果，反而能起到促进作用。需要注意的是，这种方法并不适合广泛应用，长时间阅读小字体文本容易造成视觉疲劳，可能会影响学习者的视力。

第三，色彩搭配。合理的色彩搭配可以美化页面，更好地表现主题，吸引学习者的注意力，激发学习者的学习兴趣，为学习者带来愉悦的视觉体验。在色彩运用上要注意美观、简洁、大方，不要过于花哨。色彩搭配应遵循以下几个原理：颜色种类要适度，色彩信息对人的注意有极强的吸引力，同一屏幕中不宜使用太多的颜色；色彩的敏感性，人眼睛对黄、绿灯颜色很敏感，这些颜色在反应时间、错误率上有明显的优势；色彩的含义，学习者对不同色彩可能会产生不同的生活联想，例如绿色联想到生命力、红色联想到热情奔放等。

- 导航设计：内容导航对于初学者来说尤为重要，它是进行有效学习的保证，能够帮助学习者在最短的时间内找到需要的学习资源，并能够清楚地了解整个知识结构。如果导航设计不合理，对于移动微学习的学习者在资源中迷航，更加容易产生焦躁心理，致使学习者丧失学习兴趣。导航设计要求层级分明，简单易懂。导航级数最好不超过三级：一般地，一级导航项目较少，可用图标排列显示，二级、三级导航可显示为列表的形式。

导航设计要遵循以下原则：简单层级：菜单层级不应太多，尽量控制在四级以内；统一风格设计：包括版式布局、菜单或按钮的位置、样式等；同时要使用学习者熟悉的，与网络资源一致的名称作为标签，使学习者更快融入到移动微学习资源中；自由跳转：根据用户需要能够实现主页与任何一级页面之间、上下层级之间、同一层级之间跳转；符合学习者的认知心理：层级的设置要符合认知规律，循序渐进，由简单到复杂，也要处理好认知规律和学习内容之间的逻辑关系。

（3）评估设计方案。

根据需求分析的结果，对资源进行内容设计，设计完成之后需要有相关专业人员进行评估，主要分析设计方案的可行性以及在设计过程中会遇到哪些问题以及提出相应的解决方案等。只有完成方案评估，才可以进行资源的开发与实施。

（4）反馈和修改。

反馈和修改是资源设计的最终环节，但也是伴随着整个资源设计过程的。反馈是专业人员进行资源设计评估后，将评估方案反馈给设计人员，设计人员可以基于该反馈方案予以修改。当然在进行资源设计的过程中也可以根据需要及时修改设计方案，以达到理想的资源设计效果。

三、移动微学习资源设计方法

在泛在学习理论和非正式学习理论的指导下，通过分析移动微学习特点、资源分类，移动微学习资源的设计方法可以从学习资源的内容设计、媒体设计、通信设计等方面进行探讨。

1. 移动微学习内容设计方法

（1）选择合适的移动微学习内容。根据我国学者顾晓清等人的研究，并不是所有的学习内容都适合进行移动微学习，移动微学习特别适合非正式学习者。对于终身学习领域来说，由于沿用的不是传统正式学习方式，且多指向实用的学习目标，其课程设计也更需要以工作和生活中的实际问题为中心来组织学习内容，其中的很多学习内容适合进行微型化设计、非正式学习、移动互动通信。适合微型学习的内容如表 4-1 所示。

表 4-1 微型学习内容示例

受众	课程内容
白领	实用英语学习、英语会话
社区居民	健康百问、上海市居民健康手册、防火急救知识、保健知识等
教师	教师教育技术培训
观光旅游者	天气、交通信息、急救知识、旅游保健
一般学习者	实用性较强的学习内容,如英语会话、商务知识

(2) 内容短小、重点突出、长短得当。移动微学习过程中,学习者是利用零碎时间进行学习,学习时间较短,学习间隔较长,学习环境较为复杂,不可预测的干扰因素过多,因此知识模块中的内容概括精炼、学习要点突出、重难点明确。学习模块的设计应当保证学习者在较短的时间内完成移动微学习内容。移动微学习资源的时长应该控制在 3~15 分钟的范围内,可设计三类内容:约 3 分钟的小知识点内容;约 7~8 分钟的包含独立知识点内容;约 10~15 分钟的知识结构清晰的内容。经学者研究得出 3 分钟左右的内容与 7~8 分钟的内容的移动微学习模块在时间上更为合理和有效。从学习者的注意力持续时间、学习的持续性、可接受的信息量、学习环境以及其他未知因素综合考虑,大于 30 分钟的内容模块显得过长。

(3) 内容完整、呈现松耦合性。一个知识模块应当是一个相对完整内容的提炼,学习者可以在一段独立的时间内完成模块知识的学习。模块之间可以通过"简要提示法""小结"等方式建立模块间的联系,促进"松散"知识内容中知识结构体系的建立。

(4) 创设学习情境、激发学习动机。学习情境是指在学习者的学习过程中,根据学习需求创设的具有感情色彩的具体场景或氛围,以引发学生的情感体验,有助于学生迅速而准确地理解学习内容。学习情境的创设不仅有助于激发学习者兴趣,而且有助于学习者创造性思维的培养。

根据情境认知理论,学习资源应包含丰富的以情境问题为核心组织的学习知识,用户除了可以获取特定的学习内容外,还可以获得与该情境问题相关的知识集合,以促进学习者对某情境知识的全面了解和掌握。在移动微学习资源中,进行问题情景的创设,可以借助故事、猜想和验证、联系学习者的生活实际,为学习者创设问题情境,让学习者带着问题去探究。

2. 移动微学习媒体设计方法

与通常的显示终端相比,多数移动终端的屏幕大小、显示格式、数据处理能力和存储能力相对有限,原有的数字学习资源在这些设备上难以适用。同时,许多研究指出,如果媒体设计或选用不当,很可能会使媒体的特性丧失、分散学习者的注意力、降低学习成效。在进行媒体设计时,要基于移动微学习特征,结合文本、图片、音频、动画、视频等多媒体,使得学习资源更加有效地呈现,促进学习者有效学习。以下内容是针对这几种媒体形式,提出相应的设计方法。

(1)文本设计。在移动微学习资源中,大量的教育信息都是用文字、字符及特殊字符表现的,如文章、概念、科学原理、计算公式等。文本资源在教育信息资源中占有很重要的地位,在设计时需要注意文本的格式、文本长度以及文本与其他类型的媒体的搭配。对于那些内容难以通过简洁文字说明的,不宜采用文本形式呈现。对于偏重基本概念或事实的学习内容方面,可选择设计成文本媒体形式进行呈现。

文本的格式通常有 Word、Txt、Pdf、HTML 等,不同类型的文本都有各自不同的特点。经过实践这几种文本格式中,Pdf 格式的文本被弃用,因为 Pdf 格式的文本无论字号大小都必须缩放,文件操作比较麻烦,且移动设备需安装相应的阅读器,使用起来不方便。

从学习者的视觉感受与设备屏幕信息承载量综合考虑,Word、Txt、HTML 的字号为 10 号或 11 号宋体,呈现效果比较合理。文件大小为 100K 左右时,开启较快,几乎不会延迟。超过 100K 后,则会出现不同时长的延迟。因此,文件大小采用 100K 为宜。

(2)图片设计。俗话说得好:"一图胜千言",图片适合形象、直观的概念或事实性内容的形象概括、过程性描述等。与单纯的文字相比,图片更有利于吸引学习者的注意力。图片的设计需要关注的是格式和文件容量。

图像素材可以分为两种:矢量图和位图。矢量图的显著特点是它是由线条组成的,优点是所占存储空间较小,可以很容易改变图形的属性且不易失真;位图不像矢量图那样有明显规律的线条,与矢量图相比,显示位图文件比显示矢量图文件要快,但位图缩放时会失真,且位图文件占据存储空间较大。常见的图片格式有 Windows 位图文件(.bmp)、可移植网络图形格式(.png)、JPEG 压缩位图文件(.jpg)等。

如果将图片与文本配合,可以更好地呈现一些概念或事实性知识。图片与文本搭配使用时,图像大小一般可以控制在 204×110 像素左右。此外,在设计移动微学习资源时,可以将同一张图片以高、中、低三种像素保存,这样所设计的资源就可以根据用户终端自动调整图像分辨率。

如果设计者需要自己设计和制作图像时,在构图、色彩搭配、画面组接等方面应遵循心理学、教育学、美学的基本原则,注意构图简洁并突出主题,画面整体均衡、稳定,色彩的选择清新、明快、搭配合理,心理学研究表明。主题对象与背景间明暗差别相对越大,就越容易被感知。

(3)音频设计。声音可以创造一定的语言情境,通过语言的声调、感情色彩的变化对某一情境进行描述,可以达到激发学习者的情感和想象等思维活动的效果,从而促进学习者参与到学习活动中,达到学习目标。在多媒体资源中,音频资源的应用同样比较广泛,如果能够恰当应用音频,则能起到其他媒体形式无法替代的作用。其中,语言类、讲座类的学习内容非常适合用声音的形式呈现。

音频的设计需要关注长度、文件格式、音效的问题,学习者在移动微学习中,注意力处于分散状态,且没有强烈且明确的学习目的,有些学习内容需要设计成音频文件供学习者在零碎时间学习,比如出行旅途中、体育锻炼中。

音频格式采用 PDA 支持的 MP3、WMA 格式。MP3 格式适用于倾听音乐,WMA 格式可以在与 MP3 同音质的情况下体积小 1 倍,非常适合用于网络串流媒体及行动装置。

移动微学习资源中,音频文件内容主要是针对学习内容中的重难点部分,以讲解的形式呈现,在进行讲解时要采用标准的普通话,语音、语调不能过于平淡,应使用合适的教学语调。每一个音频文件的播放时间不宜过长,保持在 3~10 分钟。

为了保证学习资源的实时更新,音频资源文件主要是学习者根据自己的需要选择性下载。为学习者提供的资源应在不影响效果的前提下,尽量地降低文件大小,以减少学习者因流量所产生的费用。

(4)动画设计。动画对于过程事实的描述可以达到意想不到的效果,可以形象生动地模拟事实发展的过程和物体的运动过程,把抽象的内容形象化,使得难以理解的内容生动有趣。与文本、图片相比,动画更能吸引学习者的注意力,创设愉悦的学习体验。与视频相比,动画文件通常较小,易于下载和保存。某种情况下,视频难以获取或呈现的内容,动画则可以很简单地呈现,如化学实验过程可以通过 Flash 动画制作出来,形象、直观地呈现化学反应过程。动画的设计主要关注文件的格式、文件分辨率和大小。

移动微学习资源中动画文件的格式一般采用 swf 格式、gif 格式和 3DS MAX 的动画文件 avi 格式。通常采用 swf 格式,文件大小不宜超过 1M,否则画面播放不流畅,影响学习者的学习动力并降低学习者的学习兴趣。

(5)视频设计。在移动微学习资源中,视频以其具体、生动、直观、形象等特点成为一种重要的媒体素材。视频内容应该包括讲授、事例、文字提示、图片等,合理地将特定的知识融于一定的情境中。在进行视频资源的设计时,要考虑到学习者学习终端的屏幕尺寸、内存容量和网络带宽的限制,要注意视频格式、分辨率、时长和大小。

常用的视频格式有 AVI、MP4、WMV 等。考虑到 PDA 播放器支持的视频格式,采用 WMV 格式。根据移动微学习的学习特点,每个视频文件的时长以 10 分钟(文件大小约 3.74M)或 15 分钟(约 5.6M)左右合适。这样的设计是根据移动微学习内容的设计,选择独立的知识模块,以视频的形式呈现。这样的视频内容适合学习者在移动学习环境中学习,另一方面也适合学习者对视频文件进行下载。视频的内容要生动有趣,深入浅出,能够有效地讲解一个小知识点,对学习者有启示意义。

总的来说,在进行移动微学习媒体资源设计时,要考虑学习者在真实应用中的具体情况,比如学习者的网络不稳定、网速过慢、流量限制等,应该尽量综合使用文本、图像、音频、动画、视频,让学习者可以根据自己的需要选择合适的媒体形式来进行学习。

3. 通信设计方法

在移动微学习中,学习者是以个人为单位运用自己的手持终端进行微学习的,与传统的课堂教学不同,传统课堂是教师和学生群体进行实时交流互动的,学习者作为其中一员,能够在浓厚的学习氛围中积极参与互动,并能够及时获得同学和老师的反馈。但在移动微学习中,学习者进行的是个性化、独立学习。学习者容易受到外界的干扰,很难保持学习的积极性。因此,在进行移动微学习资源设计时,要进行通信设计,以保证能够对学习者所学的内容进行反馈、交流、互动。通信设计能够保证学习者与其他学习共同体实时或异步的交流互动。现有的通信方式有基于短消息的通信、基于 Web 浏览器的通信以及基于手机通信软件的方式。

在进行移动微学习通信设计时,要不断地设计交互环节。可以在学习者学习完某一知识点后,给予适当反馈,或提示学习者用聊天和交流工具进入某一专题进行讨论,从而深化学习内容,帮助学习者了解内容结构,促进学习者将学习内容应用到生活实践中去。

四、移动微学习资源设计案例

1. 微视频资源制作案例

微视频作为移动微学习资源的典型代表,具有教学时间短、教学内容微型化、使用灵活、资源情境化、制作方便等特征,融合了移动微学习资源的各种媒体资源形式。微视频的发展越来越受专家学者的关注,教育部门纷纷举办微课比赛,集合各学科优质资源,为移动微学习的有效开展,提供了强有力的资源支持。本节内容是以微视频的设计与制作案例介绍为主,从而使读者了解移动微学习资源的具体设计方法。

由于微视频具备移动微学习资源的显著特征,本节内容以微视频《鸡兔同笼问题》为例,介绍移动微学习资源设计流程的实际应用。

(1)需求分析。"鸡兔同笼"问题是人教版六年级上册"数学广角"中的内容,旨在培养学生的逻辑推理能力。该案例虽然是数学中的一个"微"问题,却是教学中的重点和难点。在传统教材中,"鸡兔同笼"问题都是以提高题出现,面对的是少部分学有余力的学生,而在新教材中此问题是面向全体学生的教学内容,因此,教材提供的这部分内容很具有挑战性。生活中有很多的实际问题与"鸡兔同笼"的数量关系类似,而这些问题都可以通过这个思路得到有效解决,此题型具有广泛的代表性。从以上情况分析,设计和制作"鸡兔同笼"这一节微课能够解决实际教学问题。

① 学习目标分析。本节微内容的知识与技能目标:理解具体问题中的数量关系,会用多种方法解答类似问题。过程与方法目标:经历和体验用抽象思维和逻辑推理来解决实际问题的过程,体会方程组是刻画现实世界的有效数学模型。情感态度价值观目标:通过有趣的估算题培养学生的好奇心和求知欲,增强其学习数学的自信心,渗透数学文化,培养学生的探究精神。

② 学习者特征分析。此课程的学习者是六年级的学生,六年级学生群体的学习特点具有以下几个方面:一是已经完全具备假设演绎思维、抽象思维和系统思维能力。二是好奇心强,六年级学生对好玩有趣的学习内容具有强烈的学习兴趣,所以课程设计尽量保持趣味性。三是缺乏学习主动性,六年级学生缺乏主动学习能力,而微视频资源是学习者利用零散时间进行学习的,所以微视频设计时必须保证学习者的学习效率。

③ 学习内容分析。"鸡兔同笼"问题选自小学数学人教版六年级上册112-115页内容,授课课时为一课时。具体内容为"这个问题,是我国古代著名趣题之一。大约在1500年前,《孙子算经》中就记载了这个有趣的问题。书中是这样叙述的:'今有雉兔同笼,上有三十五头,下有九十四足,问雉兔各几何?'这四句话的意思是:有若干只鸡兔同在一个笼子里,从上面数,有35个头;从下面数,有94只脚。求笼中各有几只鸡和兔?"由此看出,本内容抽象程度过高,学生不宜理解,选择该内容作为微视频,能够让学生通过观看微视频,自主进行学习,发挥微视频的可重复观看作用,帮助学生更好地理解内容。

(2) 内容设计。

① 划分知识组块。本节内容的知识主题是"鸡兔同笼"问题,而该问题有很多种解决方案,其中适合小学六年级学生思维方式的解决方案有猜测、列表、假设或方程解等方法。根据移动微学习内容的最小化原则,我们将该主题划分为三个知识块,分别是假设法、列表发、方程法,如图4-16所示。划分知识块之后,将每一个微内容制作成微视频,最后将三个微视频和相关学习目标、重难点、评价等放在一起,组成一个相对独立又联系的微视频。

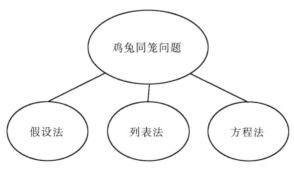

图 4-16　鸡兔同笼知识块划分

② 微视频结构设计。微视频的基本结构包括片头、主要内容、片尾 3 个部分。片头主要是介绍微视频的基本信息,如课程的学习目标、注意事项等;主要内容是讲解知识点的过程;片尾主要是说明制作单位、人员、日期等。

主要内容部分以第一个知识库"假设法"为例,在开始部分介绍本节内容的目标、重难点、学习对象等;然后介绍"鸡兔同笼"问题,对学习者提出疑问,吸引学生的注意力;提出问题后介绍本问题有三种以上的解决方案,本节内容讲解"假设法"是怎么解题的。如下所示:

假设法:假设全是鸡。

$8 \times 2 = 16$(条)假设全是鸡(假设全是鸡,则总共有 16 条腿)

$26 - 16 = 10$(条)矛盾量(和实际的已知条件的 26 条腿相比少了 10 条腿)

$4 - 2 = 2$(条)原因(原因是把每只兔子少看了 2 条腿)

$10 \div 2 = 5$(只)兔(一只兔子少看 2 条腿,10 条腿就少看了 5 只兔子)

$8 - 5 = 3$(只)鸡

答:兔有 5 只,鸡有 3 只。

学生作业,思考假设全是兔的时候该如何解题呢?

③ 界面设计。微视频界面设计要遵循三个基本原则:趣味化、简明化、统一风格原则。趣味化是指微课的制作者应该根据内容的不同,在一个环节中综合运用试听手段和剪辑效果,把枯燥复杂的知识进行艺术化、趣味化处理。简明化原则是在几分钟之内,要求呈现的内容简洁,不要有过多的无关修饰。统一风格,要求界面设计一致性,给人整齐一致的感觉。

本节微课在讲授过程中,需要辅助课件,课件的制作要求符合以上三个基本原则。课件制作时,按照媒体设计方法,选择图片、动画等多种媒体使抽象的"假设法"形象化。

(3) 录制视频。

视频录制有两种方式:一种是录屏,另一种是拍摄。录屏是用录屏软件对教学过程进行录制,需要教师装有录屏软件。录制时教师以课件为辅助工具讲解内容,视频显示的是教师操作课件的过程。拍摄是用摄像机录制教学过程。拍摄内容可以是教师的课堂实录,教师的形象会出现在荧幕上,需要教师仪表端庄自然。

录制的视频要求时间限制在 10 分钟以内,便于学生进行移动微学习。教师语言应简洁扼要,吐字清晰,语调抑扬顿挫,思路清晰,能够灵活运用多种方法解决重难点。

(4)后期加工。

后期加工主要包括片头、片尾、提示性文字和画面或录制旁白等。片头信息要标明使用对象、所属学科、教材等信息。片尾主要是制作单位、人员、日期等。提示性信息和画面主要是在教师讲解时配上关键文字等重要信息,强调重点内容,帮助学生理解内容,同时也起到吸引学生的注意力的作用。

以上是移动微学习资源中微视频资源的设计与制作过程,微课制作完成之后,要对整个过程进行反思,不断进行改进。本微课的制作过程是按照移动微学习资源设计过程进行的,综合文献研究,无论是网络资源还是移动学习资源基本的设计过程是类似的,我们在进行设计的时候都要进行需求分析、内容设计等。在进行移动微资源设计时特别要进行内容组块划分,体现微学习的特点,综合考虑移动学习者在进行移动学习时的限制因素,最终设计简洁、美观、有用的学习资源。

2. "乐词"APP 资源案例分析

随着移动通信技术和移动终端设备的发展,人们的学习和生活都离不开移动终端,因此各式各样的移动应用应运而生。目前在百度搜索里输入"学习 APP"关键字,会检索出 700 多种学习类的 APP 应用。这 700 多个应用,包含各个年龄段、各个学科和生活领域的学习类 APP 应用,其中最多的是语言类的学习,而语言类的学习中又以英语学习为主,因为英语作为生活和学习方面必备的知识能力,有着广泛的学习群体。单词的学习是学习英语的基础,只有掌握一定的词汇量后,才能够提高英语学习水平。然而单词的记忆是枯燥的,且易忘的,只有养成良好的学习习惯、运用灵活的学习方法才能使这项枯燥的学习变成有兴趣的学习,才能提高学习者的学习激情。无论是高考还是四、六级考试都需要大量的词汇储备,记单词成为英语学习者的一大难题。

为了解决这一难题,移动应用开发商们开发了各种学习单词的 APP,如百词斩(苹果 APP Store 英语教育类 APP 排名第一)、网易有道词典、金山背单词、乐词等。本书选择"乐词"作为移动微学习资源设计案例分析对象。

(1)"乐词"简介。

乐词是新东方控股公司乐词网络科技(北京)有限公司开发的一款学习单词的 APP,是由新东方名师俞敏洪等人参与讲授的、具有个性化学习特点、符合人的记忆曲线、支持离线学习的应用程序。

作为一款学习单词的 APP,乐词具有基本的背单词、查询单词的功能,除此之外,还有新东方名师们独特的单词记忆方法、讲解单词的视频,以及支持学习者边听边学的音频资源,同时还有激发学习者学习单词兴趣的"连连看"游戏,学习者可以通过单词配对检验单词的掌握情况。

其基本界面如图 4-17 所示。

图 4-17 "乐词"界面

无论是高考、四六级还是托福、雅思的考生,都可以利用该软件进行学习,学习者可以自主设定自己的学习阶段和学习目标,系统会根据学习者制定的学习进度,提出相应数量的单词。学习者学习的过程如下:首先,学习者选择单词学习,就可以学习新单词,如果单词很容易掌握,就可以直接进行下一个,如果较难,就点击进入单词讲解页面,页面包含音频、视频、图片三种形式的媒体资源,遵循多通道原则,学习者可以选择自己倾向的媒体形式进行学习。其次,学习者在学完一组单词后(一般 8~9 个单词)会进入单词检查页面,以选择题的形式呈现,学习者选择相应的选项,如果错误,会自动跳转到该单词详解页面,如果单词已经掌握,可以点击"已掌握"跳转到下一个单词。最后,当学习的单词达到学习者当天制定的目标后,回到主界面,可以查看已学单词或复习易错单词。

(2)"乐词"资源设计分析。

乐词作为一款学习单词的 APP,其资源内容是相当丰富的,不仅包括平台本身提供的资源,还包括学习者自主上传的单词记忆方法以及图片资源,还有学习共同体之间互评时生成的资源。媒体形式是多种多样的,包含图片、音频、视频等多种形式。在综合设计这些资源时,乐词采用简洁、美观的内容呈现方式,分别从资源内容确定和资源呈现方式设计两个方面来分析该 APP 的资源设计理念和方法。

① 确定资源内容。乐词的学习内容是初高中英语、四六级考试、考研、托福、雅思等核心词汇。学习者可以根据自己需要选择相应的内容来学习,制订好学习计划。在"背词"板块,以 8~9 个单词为一组,学习者每天根据自己制订的计划,学习相应组数的单词。

乐词是学习者利用移动设备进行单词学习的 APP,符合移动微学习的特点,在进行内容设计时遵循移动微学习资源内容设计原则。例如:在进行单词数量划分时,根据人们的认知能力,划分每组单词 8~9 个,每个单词都能作为独立的学习模块,单词之间没有紧密的连接,符合最小模块化原则,学习者可以随时随地利用零碎时间进行移动微学习。在单词学习时,单词详解部分,文字描述内容比较简练,搭配使用图片、声音、视频三种方式,三种媒体都以简洁的方式呈现。视频长度不到 1 分钟,适合学习者短时间内在移动设备上观看,如图 4-18 所示。

在"乐学"板块提供新东方名师们讲解单词的视频,视频长度在 40 秒至 4 分钟,符合微视频的制作原则,如图 4-19 所示。

图 4-18　单词学习界面　　　图 4-19　乐学界面

学习内容具有趣味性,名师们以词根记忆法讲解单词,并赋予趣味性,给学习者营造一种轻松、愉悦的学习气氛,同时提供练练看功能,学习者可以进行单词练练看游戏,且单词数量较少,娱乐性较高,有助于减轻学习者的学习压力,如图4-20所示。

② 内容呈现设分别从交互设计、界面设计、导航设计三个方面分析"乐词"资源内容呈现设计。

• 交互设计。

该APP的交互界面简洁、操作方便。通过点击和左右、上下滑动的方式来选择与切换界面,不会给学习者带来操作负担。学习者与学习内容的交互模式主要是操练式,检查单词的掌握情况。例如:在学完一组单词后,提供一组选择题,学习者通过点击选择的形式来进行交互,检验自己的掌握情况;在"单词复习"时,学习者通过点击选择的形式,来填写单词,如图4-21所示;在需要查询单词时,通过输入相应单词来查询;通过游戏来进行交互,玩"连连看"游戏,在一定时间内,学习者通过点击相应单词和解释,完成一定数量的单词配对。

 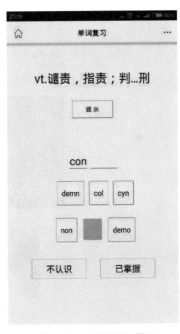

图4-20 连连看界面　　图4-21 单词复习界面

• 界面设计。

"乐词"界面简洁,内容布局结构合理,每个模块都独立分页排列,风格统一。通过使用不同颜色和字号的字体来突出重点内容,字体大小合适。通过使用小字体来节省屏幕空间,不会使人产生拥挤的感觉,从而减少学习者的认知负荷,不使用多余的文字和图标来分散学习者的注意力。文字、图片和视频排版合理,整齐。界面使用白色作为背景色,整体风格清爽、愉悦。

- 导航设计。

"乐词"APP采用底部导航的方式,轻松实现模块之间的跳转。层级关系中,最多采用三级页面跳转,每个页面左上角都会有一个主页按钮,点击可以返回到相应模块的主页,这样初学者不会产生迷航。各个层级的设置符合学习者的认知规律,循序渐进,例如单词学习模块,对于已经掌握单词的学习者来说就没必要进入下一层级的单词详解页面,对于没有掌握该单词的学习者来说,可以点击下一层级,逐渐深入、全面了解单词的含义。每个模块中的返回按钮的位置都在相同的位置,不会使学习者产生混乱。按钮、列表风格统一,列表图标简单且具有指示意义,如图4-22所示。

图4-22 列表图标

总体来说,"乐词"以其简洁界面、多种媒体形式、灵活交互、资源质量高水平且丰富的特点,符合移动微学习资源内容的特征,适合不同年龄段、不同职业、不同学习目的的移动微学习者进行单词学习。

第五章　移动微学习的活动设计

移动微学习活动的开展需要学习者在学习的过程中积极参与,相应的学习动机是维持整个学习过程的基础。实际上,学习活动由特定的要素组成,它的设计正是对各个要素及其之间相互作用关系的设计,而移动微学习活动作为学习活动的一种特殊类型,当然也遵循学习活动的一般理论与原则。它要求在全面分析的基础上,设计开发出合适的学习资源、情境等,并且在一定的情境下以恰当的策略将这些内容提供给对应的移动微学习者。本章内容将主要从移动微学习活动概述、设计的理论基础、原则、方法、流程及案例分析这几个方面来对移动微学习的活动设计进行一个全面的阐述。

第一节　移动微学习活动概述

由于微型化、移动性的凸显,移动微学习活动与学习活动,两者之间既有共性又存在差异。学习活动对移动微学习活动有着重要的指导意义,同时移动微学习活动又有着独特的外延与拓展。对移动微学习活动的掌握是对其进行设计的基础,基于此,本节将从学习活动到移动微学习活动来对移动微学习活动进行一个整体概述。

一、学习活动

对于学习活动,大多数学者主要是从学习活动的环境以及学习活动的目标两个方面来对其进行描述。广义的学习活动,较多的界定是为了完成预定的目标,学习者与学习环境之间的相互作用。狭义的学习活动则是为了达到特定的学习目标,学习者完成的学习任务及其所有操作。在此,本书较倾向于将学习活动理解成"为了完成特定的学习目标,学习者与学习环境之间的相互作用",即它们之间进行的所有交互活动。

一个完整的学习活动主要包括以下几个部分:活动需完成的特定学习目标、活动的具体任务、活动的组织形式、活动进行的方式及步骤、活动的规则、活动交互方式、学习工具、活动的信息资源、学习成果形式、学习评价规则及标准等。这些要素之间存在一定的层次关系,最顶层的是需要达成的学习目标,它决定了位于下一层次的活动的具体任务,而活动的具体任务又制约着其他几个相关要素。

根据不同的分类维度,学习活动存在多种分类方式,本书在此主要列举几种对移动微学习的活动设计有一定参考价值的分类。首先,从学习者参与学习活动过程的不同方式可将其分为个体学习活动及协作学习活动两种。其次,从学习活动的内、外化角度来看,可将所有的学习活动分为内部活动和外部活动。最后,最重要也是最为客观的一种分类方式,从学习活动达成的学习目标来看,学习活动可分为意义建构类活动和能力生成类活动。

二、移动微学习活动

移动微学习作为众多学习方式之一,相应的活动实质上可以看做是学习活动的一个下位概念,是一类较为特殊的学习活动。移动微学习活动与学习活动之间有着不可分割的联系,又存在不可忽视的区别,两者之间共性与差异性并存。

首先,特定的学习目标是学习活动的构成要素之一。作为一类特殊的学习活动,移动微学习活动当然也包含着特定的学习目标。尽管两者都包含这一共同要素,但一般的学习活动中,学习者的整体水平差异不大,学习目标通常趋向于整体划一的要求。而移动微学习活动中学习者本身范围较广,除了在校学生利用它进行课外知识的补充学习外,更多的是经常处于运动状态的具有一定社会经验的成年人。这就决定了在该类学习活动中,学习者通常是利用零碎的时间来学习片段式的内容,他们的学习风格、初始能力等存在较大差异。因此,移动微学习活动中的学习目标通常更注重学习者的个性化差异,往往表现出一定的梯度性,包含有不同层级的目标。例如"有道口语大师"APP 中的进阶图,它就类似于一个多层次的目标,包括了新手班、流利班、白领班、精英班、准大师班,整体上形成的是一个由低阶到高阶的过程,体现的是差异性目标的存在。

其次,无论是学习活动还是较为特殊的移动微学习活动,学习环境都是不可缺少的关键要素。但实际上,这二者的学习环境之间也有着较大的区别。一般来说,学习环境是学习工具和学习资源集合的统称。就学习工具而言,移动微学习活动相对于传统的学习活动更强调移动技术及网线通信网络、各种移动终端设备以及移动微学习平台、认知工具等的参与。我们平常生活中所接触到的如智能手机、PAD、计算机等设备都可以作为移动微学习活动的中介,它们使学习者与学习资源产生紧密联系,支撑着整个移动微学习的开展。另外,移动微学习活动中的学习资源也有其特殊性,它通常是以短小的知识组块组织,采用多媒体方式呈现的,例如,一小段文本、一个图片、简短的视频或音频等都可以作为其学习内容,这与传统学习活动中主要依靠书本等纸质资源、十分强调知识的系统性等有着明显的差异。

最后,学习活动是学习者与学习环境的交互活动。在移动情境下进行的微学习,其活动具有移动性、微型化的特征,整个活动的交互方式与传统的学习方式也存在着很大的差别。一般的学习中,学习者群体通常在同一时间共处同一个空间,学习资源主要是以纸质文本为载体,学习活动的发生较多地基于彼此面对面的交流、讨论等,言语交流是学习者之间最广泛的交互方式。而在移动微学习活动中,学习者彼此之间处于分离的状态,学习资源广泛地分布于网络,学习者与学习者更多地基于在线交流互动,微信、QQ等社交媒体成了这种学习活动交互中重要的支持服务工具。

基于以上几点,本书倾向于将移动微学习活动概括为在移动情境下,基于微内容的一种特殊学习活动,它具体包括了学习者与学习环境之间的所有交互活动。该类活动以移动技术为支撑条件,具有短时间、微内容的特点。在该类活动中,通常将较为复杂的问题分解成多个小的学习片段,学习目标具有一定的层次性。它是传统学习活动的创新与延伸,其构成要素与学习活动大体相同,但每个要素的具体内涵存在一定的差别,尤其在学习目标、工具、资源及交互方面更为突出。总体来看,它是学习者借助移动技术的技术支持,利用零碎时间随时随地进行的移动学习活动,由于移动及网络技术等的运用,资源丰富化、情境多样化、交互及时化在该类学习活动中得到了很好的体现,这为学习活动注入了新的能量。

第二节 移动微学习活动设计的理论基础

移动微学习活动作为一种与移动技术相融合的学习活动,根据其特征,它的设计理论基础主要包括以下三种理论体系,本节将对其分别进行概括分析,为移动微学习活动的设计提供可参考的理论框架。

一、认知负荷理论

认知负荷理论是由澳大利亚认知心理学家约翰·斯威勒(John Swdler)等人于19世纪80年代首先提出来的。其中认知负荷是指学习者在学习过程中,在工作记忆中进行信息存储、信息提取和信息加工处理等一系列活动付出的"心理能量"。认知负荷理论认为整个认知负荷主要由三种类型的认知负荷构成,包括内在认知负荷、外在认知负荷、关联认知负荷。内在认知负荷主要由学习材料的难易及复杂程度和学习者已有的知识经验决定;外在认知负荷是由学习材料、任务的组织和呈现方式引起的;关联认知负荷则主要和学习者的认知努力有关,是"学习者在图式建构和自动化过程中意欲投入的认知资源的数量"。关联认知负荷的提高意味着图式的建构和自动化的形成,它们的形成可以弥补工作记忆有限的缺陷,从一定程度上将节省工作记忆资源,降低学习者的认知负荷。

有效的学习实际上是建立在内在认知负荷和外在认知负荷都低、关联认知负荷高基础上的,因而为了帮助学习者实现更有效的学习,在具体的移动微学习活动设计中,要尽量降低内在认知负荷与外在认知负荷而提高关联认知负荷,即要充分考虑到学习材料的特点及移动微学习活动中相关学习者已有的知识经验。一般来说,学习材料难度低,需要加工的元素数量少,那么认知负荷就低,而难度较大的就相反,它对工作记忆要求高,认知负荷也高。对于同样的学习材料,对该材料所涉及领域有一定基础的学习者学习时认知负荷低于完全没有基础的学习者。因此,确定的学习材料的难易度要适中,从而力求将内在认知负荷控制在一定范围内。除此之外,最为关键的也是对学习活动设计影响最大的就是要优化学习材料的呈现方式,提高活动设计水平,通过重新组织信息,有效降低外在负荷。另外,学习活动的设计要注重充分激发学习者的学习动机,在学习中起到引导帮助他们掌握知识的作用,使他们积极、主动加大自身的认知努力,从而在一定程度上提高关联认知负荷。

总体来说,根据认知负荷理论,在移动微学习活动的设计中要综合考虑对具体的学习任务、学习资源、组织方式等要素的设计,例如能用一种媒体呈现清楚的内容不要用过多的媒体来呈现,以更好地减轻学习者的认知负荷,最终帮助学习者实现真正意义上的有效学习。

二、联通主义学习理论

联通主义的思想最初由加拿大学者乔治·西蒙斯于2005年提出,它被定义为"数字时代的学习理论",其基本思想是:知识是网络化联结的,学习是连接专门节点和信息源的过程。联通主义认为在网络环境中学习者是一个个节点,管道把节点连接成网络,知识就在管道中流向每一个连接的节点。在互联网的环境中,学习就是将不同专门节点和信息源联结起来的过程,它已不再是一个人的活动,而是一种"网络联结和网络创造物"。在这种理念下,学习者的学习不再是个体的内化活动,而是他们利用新的学习工具迅速改变知识,持续获取新信息,保持个体与其他节点联系、畅通的整个过程。

移动微学习作为数字时代的一种新型学习方式,其学习形式、资源及工具等与传统学习相比均发生了较大变化,学习已不局限于纸质书本、班级课堂,而是学习者根据自身的需求通过网络随时随地进行的基于微型内容的学习。联通主义学习理论强调的是在网络环境下,学习者与外部关系及知识网络的建立,在其理论框架下,学习是一个连续的、知识网络的形成过程,每个人所学的知识存在于动态的网络情境中。本书已对移动微学习的内涵进行了相关分析,移动微学习不仅仅局限于APP形式,更多的是个体在移动媒介终端支持下来实现对分散在不同节点的微型内容的结构化联结,类似于百度知道这样的互动问答平台,不同的个体都可以贡献自己的知识帮助解决他人的问题,而提问者可以从其他个体的回答中学到知识。无论是基于 APP 还是其他社交平台,联通主义学习理论对移动微学习的学习活动设计研究同样具有较大的指导性意义。对移动微学习活动进行设计,应重点关注移动微学习的学习过程中学习者自身所处的知识网络的关系,通过活动帮助学习者建立起自己的知识联结,培养学习者学习的能力,使学习者能够及时、有效地检索到自己所需的知识所在的节点,进一步实现关系的建立及知识建构,最终完成整个移动微学习活动。

三、活动理论

活动理论最早可以追溯到康德和黑格尔等人的哲学思想,经列昂杰夫、恩格斯托姆等人进一步发展完善,最终形成了现今公认的活动理论。具体来说,活动理论主要包括以下几个观点。

第一,活动是活动理论分析中的基本单位,人类的活动可以看成一个系统,该系统要素主要包括了主体、客体、共同体、工具、规则和劳动分工,前三个要素是活动的核心成分,后三个要素则为活动的中介成分。主体作用于客体是以工具为中介的,同时所有的活动均发生于一定的社会文化环境中,即都需要规则、共同体及劳动分工的参与。

第二,活动理论认为"有意识的学习和活动完全是相互作用、相互依赖的,活动不能在没有意识到的情况下发生,意识也不能发生于活动的范围之外"。也就是说,活动实际上是反映了主体的需求,当主体满足时,它就实现了自己的目标并将停止活动。在这里,活动被进一步区分为内部活动和外部活动,两者相互依存、彼此关联,通过内化可将外部活动转为内部活动,与此相反,通过外化可将内部活动转为外部活动,这两者构成了整个学习活动。

第三,活动是有层次的,自上而下包括活动、行动和操作三个层次。在位于第一层的目的性层次,活动是以客体为导向的,具有目标性,主体的动机是驱动活动的动力;在第二层的功能性层次,行为是活动的基本组成成分,是要实现活动并最终满足动机;在第三层的常规性层次,行为是靠一系列的操作完成的,这些操作依赖于一定的条件,且是无意识、自动完成的。

由上述可知,活动理论中不仅强调活动的系统性,也十分强调主体与客体的中介——工具,这为移动微学习提供了一个以移动技术为中介的学习活动框架,能够很好地解释移动微学习活动及其活动目标,同时也利于从活动的视角进一步厘清移动微学习活动情境中不同要素间的关系,更好地以学习活动促进移动微学习的最优化。在移动微学习活动这个系统中,学习者应该是广义的学习者,他们是学习活动的执行者,包括在校学生、职场人员、退休老人等多种类型。客体则是在移动微学习活动中学习的具体对象，如微课件、微内容等。另外，这里的工具可以将其理解为软、硬件工具的集合，包括了各种手持终端、APP以及信息检索与查询工具等。共同体当然是与学习者共同完成学习过程的参与者，劳动分工则是移动微学习活动中不同参与者在学习过程中的任务分工，规则是活动参与规则、评价规则、互动交流规则等的集合。此外，根据活动理论的观点，任何学习活动都要有明确的学习目标，并且整个学习活动系统都要紧紧围绕这个目标展开。因此，移动微学习的活动设计首先要明确移动微学习是以移动技术为中介的，要考虑具体使用的移动学习设备中介是什么，并对其中的共同体、角色、规则及劳动分工等进行一一分析，在此基础上进行一系列具体设计，从而构建一个能满足学习者需求的活动系统。

第三节 移动微学习活动设计的原则

移动微学习活动的设计涉及多个要素之间的关系构建，不仅需要考虑到学习活动本身的特性，更要符合移动技术情境下学习者学习的心理、习惯、能力等。合理而有效的移动微学习活动是任何移动微学习的必要前提。根据移动微学习活动的概念内涵及设计理论基础，移动微学习活动在具体设计时通常包括以下几个原则。

一、学习者主体性原则

学习活动的最终目的是帮助学习者进行知识建构，它是学习者与学习环境的所有交互。认知负荷理论强调要通过学习者的自我努力提高相关认知负荷，才能促进有效学习。联通主义理论也将学习看成是一个持续的知识网络形成的过程，并且这个过程中最为关键的就是学习者积极主动地参与。此外，活动理论同样强调学习不是被动地接受，而是有意义的建构过程，意识与活动是互相依存的关系。在此，可以看出以上这些理论都反映了学习活动中学习者主体地位的重要性，强调的是一种以学为主的方式。同时，由于移动微学习主要是学习者根据需求自发的学习行为，因而这一点在移动微学习活动中体现得尤为明显。

移动微学习活动是学习者与学习环境的交互，在这种交互中，学习者作为参与主体必然会受到外部环境中各种信息的刺激，当学习者不能完全或部分接受这些信息时，此时就会导致一种不平衡状态的产生。如何准确、快速地解决这种不平衡状态呢？通常，学习者会通过同化、顺应的形式将新的信息融入自己的认知结构，从而与外界达到一个新的平衡状态。也就是说，在移动微学习活动中知识的学习正是借助学习者与外部环境之间这种由不平衡到平衡的交替转换过程实现的。可以看出,这种交替过程中的学习者主观能动作用是非常重要的,只有他们主动、积极地参与顺应或同化过程,才能从根本上及时、有效地达到意义建构,从而将所谓的不平衡状态转变为平衡状态。

学习者主体作用该在活动中如何去体现呢?这就要求设计者在设计移动微学习活动时必须充分考虑学习者的初始能力、学习风格、需求等多方面因素,设计出来的学习活动是符合学习者特征的,能够提升他们的学习兴趣,使得他们愿意主动参与相应的学习的。例如:在设计移动微学习活动的任务时,以学习者为主体可以体现为给予了学习者一定的自主选择权。在目前已有的很多学习类 APP 中,它们都尤其关注学习者的主观能动性,其活动任务中更多的是要求学习者去探索发现而非直接呈现知识内容。如"网易有道词典"中的单词本功能,它需要学习者自己去创建单词本分类、制订复习计划、添加或删除里面的单词等。这实际上方便了不同的学习者重点去记忆自己不够熟悉的单词,形成的是适合自己的单词学习计划。此外,在语言类学习应用"多邻国"这款软件中,学习者一开始就可以自主选择每日的学习目标,而在确定每日的学习时长后,如果是初学者就可以直接选择基础部分,非初学者则通过习题测试的结果来确定适合自己的学习等级,并且每日的学习时长可以随时进行更改。

简单来说,在移动微学习活动设计中,学习者很大程度上可以通过融入活动的任务、参与方式等方面,来发挥自身的主观能动作用,实现积极、有效的学习。

二、移动技术中介性原则

联通主义学习理论将数字时代的学习界定为"网络联结和创造物",同时,活动理论的观点中也强调主体对客体产生作用是以工具为中介的。这两者都反映了共同的一点,即中介工具在学习活动中的重要作用。在移动微学习活动中,工具是整个学习活动赖以开展和持续的支撑环境和条件。它主要包括了无线通信网络、移动终端设备、移动微型学习平台等类似的实体工具以及学习指导、建议等方面的精神性工具。基于移动技术的微型学习特性使得移动微学习活动与其他形式的学习活动区分开来,实际上也从一个新的角度提供了一种全新的学习活动方式。例如:在智能手机上学习新单词可以称之为移动微学习活动,而借助纸质材料学习同样的新单词则不属于移动微学习活动。这里的移动技术和工具不仅被用来呈现学习资源,服务于学习者的交流协作,它更是连通现实世界与虚拟世界的桥梁。在"多邻国"学习 APP 中,当学习者创建了自己的账号后就可以添加一些好友一起比赛或者是到虚拟商店购买道具,同时,它的习题练习中更多的也是以多媒体方式呈现的短小知识点,每完成一个练习后学习者都能得到及时的反馈。但最为重要的是,所有与之类似的学习都可以在任何想学且有时间学的时候进行,这无不体现了移动技术给我们学习活动带来的变革。因此，移动微学习活动设计的另一个重要原则就是在设计时尤其要突出移动技术在整个学习活动中发挥的中介作用，利用移动技术来实现移动微学习的个性化、情境化，使学习者能够积极地与学习环境进行互动，以发现自己所需知识，形成个体的认知网络，从而将移动微学习的优势在相应的课程学习中发挥出来，达到更好的学习效果。例如：在活动设计中可以利用虚拟仿真技术、情境感知技术等为学习者创设相应的学习情境，使得学习者与学习资源产生有效的交互。此外，也可以借助移动技术改变和操控动作，使学习工具和步骤变得可视化、可理解等。如此这些，都是移动技术在学习活动中的中介性的具体体现。

三、结构完整性原则

移动微学习活动是一类特殊的活动系统，而活动理论强调任何活动均具有一定层次性，即活动系统中自上而下包括了活动、行动和操作三个层次。因此，通常所说的一个完整的学习活动结构应该是包括了活动、动作、操作以及与之相对应的动机、目标、达到目标的条件。在任何一个学习活动中，缺少前面提到的其中一个元素，那么它就不能称之为一个严格意义上完整的学习活动。此外，所有活动都要受到相应动机的支配，具有一定的目标性。不管哪种类型的移动微学习活动，都得适合主体的需要，并且要在活动过程中力求达到需要的对象即活动的真正动机。这也就要求设计者在设计移动微学习活动时不仅要注意学习活动结构的整体完整性，更要与学习者的学习动机及目的相关，使其起到一个激发学习积极性的作用，促使学习者主动对知识进行意义建构。当然，移动微学习更多的是自发性学习，因而学习者开始一般具有相应的学习动机，但这种动机如何保持或者说进一步强化，这就与学习活动设计的完整性有着必然的联系。可以假设，如果设计出的某个移动微学习活动只是给学习者制定了相应的目标，却并未提供必要的信息资源，即没有给予达到目标的条件，学习者在参与这个活动的过程中必然会遇到很多困难，以至于活动操作无法顺利进行，最终也将导致这个活动无法进一步开展。因此，移动微学习活动的结构完整性也是设计中需要考虑的原则之一。

四、双向转化原则

在学习活动分类中，学习活动可以划分为内部活动和外部活动。实际上，学习的过程正是外部活动的内化与内部活动的外化这一双向过程。一方面，外部活动的内化使得学习者的新旧知识建立起非人为实质性的联系，即将新知识纳入原有的认知结构中或对原有认知结构加以修改和重建以适应环境，实现新、旧知识的融合。另一方面，内部活动的外化则帮助学习者进一步将所学理论应用于实践，实现内部认知的外显操作化。因而,关注学习活动的内外转化性是移动微学习活动设计的又一重要原则。它需要同时重视知识内化及外化对学习者知识获得的重要作用,整个学习活动既要关注学习者的外部活动又要关注内部活动。例如:在"口语有道大师"中,它是以闯关的形式引导学习者完成多种类型的练习题,同时呈现相应的知识点。这里,它实际上是以外显可操作的活动导入内部认知,而同时又以任务的形式促进学习者内部认知的外显化,通过造句或朗读使内部知识外化,在活动的过程中形成内化与外化的统一体。总体来说,在任何移动微学习活动中,既要利用活动促进学习者对知识、技能的获取,同时又要让学习者能够将所学知识运用于实践,从而形成双向转化的良性循环机制。

五、情境化原则

活动理论中强调活动是建立在一定的社会情境中的,所有的移动微学习活动实际上都是在移动情境这个大环境下完成的。但在这个大的环境下,创设的具体活动情境不同又会产生不同形式的学习活动。移动微学习活动与相应的情境密切相关,它的设计尤其要关注相应情境的创设。无论是内部活动还是外部活动,都需要相关学习情境的支持,脱离了情境是无法对学习活动进行分析设计的。这里,移动微学习活动情境创设主要涉及两部分内容:一方面是移动微学习中的物理环境、移动计算环境或情境感知环境;另一方面则是学习者有意识创造的移动学习情境,如学习者与移动技术交互产生的环境或学习者与他人通过移动技术交互的情境等。在移动微学习活动的设计中,尤其要注重创设恰当的情境,使情境与学习活动的具体任务联系起来,从而激发学习者的学习兴趣,让学习者能够以积极的态度参与整个学习活动,以实现有效的学习。例如,语言学习是需要有持续的学习过程和语言环境的,好的方法和工具以及基于此的语言环境对于他们不可或缺。英语口语的学习实际上就非常需要创设相应的情境,传统的学习活动中不容易做到这点,而在移动微学习活动中要创设这样的语言练习情境相对比较容易实现。"口语巴比塔"APP里面通过漫画故事配音对话,然后让学习者模仿对话达到练习的目的,并且在每一个漫画中都有详细的讲解,像这种以漫画展现故事场景进行听说训练的方式,就为学习者的英语口语练习创设了一个适应的学习情境,因此也激发了他们参与的积极性,使其乐于参与这种学习并坚持进行练习。

六、以学为主原则

移动微学习活动中,所有的学习更多是自发性的,是学习者根据自己的需求进行选择的,因而设计时需将"以学为主"的理念渗入整个学习活动中。移动微学习活动中通过创设的情境及设置的交互活动等,促使学习者主动探索,使他们能够积极地借助支持服务工具对不理解的问题进行深入的讨论,主动地建构知识体系。要激发学习者的学习动机,创设方便、快捷的学习活动是核心,因而无论是对学习活动中的哪个环节设计,首先要分析"这样的形式是否利于学习者的意义建构"以及"学习者通过该学习活动能获得什么"。一切以学习者的学习为重要指标,这样的学习活动才能真正服务于学习,才能逐步培养学习者的自主独立学习能力。这一点在前面已提到的"有道口语大师""多邻国"以及"口语巴比塔"等软件中都有相应的体现,无论是情境的创设还是主体地位的关注,最终的落脚点都是要实现"以学为主",学习者的自主学习是贯穿整个活动过程的,设计出来的任何移动微学习活动始终是围绕学习者的学习。

第四节 移动微学习活动设计的方法

移动微学习活动的设计,实际上涉及资源设计、环境构建等多重要素,学习活动作为桥梁将所有的相关要素统一成了一个整体。教学活动中"教无定法",并不存在一套可以直接应用任何情况的教学方法,与此类似,不同的人员在设计学习活动时也不可能采取完全一样的方法。但根据相关学习理论的指导以及移动微学习活动本身的特性分析,移动微学习活动的设计从宏观层面来看,还是存在着相应的设计分析方法,本节将对一些常见的移动微学习活动设计方法进行归纳总结,为移动微学习活动的设计及研究提供相应的参考。

一、活动的学习目标设计方法

移动微学习活动是移动学习活动的一种特殊类型,它所学习的内容是微型化的,那么它的单个学习目标应该也是比较微小的学习目标,是学习者经过学习后所获得的具体的进步以及发展。一般情况下,教学目标的制定要结合课程内容、学习者特征、学情等多个要素来分析设计,相应地,要确定移动微学习活动的学习目标,同样也需要对学习内容、学习者等内容进行分析的基础上来制定。具体来说,移动微学习活动的目标设计,可以根据以下几个基本步骤进行。

1. 分析需求蕴含的学习结果类型及对应操作

针对具体的学习内容,依据加涅的学习结果分类原则或者布鲁姆教学目标分类体系等来对学习需求中蕴含的学习结果进行归类,在确定学习结果属于哪一类的基础上,根据对应关系再确定相应的操作层次。例如认知领域的就包括记忆、理解、应用、分析等层次,而情感领域的包括接受、注意、反应、价值评估等。这里,以布鲁姆教学目标分类体系为例,将两者的对应关系进行一个分析,具体如表 5-1 所示。

表 5-1　布鲁姆教学目标分类体系

学习结果类型	操作层次
认知领域	记忆－理解－简单应用－综合应用－创见
情感领域	接受－思考－兴趣－热爱－品格形成
动作技能领域	模仿－对模仿动作的理解－动作组合协调－动作评价－新动作的创造

2．分析确定微学习目标类型

在移动微学习活动中,学习目标总体可分为行为目标和生成目标两大类,前者强调学习后带来的学习者行为变化,较多用于结构化的基础理论知识和基本操作技能,而后者侧重学习者与问题情境的交互作用,即通过问题解决的过程获得知识应用于实践的能力。在一个学习活动中,设计的目标是行为目标还是生成目标主要取决于以下几个影响因素,如表 5-2 所示。

表 5-2　学习目标类型的影响因素

影响因素	行为目标	生成目标
学习内容	结构化的、存在既定答案的内容	有一定复杂性及主观性的内容
学习者初始能力	对相应知识领域完全不了解或了解很少	对基本理论知识已有一定的了解
学习者认识信念	缺乏生成、探究的能力	具备质疑、分析、表征、整合观点的素质

3．具体分析微目标任务

行为目标主要是反应学习者在学习后的行为等变化,它是以具体可观察的行为来体现的。这里,可以借鉴"GPS 通用问题解决系统"中的思想,将学习者初始水平与最终目标进行比较找出之间的差距,消除这种差距从而找出次级目标,逐步推进,最终形成一个具有层级关系的微学习目标,如图 5-1 所示,这样的微学习目标既能满足不同层次的学生,又符合"最近发展区"理论,学习者通过适当的努力就能达到。而对于生成性目标,由于其重点培养学生解决实际问题的能力,因此主要涉及包含问题任务的情境创设。为了既能为学习活动指明方向,又能给学习者充分发挥的空间,设计时可以创设生活化的情境或者是专门针对该问题的情境。

图 5-1　行为目标的分析方法

4. 进行微学习目标陈述

目标陈述时,对于行为目标,可以参照教学设计理论中的"ABCD"陈述法来陈述,即详细说明学习者、行为、条件以及达到的程度。而对于生成性目标,则可从情境、任务以及形成的能力三个方面描述,即在什么样的情境中,通过什么样的任务形成什么样的能力。

下面,选取"数码相机的使用"来进行一个简单的微学习目标分析设计及阐述。该主题主要是帮助学习者解决生活中的实际问题,目标是要学会如何使用数码相机。根据前面的微学习目标分析方法,将该主题的最终学习结果归为认知领域,学习者在学习了数码相机的知识后要能解决实际问题,即熟练使用数码相机。考虑到移动微学习活动中学习者水平的差异以及内容本身的特性,此处将其划分为行为目标,通过行为目标分析法对该目标进行分析,得到以下几个次级学习目标:数码相机的基本概念、数码相机分类、如何正确选购数码相机、卡片数码相机的使用、专业数码相机的使用、景物拍摄技巧与表现手法。以"数码相机的基本概念"这个目标为例进一步分析,它又包括了数码相机和传统相机的区别、像素、焦距、镜头、图像存储格式。到这一步,接下来就该将相应的微学习目标表述出来了,例如"图像存储格式"这个微学习目标,由前面谈到的目标表述方法,可将其表述为"学习者能够说出数码相机中的图像存储格式以及各自的特点"。

二、活动的环境设计方法

学习环境对学习者的学习效果有着较大的影响,尤其是基于移动技术的微学习活动。学习者与学习环境之间的联系构成了学习活动,在移动微学习活动中,活动的环境设计主要包括学习资源的提供以及学习情境的创设。

学习资源对学习者来说并不陌生,无论是哪种形式的学习活动,都需要相应的学习资源作为支持。但与传统学习方式有所不同的是,移动微学习活动中资源涉及形式更多,包括了多种文档、课件、多媒体、网站等。这些资源的获取方式与传统资源也存在一定的差异,通常主要有以下三种获取方法:第一,通过网上的各种资源库直接下载,对下载后的资源进行一定的筛选与修改后运用到移动微学习活动中;第二,聘请专门的人员有针对性地进行资源开发,对具体的移动微学习活动开发出配套的学习资源;第三,收集整理学习者之间、学习者与指导者等之间大量交互过程中生成的学习资源,如学习者之间讨论交流出来的某个主题结果或者是协作完成的某项作品等,将它用作进一步学习的资源。

学习情境是移动微学习活动的核心部分,相对来说,移动微学习活动比其他形式的学习活动对情境的依赖性更强。对于情境的创设,需要根据学习目标的需求,来相应地创设任务情境、故事情境、问题情境、真实情境等多种形式的情境。在具体的情境创设中,存在两个大的可参考方向:一方面,可以采取配乐营造氛围或者利用虚拟仿真等方式,设置模拟的生活情境,例如在学习人民币的相关知识时创设一个学习者去超市购物的情境帮助他们认识人民币面值,相对来说,这种情境比较适合生成性目标的达成,帮助学习者将所学理论知识应用于实践;另一方面,也可以设置虚拟的情境,如针对某个问题或知识点,假设特定的情境,帮助学习者对知识进行理解。

具体学习情境的设计,从宏观角度来看主要有以下几种方式可借鉴:第一,可以利用学习者已有知识,适当改变情境发生的条件,如学习者已经知道直角三角形的面积计算公式,此时将原有的直角三角形变成等腰三角形,同样要求计算面积,这时就会导致学习者认知冲突的发生,而这种认知冲突将使得他们对接下来的新知识产生较高的兴趣;第二,直接创设与新知识相关的情境,如为了让学习者掌握服装设计中颜色的搭配技巧,可以设置让他们以"同类色""对比色"等形式为虚拟人物搭配服装的游戏,以此让他们探索发现配色技巧;第三,将问题引入模拟的生活情境,如为了学习加减法的综合运算,以"逛商场买玩具"为主题,设计真实的场景,将相应的问题嵌入整个购物的过程中,学习者在解决生活实际问题中学到相关知识。

三、活动的任务设计方法

活动任务是移动微学习活动的核心,在学习活动的设计中最为关键的就是活动任务的设计。这里的任务,应该是与学习目标建立联系并且符合学习者认知结构的。在移动微学习活动中,任务通常表现为一系列待解决的问题,而这些问题正是驱动学习者参与学习的动力。也就是说,设计移动微学习活动的任务,实际上是要设计出有效的问题。前面"学习活动的分类"部分已谈到根据学习活动的达成目标,学习活动有着意义建构与能力生成之分,相应的,它们的任务设计方法也有着一定的区别。移动微学习活动作为一类特殊的学习活动,它的任务设计也存在这两种类型的区分。

对于意义建构类活动,活动的任务可以直接从学习内容中挖掘,例如,让学习者阅读电子材料完成测验或是学完一部分内容后归纳出知识要点等。其具体的设计可以参照以下流程进行:首先,明确学习内容中的主要概念、事实、原理及其彼此之间的关系;其次,根据学习目标,对相应的内容进行设问表述;最后,将设问转化为问答形式的测验题或者是其他形式的学习要求,例如,学习活动的任务要求学习者利用已给出的词组来翻译具体的语句。

能力生成类活动强调的是知识技能的实践,此类活动的任务注重真实情境下的真实问题,是一种实践层面的活动。设计活动的任务时,同样要在学习目标的基础上进行,与前一类有所不同的是,它主要有以下两个环节分析:一是这种知识技能可以在哪些情中应用;二是学习者的生活中会在哪里运用这些知识技能。在弄清楚以上两个问题后,再将学习内容转化成一个个可见的操作任务让学习者去完成,这样设计出的活动任务从根本上实现了学习目标的细化。

此处,以意义建构类活动任务的设计为例进行一个相应的设计。选取"数码相机的使用"中"焦距"这个微小的知识点,该部分需要学习者理解什么是焦距以及镜头焦距与视角大小的关系,在明确相应的概念及关系后,将这两个问题转换成具体可操作的活动任务,该活动的任务可设定为"观看学习视频,绘制焦距与视角的关系图",即学习者在学习完相应的内容后,能够获得目标知识点的意义。

四、活动的规则设计方法

完整的移动微学习活动涉及多种规则的制约,基于活动规则的多种学习组织方式和评价贯穿引导着整个移动微学习活动。具体的活动监管规则或活动评价规则设计时,往往需要根据不同的学习内容、学习环境等进行规划。例如:设计活动参与规则时,可以将提示或指导语放在学习活动的过程中,学习活动完成的总时间、学习者做出不同的反应时,相应的可以看到弹出的指导语,从而根据学习者的表现对其进行干预和反馈,提供奖励或惩罚。此外,也可以借鉴一些游戏中的"通关"思想,利用虚拟的奖励物品,在学习者答对固定数目的题目或参与一定量的学习后进入下一个环节,充分采用知识自我检测、反馈强化知识等多种学习组织方式。对于活动评价规则,移动微学习活动的评价要综合考虑形成性评价和总结性评价相结合,不同形式评价相结合,促进学习者参与移动微学习活动的积极性。在活动中要重视培养学生自我评价的能力,使他们的学习成为一种负责任的过程。具体而言,可以采用测试、投票等能体现微型化特征的方式来评价,以检测是否实现了学习目标,将外化的操作转化为内隐的认知。例如:在很多移动微学习活动中,均需学习者注册后才能拥有特定的学习权限,并且学习过程中以虚拟的金币或者红心等其他物质作为开启下一个学习关卡的条件,而这种金币或红心等实际上也是学习评价的一种具体表现。

第五节 移动微学习活动设计的基本流程和案例分析

移动微学习作为一种非正式学习,能够在很大程度上满足成年学习者或者非在校学习者的学习需要。移动微学习的移动特性可以满足处于动态中的学习者学习的需求,微型特性可以为学习者充分利用零碎时间进行学习提供便利,移动微学习的活动设计是其核心环节,但是目前针对移动微学习的学习活动设计的研究比较少,本节主要讲述基于活动理论的流程和基于情境理论的流程,并最终总结出移动微学习活动设计的一般流程。

一、基于活动理论的移动微学习活动设计的基本流程

这里是依据活动理论来设计移动微学习活动,主要的活动设计环节包括环节前端需求分析、核心要素分析(主体、客体、共同体的分析)、中介要素(活动规则等)分析、活动评价分析。在活动理论指导下,构建的移动微学习活动系统整体结构如图5-2所示。

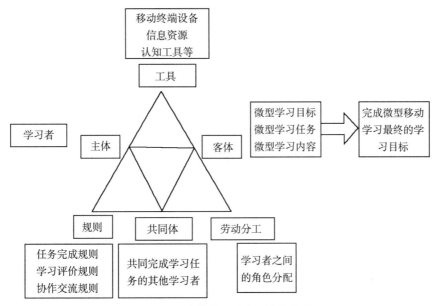

图 5-2 移动微学习活动系统结构图

1. 前端需求分析

德耶认为,"移动学习是运用移动计算机设备的支持随时随地进行的学习,设备必须能呈现学习的内容并且为教师和学生之间提供无线的双向交互"。移动微学习就是在移动终端进行片段化的、碎片形式的学习,移动微学习的特点其一是它的泛在性和交互性,即该学习是可以发生在任何时间、任何地点,并且与学习共同体和专家或者服务器进行交互的一类学习,真正实现了人类按需学习的理想。另一特点是学习单元小,一般是"小的信息单元、狭窄的主题、相对简单的问题",并且呈现时间短,但并不是所有的内容都适合应用移动微学习,如果传统课堂学习可以获得良好的效果,那么采用移动微学习并不一定可以带来多大的提升,也许会带来一些负面影响,那么什么样的学习内容适合采用移动微学习活动呢?下面给出移动微学习学习活动内容的选择标准。

(1)小片段的知识结构。

资料显示在线观看一分钟的标清视频约占用手机移动数据流量2Mb,而查看一条图文信息所耗流量为190Kb,所以流量的消耗对于移动微学习来说是不能忽视的,所以

适合移动微学习的知识点必须是可以拆分成不可再分割的若干个小知识单元,独立存在,并且知识点是具有连续性的,这样每个知识点学时不多,学习者不易产生疲倦,知识彼此也不隔断。

(2) 短时间的学习内容。

由于移动微学习是非正式学习,而且学习的人几乎没有较长的时间来进行知识学习,所以,要充分利用学习者的零碎时间来学习,比如,设计学习活动的时候,要考虑到各种情况,如外出旅游的学习者、乘交通工具的学习者等。所以,微型学习的学习内容应该是微小的学习组块,可以通过学习设备轻易地获取、存储、生产、流通。

(3) 个性化的学习内容。

拆成零散知识点之后,各个知识点之间相对独立,但是整个知识点的框架脉络仍然需要很清晰,这样学习者可以根据自己的需要来选择学习的知识点,不用担心学习者学习的知识混乱,最后给出整个内容的框架,帮助学习者整理思路即可。这种自由的学习方式,可以让学习者获得快乐的学习体验,使其学习激情高涨,学习时间周期加长,减少了学生中途不学习、厌学、弃学的情况。

2. 核心要素分析

活动理论的哲学基础是马克思、恩格斯的辩证唯物主义哲学。活动理论研究的基本内容是人类活动的过程,是人与自然环境和社会环境,以及社会群体与自然环境之间所从事的双向交互的过程,是人类个体和群体的实践过程与结果。人的意识与活动是辩证的统一体。也就是说,人的心理发展与人的外部活动是辩证统一的。活动理论中,分析的基本单位是活动。活动系统包含三个核心成分(主体、客体和共同体)和三个次要成分(工具、规则和劳动分工)。次要成分又构成了核心成分之间的联系。它们之间的关系如图 5-3 所示。

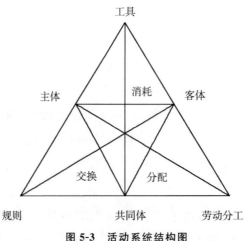

图 5-3 活动系统结构图

(1) 移动微学习主体分析。

移动微学习的学习者,是学习活动的执行者,主要有成人学习者和终生学习者,我们要对学习者的性别、学习特征、智力水平、学习风格等进行分析,需要全面地把握学习者的实际情况,所有的学习活动都是围绕学习主体来进行的。与传统课堂情境下的学习者最大的不同是,学习者大部分处于运动的状态,且学习的地点通常在户外,如工作现场、户外或者公交车、地铁上,这种环境吵闹且易分散学习者的注意力,而且学习时间相对零碎,这就需要学习者拥有坚强的意志力和强烈的求知欲,由于移动微学习大多为自觉学习,所以,积极、主动、勤奋的人尤其适合,到底哪些学习者是移动微学习的适用主体呢?

① 渴望获得知识却没有机会进入学校的学习者,例如老年人想学习身体保健知识、旅行者想获得当地的人文风情、手工艺制作爱好者想学会编制手工插花等,这类型的移动微学习内容就非常适合他们。

② 渴望获得知识却没有太多零散时间的学习者,例如长途司机、公司职员、外出务工人员等。

③ 渴望获得知识却因身体原因无法去学校的学习者,例如残疾人、住院病人、瘫痪人群等。

④ 渴望获得知识,但是学校不开设的课程的学习者。

(2) 移动微学习客体分析。

客体指的是原材料和"问题空间",它是主体从事活动的承载体,也是活动的导向,可以是教学目标或学习目的,是主体想要改变的对象,或者说是学习主体最终转化得到的结果。移动微学习客体即为移动微学习的操作对象,包括学习目标、学习任务、学习内容等问题,移动微学习活动过程中的客体分析与准确定位,也是教学顺利、有效进行的前提。

① 学习目标:任何学习都是以学习目标为前提,学习目标既是学习的起点,又是学习的终点,对于移动微学习这种非正式的学习,学习目标应该是实际可达到的实用性目标,将学习者所要达到的最终目标分割成更小的目标来进行学习。

② 学习内容:移动微学习的学习内容最好是能够满足实用目标的短小知识模块,以一种短小的信息形式呈现,如一小段文本、一张图像或一组图像、一段音频或视频、一个简短的动画,移动微学习学习内容的选择与设计,需要依照以下几个原则。

• 原则1:知识单元是不可拆分的最小模块,而且彼此关联,如图5-4所示。

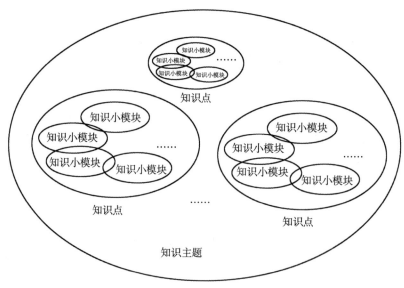

图 5-4　知识模块化分割示意图

• 原则 2：学习内容以生活实际问题来进行组织，贴合实际，实用性是移动微学习的显著特征，在真实的情境下进行学习，可以加深学习者的学习兴趣，加快学生理解、吸收知识的速度。

• 原则 3：学习内容的设计要适合不同的学习方式，既能独立使用，又能小组使用。

(3) 移动微学习工具分析。

在移动微学习活动中，工具是移动微学习的必备条件，技术环境是移动微学习活动得以展开的依据，包括无线通信网络，例如安卓、苹果系统智能手机，移动终端设备和微型移动学习平台(包括 APP，APK，微信公众平台)，除去简单的基本学习工具，还应该包括帮助学生提高认知的工具，常见的如思维导图，还包括学生需要学习的信息资源查询工具，与知识相关的练习题库，同时在学习者学习的过程中，需要给学习者提供相应的学习指导。

(4) 移动微学习劳动分工分析。

分工是指共同体内合作成员横向的任务分配，也指纵向的权力和地位分配，即分工可以根据各活动的具体情况协商进行，也可以自上而下纵向组织，劳动分工是小组成员的学习任务分工以及所负责的学习项目的分工，需要依据不同的学习活动来判断学习活动需要哪些角色，各个角色的具体分工是什么，这种分工明确合理的做法有助于调动每一位成员积极地参与微型移动学习活动，并保证学习活动的顺利开展。

(5) 移动微学习规则分析。

规则是指在一个学习活动中由主要负责人规定的做事的标准，是学习下去的基本准则和规范，学习中的每一位学习者都要遵守学习活动的规定，它是主体与共同体之间的联系纽带，起到制约和确定个体与个体间相互关系的作用。移动微学习的规则主要有两方面:一是基本规则,即学习者个体应该遵守的一些规则,主要是指在查找资料时的一些网络行为规范等;二是小组规则,在小组合作学习中,小组是一个整体,组内有明确的分工,小组成员之间进行的交流活动也需要遵循一定的规则,所以小组规则的制定需要小组成员进行协商后一起制定,以促使学习任务的完成。在活动过程中,小组组长的职责主要为辅助教师对小组成员进行管理,组织小组成员进行讨论,监督小组成员各自完成自己的任务,并最后把成果上传到群里。小组成员最终对各自的作品进行评价。

(6) 中介要素分析。

人类活动是以工具和技术做中介的,移动微学习作为人类社会发展到一定阶段的一种特殊社会活动离不开工具和技术做中介。在移动微学习活动中,工具是主体作用于客体的手段,它将学习活动的主体和客体联系起来。移动通信工具是移动微学习必不可少的条件。技术环境和学习资源是移动微学习活动得以展开的基础,主要包括无线通信网络、学习平台等。

(7) 学习活动评价分析。

学习活动评价是评价者按照学习目标采用一切可以使用的评价技术手段对学习者的学习活动过程和学习效果进行价值判断的过程,其目的是监控学习,保证学习质量,促进学习者发展。它是学习活动设计中的一个重要环节。通过学习评价,可获得学习者完成学习活动目标情况的反馈信息,使整个设计过程得到不断的修改和完善。移动微学习中的学习者具有较强的独立自主性、学习目的性。在进行移动微学习活动评价设计时应该遵循下面几条原则。第一,关注学习过程。传统的教学评价着重于学习结果的评价,而移动学习活动采用形成性评价和总结性评价相结合的方式,形成性评价是对学习过程进行评价,用来改善教学的过程。总结性评价是在学习活动结束之后对学习成果进行评价,目的是了解活动的最终效果。第二,注重评价内容的多样化。移动微学习活动评价不仅要关注学习者对学科知识的掌握,更要注重学习者知识迁移能力的培养和问题解决能力的提高。第三,评价方法多元化。具体学习内容的评价指标在设置上可从多个维度进行考虑,评价可体现在评价维度上(内容评价、学习过程评价、学习作品评价)的多样化,具体可采用"李克特量表"五维度的方法来进行评价,小组成员中的评价可以通过小测试、投票、有奖竞答等带微型化特征的方式来进行;评价方式上为了体现评价多元化,可以采用定性评价和定量评价相结合、个人自评和小组评价相结合、内容评价等一系列方式。

二、基于情境学习理论的移动微学习活动设计基本流程

情境学习(Situated Learning)是由美国加利福尼亚大学伯克利分校的让·莱夫

(Jean Lave)教授和独立研究者爱丁纳·温格(Etienne Wenger)于1990年前后提出的一种学习方式。

情境学习理论为移动微学习提供了许多的理论支撑,情境学习理论认为学习不再是个体的学习活动,而是社会性、实践性的活动,强调知识的意义应在真实的活动中建构,只有让学习者在真实的情境或活动中运用所学知识自主探索,才能真正形成多种个性化的问题解决策略,没有真实情境的适当配合,学习者只会在人为设计的环境中获得一些抽象的概念,没有实际意义,因此,学习者应重视在真实互动的情境中获取知识,由被动接受转为主动获取。学习者可以通过现代移动通信设备来更好地融入真实的情境中。学习者利用移动设备来进行知识的学习,这样学习者可以更好地在真实情境里进行意义建构。

基于情境学习理论的移动微学习需要注意以下两点:第一,情境学习强调在真实的情境中呈现知识,把理论所学与生活中的实践结合起来,让学习者像专家一样思考和实践;手持终端具有良好的多媒体显示功能,可以利用图像、动画、视频、声音等随时创造适宜的学习情境,促进学习者的有效学习,提高学习者的学习兴趣;第二,通过社会性软件互动和协作来进行学习,很多手持终端设备都具备了蓝牙、WiFi等无线联网功能,为学习者的信息互动、资源共享和高效利用提供了条件。所以,在此提出基于情境学习理论下的一般教学模式。

1. 学习任务的设计

在真实的情境中,通过问题解决来学习的关键是提出学习任务,学习任务可以是一个问题、案例、项目或者意见分歧,学习的任务最好是能够嵌套在板块活动中提出来,而且在描述任务情境的时候,应该以吸引力的方式来呈现,如讲故事、播放动画等形式。

2. 问题的选择

在基于情境理论的移动微学习活动过程中出现的学习问题,应该是开放的、真实的,这种问题可以和学习者的真实生活产生共鸣,让学习者可以切身地感受到问题的意义性、趣味性以及挑战性。

3. 真实情境的创设

情境学习环境中,创设情境是学习者知识建构、技能获得的必要前提。创设情境,就是基于特定的教学目标,将学习内容安排在技术资源支持得比较真实或接近真实的活动资源中。真实的情境有好几种形式,总结起来主要有三类:实际的活动情境、真实情景的再现(案例)、基于录像或者多媒体之类的抛锚式情境。下面是一个简单的情境创设案例。

题目:学习者课外调查学校或者自家附近的街道、小区都在哪些地方放置了垃圾桶?它们的位置会有变化吗?放置的位置合理吗?为什么?说说你的调查结果。

学习者1:我家小区的中心或者门口,靠近居民居住的地方。

学习者2：学校门口，经常出入的走廊。

学习者3：街道旁边，大商场的门口。

……

创设良好的生活化的问题情境，可以引发学习者进行自主学习，使学生学习积极性提高，注意力集中，求知欲望增强。

4．学习资源的设计

学习资源的设计主要包括学习的内容和相关的资源设计，是学习者的作用对象。资源的设计包括主题内容结构的设计、资源呈现方式的设计、内容中问题的设计几个方面。

5．评价方式的设计

应该让学生有自己探究的主动权，让学生具有真正的自主性，自己去选择探索，并且在适时提供学习支持，设计过程中应该要充分考虑学习者的最近发展区，不能超越学习者的知识能力太多，让学习支持成为一种引导，活动的过程应该是合作性和社会性的，活动的结果应体现为一份产品或者一份作品，便于相互交流教学策略的设计。

6．案例

Flash的遮罩动画微学习（应用抛锚式的教学策略）。

（1）问题的选择（设计锚）。

首先让学生观看他人制作的成功Flash动画，以此吸引学生的兴趣。然后提出本移动微学习的任务，即创作一个Flash遮罩动画作品，可采用多媒体视频播放的方式来引出情境。

（2）围绕锚组织教学。

为学习者提供Flash学习专题网站和媒体学习资源，并通过微视频的方式分布指导学生学习遮罩动画，然后运用如QQ、MSN等聊天工具讨论，还可以在网上留言，与所有Flash爱好者及高手讨论，然后上交作品，并对作品及学生的学习情况作评价。

（3）消解锚。

学生能够应用遮罩这种方法，创作相同类型的动画，并可以独立生成相应的作品。

（4）效果评价。

学生可以自评，也可以通过学习平台开展组间互评，发现其他学习者有创意的作品，进行进一步的学习。

三、移动微学习活动设计的一般流程

移动微学习是相对于正式学习的一种非正式学习实用模式，是对正式学习的补充，移动微学习所面对的是一些相对较小的学习单元或时间较短的学习活动。在移动微学习过程中,学习者的地理位置是变化的,学习者与学习内容的交互方式、获取方式也是变化的。依据活动理论和情境学习理论,综合提出移动微学习活动设计的一般流程,具体如图 5-5 所示。

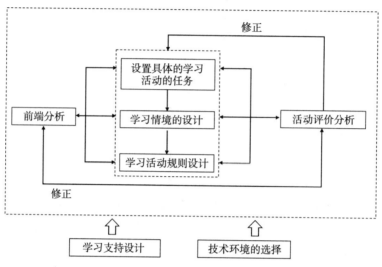

图 5-5　移动微学习活动设计一般流程图

1. 前端分析

（1）需求分析。

学习需要分析是一种差距分析,其结果是提供尽可能确切、可靠和有代表性的"差距"资料和数据,从而形成教学设计的总目标,而这个总目标是指导教学设计往下进行的一系列步骤（如内容分析、目标编写、策略制定、媒体选择以及评价等）的重要依据。所以,学习需要分析成功与否,总目标是否优化,直接影响到教学设计各部分工作的方向和质量好坏,甚至关系到这个教学设计过程的成败。移动微学习的学习需求分析主要包括以下几个方面。

① 学习内容是否适合移动微学习。

② 学习内容是否能够在不同的系统平台上运行（安卓、iOS、PDA 等）。

③ 学习内容是否可以模块化,符合移动微学习的学习特点。

（2）学习者分析。

以学习者为中心,着重分析个体学习者的学习需要和学习特征。必须强调学习者的差异性,而且认识到学习者的学习需要和知识能力结构是变化的。在对移动微学习活动的学习者进行分析时,应着重分析用户的日常学习环境,了解学习者的学习风格和能力水平,以学习者为中心意味着移动学习活动中的任务和问题要基于现实生活,最好是在情境下进行教学。

(3) 学习内容分析。

移动微学习的学习内容分析除了分析本身的知识与技能、难易程度等外,还要分析这个内容是否适合开发成微型移动学习资源。

① 知识组块。考虑到移动微学习设备特点,其学习内容一定要在保证其整体性的基础上容易分割成一个个小单元,保证每个学习单元在几分钟内可以结束学习,提高学习者的学习效率,可以通过微课件来将知识进行组块,移动微学习的信息资源基础是微内容,而微内容的表现形式是微课件。

② 难易程度。微型移动学习资源一定要保证提供给学习者的学习资源简单易学,并能让学习者在轻松、愉悦的环境下学习,从而达到真正学习的目的。

③ 简单结构。移动微学习资源知识结构要清晰简单,嵌套层次不能太多,避免学习者出现"迷路"现象。

2. 移动微学习活动的具体目标、任务设计

活动目标是分层次的,既有低级目标,又有高级目标,对内容进行模块化分析之后,每一个模块需要相应地制定一系列从低级到高级的目标。活动任务是学习活动设计的核心,应该是基于情境的或者基于问题的。设计者应根据每一个模块的内容和希望学习者学习达到的目标来设定具体的任务。

3. 学习活动情境设计

移动微学习的学习环境必须是贯穿整个活动的,学习者可以在创设的真实的情境中,运用移动设备来进行真实任务的学习,例如可以采用图像情境,主要是通过文字和图像的结合来为学习者呈现相应的内容,也可以通过语言情境的设计来激发学习者的情绪、感情等思维活动,同样也可以借助故事、一个猜想来让学习者带着问题去探究。但是情境的设计也需要注意以下几点:第一,应该要具有代表性;第二,充分注重交互性,可以在学习活动过程中引入微博、Facebook 等社交工具方便学习者更自主地进行学习。情境教学可以为学生提供良好的暗示或启迪,有利于锻炼学生的创造性思维,培养学生的适应能力,所以在创设情境时需要注意以下原则。

(1) 冲突性:学习者原有的知识结构和现有的知识之间有一定的差异,这样可以激发学习者的学习动力。帮助学习者更进一步完善自己的知识体系。

(2) 目标性:问题情境的创设不是随意的,是要围绕学习内容,让学习者明白将要学习的内容,才能很好地引导学习者自觉参与学习。

(3) 真实性:问题应该是真实的,最好贴近学习者的生活,将学习的内容与真实的情境结合起来,更容易激起学习者的共鸣。

(4) 交互性:问题情境需要考虑学生与学生、学生与专家等的互动。

(5) 制定学习活动的规则：包括活动的监管规则和评价规则，根据学习者的表现对其进行干预和反馈或提供奖励和惩罚。

4. 移动微学习的学习评价设计

移动微学习的主要参与者是学习者，且学习者依附一个真实的情境，通过直观呈现的学习资源来完成各种问题以及各类活动的挑战，所以评价一个微型移动课程可以从以下几个方面进行评价。

(1) 移动微学习活动内容的评价。

① 活动内容的实用性评价。移动学习的学习者多为非在校学习者和终身学习者，移动微学习所提供的学习内容是否可以帮助学习者解决实际需求与职业、生活等相关的问题。

② 活动内容微型性评价。主要评价学习内容是否符合移动微学习"短小""微型"的特点，学习者是否能利用零碎的时间完成学习及相关的学习活动。

③ 活动内容创新性评价。移动微学习活动的设计模式并非死板，应根据实际情况进行相应的设计，设计一次有趣的互动，设计一个新颖的环节。

(2) 移动微学习学习者的评价。

对移动微学习学习主体的评价主要包括两个方面：第一，学习者移动微学习活动的参与度评价，这部分主要是检测学习者有没有按照规范来积极地参与社区、论坛、BBS 的互动等；第二，学习者学习活动的完成度评价，如学习者有没有按时完成相应的练习、练习的正确情况怎么样等。

四、移动微学习活动案例设计——地震通

本案例学习活动旨在要求学习者可以学习专业的地震相关知识，以活动理论、情境学习理论为基础，依照上一节提出的一般流程进行细致的分析，并给出具体的活动设计细节，为了创设更加真实的情境，本活动采用问题情境的方式来创设移动微学习的学习活动。借助故事、联系学生的生活实际、利用游戏等方式为学习者创设问题情境，让学习者带着问题去自己动手探究。笔者以地震如何自救来进行活动的创设，并在后期开发出相应的手机 APP 为目标。

1. 前端分析

近年来全球地震频繁发生，给人们的生活和财产造成巨大损失，尤其是国内最近几年的地震频发，学习地震相关知识已经刻不容缓，笔者通过对 iOS 系统和安卓系统 APP 进行查找，关于地震学习相关的软件非常少，人们获取知识的途径较为单一，这就是笔者以地震学习为案例设计和分析的原因。

2. 核心要素分析

(1) 主体。该活动的学习主体为所有想学习地震知识的学习者，包括任何年龄、任

何性别的学习者。

(2) 客体。这里的客体主要是完成该项活动相应的学习目标。最终达到的学习效果是学习者通过整个活动的学习,熟练地掌握地震来临时如何避难自救,学习目标主要分为四个阶段,针对不同的活动环节,设置了不同的学习目标:第一阶段的学习目标针对模块"地震常识",目标是掌握地震的基本知识(包括地震的产生原因、地震的等级、地震的前兆等),主要采用的是基于视频、动画的抛锚式情境来引导学习者进行基础内容的学习;第二阶段学习目标针对模块"情境学习",要求学习者通过参与不同真实情境下的地震发生实况来学习自救知识,包括常见的四个场景,即家庭、学校、工厂、户外;第三阶段学习目标针对模块"逃生游戏",让学习者通过第二阶段学习的知识,进行游戏闯关,顺利完成逃生游戏;第四阶段学习目标针对模块"知识总结",学习者通过相应的练习加深巩固知识,并掌握知识的完整框架,形成自己的知识体系。

(3) 共同体。在该案例中,学习共同体主要是和学习者一起讨论、互相帮助的学习者,以及为学习者整理学习框架、在讨论组对学生的讨论活动进行点评并最终整理资料提供资源下载的指导教师。

(4) 学习工具。本案例设计为移动手持设备,以苹果 iOS 系统设备为主,通过相应的 APP 来进行学习。

3. 活动基本流程分析

依据活动理论和情境理论提出移动微学习活动的基本流程图,如图 5-6 所示。

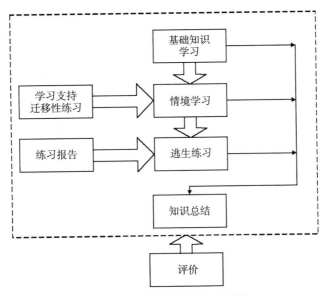

图 5-6　地震通活动设计流程图

4. 模块设计

该 APP 主要分成四个模块:地震常识、知识总结、情境学习、讨论组,每一个模块开始都会展示该模块的学习活动目标,让学习者清楚地知道自己这一部分学习的主要内容,如图 5-7 所示。

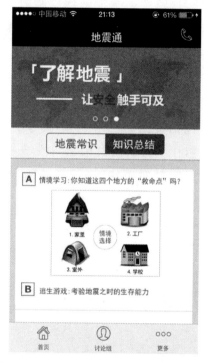

图 5-7　地震通 APP 主界面

（1）在情境学习中,采用十字交叉型策略,为学生提供一个多角度探索的学习环境,其中包括四个主要的场景,并分别对场景进行分析,采用多元表征的方式为学生提供知识。学习者可以依照自身的兴趣,自主选择场景学习,指导者可在学习过程中给予相应的学习支持服务。

（2）在地震常识模块中,主要讲解的是地震的定义、起因、分类、地震前兆等内容,让学习者在学习防震知识之前获得相应的知识,作为学前导入来激发学习者的兴趣。

（3）知识总结模块包括对所有知识点的总结和相应的练习题,总结主要采取思维导图的方式来进行呈现,练习题主要采用选择题的形式进行呈现,练习的内容可以在讨论组里进行讨论。

（4）逃生游戏模块:为学习者提供真实的地震逃难情境,让学习者在游戏中体验已经学习到的知识,并在完成游戏之后随即填写一份逃生游戏过程报告,分析自己在游戏过程中出现了哪些问题,这些问题对应的就是相应知识点的掌握情况。

5. 内容设计

（1）情境模块的活动设计。选择情境"家庭"进入,学习者会看到一个 3D 的家庭图,学习者以家庭主人的身份进入这个情境中,可以自由地切换家庭的地点,如厨房、卫生间、卧室、阳台,然后画面开始晃动,界面上会出现这样的一句话,并让你进行选择,如图 5-8 所示。

图 5-8　情境模块选择

这里就需要提供相应的学习支持来帮助学习者进行学习。

当学习者选择单击"跑出去"之后,就会弹出这样的提示语:"如果你在不确定安全的情况下跑出去,碎玻璃、屋顶上的砖瓦、广告牌等掉下来砸在身上,是很危险的"。通过直观的提示,可以让学生加深对知识的记忆。

当学生单击"卧室"之后,学生会看到一个 3D 的立体空间,里面分别有三个地点框,分别是床边、窗前、书桌前,画面中有人物,可以对人物进行拖动,每拖到一个框里,就会有文字＋图片/视频提示,如图 5-9 所示。

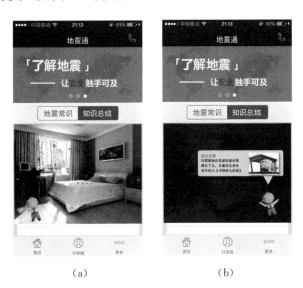

(a)　　　　　　　　(b)

图 5-9　"地震通"家庭游戏学习设计

其他场景也是采用这种资源的呈现方式来和学习者进行交互,并在学习点出现时提供相应的学习支持,让学习者及时地看到学习反馈。

(2) 逃生游戏设计。在学习者学习完成之后,会让学习者进行一个简单的逃生游戏,游戏是基于真实情境下的,学习者可以进行场景选择来完成游戏,在相应的场景完成游戏通关之后,会随机生成一份逃生游戏过程报告,在报告中先对学习者的游戏完成情况进行简单的评价,最后将学习者的错误行为解析出来,并给出这种逃生方案的完整、正确的解析内容,也可以再次进入游戏进行知识巩固,如图5-10所示。

图5-10 "地震通"逃生游戏报告设计

(3) 总结模块设计。当学习者学习到最后的知识内容总结时,我们会看到这样的界面,对所有的内容进行一个总结,包括地震之前的前兆总结、防震指南总结、不同地点人员的避震要点总结,呈现方式为图片加上文字。这里以如何准备防震包为例,如图5-11所示。

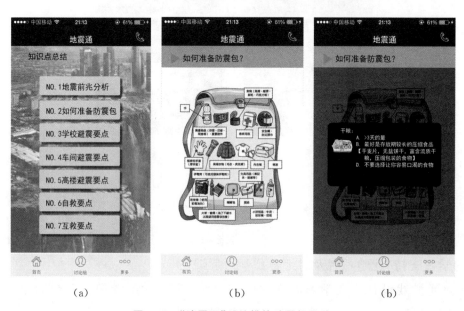

图5-11 "地震通"总结模块地震报设计

（4）讨论组、练习、评价设计。在四大情境学习中，每一个情境学习完成之后，都要提供相应的学习练习供学习者进行自我检测，多以文字呈现为主，练习方式主要采用选择题，练习题的内容都是在之前情境中学习过的知识，在此主要的目的是进行巩固。

讨论组主要是学习者自发地进行学习讨论，学习者可以将自己的学习心得上传上去，并讨论地震相关知识，其中地震常识提供四个指定讨论问题，知识总结提供两个讨论问题，情境模块提供六个讨论问题，逃生游戏提供两个讨论问题，其中有教学专家的参与，并对学习者的问题进行解答，将最终较为完善的内容通过 Word 文档或者思维导图来分享给学习者，让学习者下载阅读，如图 5-12 所示。

图 5-12 "地震通"练习、讨论组设计

（5）活动评价。对于该学习活动的学习评价主要分为两大模块：第一模块为学习者对自己学习成果进行评价，该评价主要采用学生自评，目的是让学习者充分了解自己的学习状况；第二模块是学习者对该学习活动内容进行评价，评价的目的是了解针对地震通这个主题，内容的设计是否符合移动微学习的特点，是否满足学习

者的学习要求,为后续学习内容的修改提供现实的依据。主要采用的是李克特量表法来进行评价。

对学习成果的评价:学生自评需要通过对自己的学习过程、练习题完成情况进行客观的评价。评价量表为:5分为完成得非常好,4分为完成得比较好,3分为完成得一般,2分为完成得不够好,1分为完成得很差,如表5-3和表5-4所示。

表5-3 学生自评评价量表

维度	5	4	3	2	1
您认真学习了地震常识板块的所有内容					
您认真完成了情境模块的所有内容					
您认真完成了单个情境之下的所有练习,并熟练掌握了各个情境下的防身技巧					
逃生游戏可以在两次以内顺利通过					
在讨论组中,完成了各个模块的讨论任务					

表5-4 活动内容质评价量表

维度	5	4	3	2	1
提供简单、明确的教学目标且和具体内容保持一致					
学习内容很好地分割成了微型知识点,适合零散时间学习					
学习内容浅显易懂,符合学习者基本水平					
学习内容结束之后,提供简单的且与教学目标相对应的练习					
在学生学习过程中,可以为学习者提供相应的学习协作					

第六章　移动微学习评价

近年来,随着移动技术以及网络通信技术的飞速发展,以移动终端为载体的移动微学习形式受到越来越多的关注。然而,作为一种新型的学习形式,移动微学习在不断发展过程中也存在各种各样影响学习者学习的因素。本章将通过开展移动微学习评价研究,充分发挥移动微学习的价值。

本章主要介绍两方面内容。一方面,是关于移动微学习的学习评价研究。通过分析相关研究与实践,提出适用于评价学习者的移动微学习效果的方法,以期促使学习者进行自我反思,引起其情感和行为的转变,从而促进学习者的移动微学习。另一方面,是对移动微学习终端应用软件的评价研究。通过对相关文献资料、调查研究等的分析,提炼出移动微学习终端应用软件评价指标及其评价方法,为移动微学习终端应用软件设计、改进提供指导,实现功能服务的改进、完善。

第一节　移动微学习的学习评价

一、学习评价

学习评价是运用科学的手段和方式,通过收集、整理、处理和分析学习者相关学习信息,对学生学习的发展和变化等做出科学判断的过程。它是学习系统中的一个不可或缺的机制。任何形式的学习都应该提供必要的评价环节来检测学习者的学习成效,提供学习效果反馈以促进有效学习。

根据评价的理念、手段方法和功能等因素,美国评价专家古巴和林肯将评价理论划分为四个不同发展阶段的学习评价类型。

1. 评价的"测量时代"(1900—1930年)

这一时期的评价主要是通过测验或者评价的方式来测评学生对知识的记忆状况,以此对学生个体进行甄别。

2. 评价的"描述时代"(1931—1950年)

这一时期的评价注重描述教育结果和教育目标之间相一致的程度。尽管"考试""测验"可以成为评价的一部分,但是评价不等于"考试"和"测验",其关键是确定清晰的、可操作的行为目标。

3. 评价的"判断时代"(1951—1970年)

这一时期的评价注重价值判断,认为价值判断是评价的本质。其中,"形成性评价""目标游离评价"以及"内在评价"等评价理论在这一阶段出现。

4. 评价的"建构时代"(1970—至今)

这一时期的评价坚持"价值多元化"的观念,强调在真实的自然环境中,采用质性研究方法,突出被评价者在评价过程中的参与,通过协商的方式达成共识,并进而形成"内在建构"。

二、在线学习评价实践及其启示

移动微学习作为教育发展进程中最为新鲜、瞩目的一个新型学习形式,其发展离不开研究学者的成果累积。可以说,没有前期科研成果的积累就无法实现移动微学习的进步。在线学习作为推动技术融合教育的历史发展进程中不可或缺的一种学习形式,与移动微学习具有密不可分的关系,如图6-1所示。例如,在空闲的时间,学习者利用笔记本,通过在线课程自主学习自身欠缺的专业知识以提高专业能力,也是属于移动微学习的一部分。

本节将通过对国内外在线学习的评价方法进行整理分析,以期发现对移动微学习的学习评价方法的设计具有指导和借鉴意义的成果。

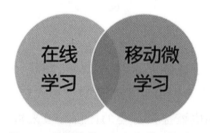

图6-1 移动微学习与在线学习的关系

1. 基于在线学习环境的学习评价实践成果

由于大型开放式网络课程(MOOC)的崛起,在线教育被推向全球焦点的位置,其实践也在不断地更新、发展。作为全球领先的三大在线学习平台——Edx、Course、Udacity,其发展可以说是聚集了全球一流高校的教育工作者,凝聚着全球一流的教育机构和教育工作者对在线学习评价理论与实践的研究成果,为移动微学习评价研究提供了典型案例。通过调查分析三大在线教育平台的学习评价方法,发现其主要包括以下八个方面。

（1）嵌入式问题。在视频课程播放过程中或在播放结束后呈现若干与视频讲解的内容相关的问题，要求学习者进行作答。在答题过程中学习者可以查阅正确答案判断回答是否正确，以此帮助学习者对当前学习内容的掌握情况进行自我评估。

（2）家庭作业。学习者完成视频课程的学习后，需完成独立于视频课程之外的练习题，以此检查学习者对所学内容的掌握情况。

（3）单元测试。由教师根据教学需求，在约定的时间针对一个或若干个教学单元的内容发布测试题，测试学习者对一个或几个单元学习内容的掌握情况。

（4）周测试。由教师根据教学需求，每周或每隔几周发布测试题，对学习者的学习状况进行分阶段评估。

（5）期中考试。教师在课程中期发布测试题，对学习者的学习状况进行中期诊断。

（6）期末考试。在课程内容结束后发布，对学习者的学习状况进行总结性评价。

（7）论坛参与情况。通过统计学习者参与论坛讨论的次数、发布或回答问题的质量等，对学习者的论坛参与度进行评估。

（8）视频课程浏览状况。通过对学习者浏览视频课程的状况进行评估，以判断学习者的学习参与度。

从以上八个方面中，可以认识到在线学习环境中的评价方法与传统学习评价方法是存在区别的，主要表现在四个方面：其一，选择题、判断题等客观题的评判是由系统完成的，学习者能够在其作答后立即得知回答的正误；其二，在家庭作业、单元测试、周测试、期中考试、期末测试中的关于主观题（案例分析、项目设计等）的评定中引入了同伴互评机制——包括学习者自我评价、学习者对同伴的评价以及同伴对学习者的评价；其三，在阶段性评价（家庭作业、单元测试）中，每次测评都允许学习者在规定时间、限定的次数内多次参加学习评价，并取最好的测试成绩计入课程最终成绩；其四，测试时间加长，每次测试都会延续一到两周的时间。

此外，在线学习的学习评价结果通过在评价过程中使用的各种评价方法综合形成，其评价结果可分为课程未完成状态、课程完成状态和带认证证书的完成状态。课程未完成状态指的是学习者参与课程学习，学习评价结果未能达到课程所规定的最终状态要求的情况；课程完成状态指的是由官方提供的一种学习评价最终状态，指学习者完成规定课程内容的学习，学习评价最终结果达到了课程规定的考核要求，学习者可以获得由课程平台出具的包括授课教师、课程内容描述等信息的证书；带认证证书的完成状态指的是学习者完成规定课程内容的学习，学习评价的最终结果达到了规定的要求后，授予由授课教师所在大学和课程平台出具的课程合格证书。

2. 基于在线学习的学习评价研究启示

（1）开展面向过程的评价。面向过程是在线学习环境下的学习评价的基本思想。

随着建构主义对教学的影响逐渐深入,我们开始意识到传统教育中对学习结果单一的评价方式不利于学生全面、可持续地发展。因此,面向过程的评价在移动微学习评价中也应具有十分重要的作用。

除此之外,信息技术的发展也是推进面向过程的评价思想在在线学习中得以发展的另一个重要原因。传统教学下,难有可以支持面向过程的条件。然而,在信息技术条件支持下,面向过程的在线学习评价则是借助自动化的跟踪、记录、存储的方式进行的,建立学生的数字化学习档案(包含学生电子作品、学习活动的原始记录、学习评价信息等)。因此,作为处于更高层次的技术环境之下的移动微学习,必须充分利用信息技术来实现面向学习过程的评价。

(2) 开展以学习者为主体的评价。在线学习环境下开展的学习评价的实践主体是学习者本身,评价过程不再是由教师掌控。这主要体现在两个方面:其一,实施自我评价,即学习者通过自主完成考核内容(如练习、测试等),形成评价反馈结果,以开展自我评价与反思,获得更大程度上的意义建构,而不再是由教师对其学习过程做出评价;其二,开展同伴评价,即在线学习中的协助学习要求学习者对同伴的学习成果进行检验与评价,充分发挥学习者评价主体的作用。移动微学习与在线学习都是一种学习者自主地、自发性地开展学习的一种学习方式。因此,在进行移动微学习的评价过程中也应该重视、强调以学习者为主体开展评价。

(3) 采用多元评价。学习不仅仅包括对知识识记,还包括对知识的理解深度、对知识的应用以及探索能力、信息能力、思维能力、自主意识的培养。这些是无法通过标准化测验反映的,唯有采用包括测验在内的多元评价技术,才能使学习评价超越知识的记忆层次,注重对学生的理解层次的学习结果评量。在线学习环境中的学习评价采用多种形式进行,如标准化测验、记录学生完成作品或任务、团体合作项目、实验、展示、口头演说、辩论、调查问卷等方式。通过多元评价技术可以全面地收集体现学习者的学习情况和多种能力的信息,并作为评价学习者学习表现的依据,更客观地评价学习者的学习。作为信息化时代下的新型学习形式,移动微学习更加强调能力习得,包括信息判别、信息组织、信息评价等。因此,采用不同的评价方法能够实现对不同能力的评价。

三、移动微学习的学习评价

移动微学习的学习评价是指对学习者的移动微学习过程的评价,其目的是激发学习者进行自我反思,从而促进学习者的移动微学习。

1. 移动微学习评价的认识前提

首先,移动微学习的发生可能贯穿不同时间和地点,甚至也可能会跟其他活动交织在一起,其学习性质的特殊性决定了对移动微学习所采取的学习评价方法不应该是耗时的、复杂的。如果评价方法复杂且花费较长时间,那么就有可能导致学习者的参与性大大地降低。

其次,移动微学习的学习评价应充分应用自动化的大数据收集与大数据处理技术。学习者在移动微学习过程中将产生大量的数据信息,包括其浏览时间、完成时间、点击等,这些行为信息是进行过程性评价的重要基础。此外,采用大数据处理技术不仅能快速地将评价结果反馈给学习者,同时也能够减轻移动微学习终端应用软件管理者的人力付出。

最后,移动微学习评价应能及时测试、及时反馈,促进学习者的自我监控,提高移动微学习效率。通过提供学习评价反馈信息(如知识学习完成情况、知识学习的覆盖率、时间分配等),以激励学习者有效调控自己的学习过程,从而引导学习者改进学习行为与策略,促进学习者对自身知识结构的完善,提高移动微学习环境中的学习效率。

2. 移动微学习的学习评价

本节中,根据移动微学习的学习评价的内容,将其划分为四种类型的评价,分别为基于需求的评价、基于问题测试的评价、基于理解应用的评价、基于数据信息的评价。

(1) 基于需求的评价。基于需求的评价是指学习者设置的学习目标与学习者实际完成情况之间的差异性评价,其评价实施时间一般是在移动微学习进行一段时间后,为了调整学习者目标而进行的。基于需求的评价的实施条件是需要学习者在正式开始移动微学习前完成学习目标的设置,学习者的学习目标设置可以包括三个方面的内容:其一,目标学习时间,即指学习者根据自身的情况设置学习时间;其二,目标完成内容,即指学习者根据自身的情况设置学习的知识点范围;其三,目标达到成绩,即指学习者根据自身的情况设置学习完成后所取得的成绩。

移动微学习环境下,基于需求的评价可通过开发目标模块的方法实现。目标模块的功能包括两个方面:一是,提示学习者完成目标设置;二是,利用自动化数据分析技术进行数据对比分析,以实现学习者的移动微学习评价。

多邻国是一款多语言学习开放的移动微学习系统。在多邻国移动微学习系统,学习者可以在目标模块中设置每日目标学习时间,系统通过自动化的数据分析技术,将其与学习者实际每日学习时间进行对比,并以图表的形式反馈给学习者,实现移动微学习的学习评价,如图6-2所示。

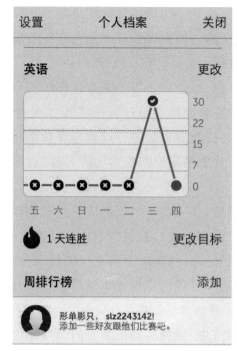

图 6-2　多邻国目标设置界面

（2）基于问题测试的评价。基于问题测试的评价是为了测试学习者知识点掌握情况而进行的评价。在基于问题测试的评价中,问题主要是以选择题、判断题、排序题等客观题为主要形式呈现,由系统对其进行评判,学习者能够在其作答后立即得知回答的正误以及答案解释。

移动微学习环境下,实施基于问题测试的评价的方法主要有常规问题测试法和嵌入式问题测试法。

① 常规问题测试法。常规问题测试法是指学习者在学习知识点之后,为测试知识点掌握情况而进行的练习测试,是最为普遍的一种测试方法。常规问题测试法允许学习者在规定的时间内,根据自身对知识的掌握情况,自由安排何时参加测试,体现移动微学习的自由度。

Notable learn sheet music 是一个学习五线谱的移动微学习应用软件。利用 Notable learn sheet music 移动微学习应用软件,学习者可以在学习相关乐谱知识后,进行知识点的测试,每一道题的正误情况的显示会及时显示以提醒学习者。学习者测试的最后得分会以积分的形式记录、保存。如图 6-3 所示。

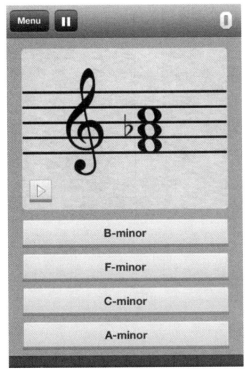

图 6-3　练习界面以及练习反馈界面

② 嵌入式问题测试法。嵌入式问题测试法是在学习知识点时所采用的评价方法，如在教学视频播放时显示问题，学习者需要进行作答后才能使视频继续播放。一般情况下，嵌入式问题是在重点知识学习后出现，目的是吸引学习者关注重点学习内容并自我检测知识的掌握情况。同时，通过学习者作答的情况给予学习者反馈，使学习者能够调整学习状态。

英语魔方秀是一款手机英语口语学习移动微学习软件。它将电影中适合学习的视频制作成魔方课程，其特点是电影视频在播放完一句台词后会自动暂停，要求学习者利用移动终端设备的录音功能模仿电影原声，通过自动化数据分析技术的功能，英语魔方秀能够及时地显示其口语得分，帮助学习者进行语音矫正，提高学习的效率。如图 6-4 所示。

图 6-4　英语模仿秀练习界面

③ 基于理解应用的评价。基于理解应用的评价与基于问题测试的评价的不同点在于，基于理解应用的评价强调对学习者知识建构层面上的评价，目的是评价学习者对知识点的理解和应用能力。

移动微学习环境下，实施基于理解应用的评价的主要评价方法是采用同伴互评法。同伴互评法要求学习者不仅对自己的作业成果进行评价，同时也要对同伴所上传的作业成果进行评价。为了保证评价结果的公平性，一个学习者的作业成果评价应由多个同伴来进行，取平均值作为最后的同伴评价得分。通过同伴互评法所提供的评价反馈结果，学习者可以得知同伴对其作业的评价和建议，以及与自我评价的区别。

2011 年，广州大学开设了无专人授课、学习者自主学习的课程——中华经典诵读。学校还专门研发了与中华经典诵读课程相配套的诵读教材、中华诵网站以及相关的语音资料等资源，以方便学习者利用课余时间学习。其评价方法是通过利用开放性的平台——百科文库实现同伴评价的。其过程如下：由学习者根据自己感兴趣的经典内容或概念建立一个百度百科主题，由其他同学对这个主题表述进行补充、修正、评价。系统按学习者的贡献赋予学习者身份等级，贡献越大，积分和身份等级越高，积分可以直接纳入对学生的过程性评价，作为学习评价的指标之一。通过逐步的积累，一方面激发了学生的学习兴趣和积极性，并记录和形成了学生学习过程的数据，另一方面又建立了一个内容不断丰富、活动互动良好的分享平台。

④ 基于数据信息的评价。基于数据信息的评价是通过数据挖掘技术获取学习者学

习过程的信息,利用大数据处理技术进行信息分析,以揭示学习者的移动微学习情况而进行的评价。基于数据信息的评价不仅能够让学习者发现学习过程中隐性的信息,同时能够帮助学习者提高对自己学习过程的监控意识,开展学习自我反思。基于数据信息的评价信息收集内容主要有以下四个方面。

① 学习效率:指学习者在移动微学习过程中的知识学习量、测试等活动的完成的情况。

② 学习时间分布:指学习者参与移动微学习的总时间及其时间分布情况。

③ 知识覆盖率:指移动微学习过程中学习者对不同知识类型的点击、浏览数量,为学习者开展兴趣学习提供信息支持。

④ 社交联系情况:指在移动微学习过程中,学习者与哪些学习者具有紧密联系互动以及其论坛活跃程度,帮助学习者开阔社交联系,增强其在移动微学习中的存在感。

3. 移动微学习的学习评价反馈结果

移动微学习评价的学习评价反馈结果应及时地呈现给学习者,使学习者能够在第一时间了解自身的学习过程以及学习结果,以便做出适当的调整。移动微学习的学习评价反馈结果的呈现形式主要分为四种类型。

(1) 分数呈现形式。根据所制定的评价制度,确定每一种评价方法的权重比例,通过数据计算出代表学习者成绩的数值。

(2) 等级呈现形式。当学习者的学习已经达到某一种标准的时候,授予学习者不同的等级称号,等级称号由低到高的发展。

(3) 曲线呈现形式。根据学习者的每天学习状态绘制出不同曲线,反应学习者的变化。

(4) 比例呈现形式。将学习者的学习情况与移动微学习终端应用软件中其他的学习者的学习情况进行对比分析,判断出学习者在所有学习者中所处的位置。

四、移动微学习的学习评价案例分析

移动微学习中采用的学习评价方法和评价反馈结果形式应该要考虑不同移动微学习终端应用软件的服务定位。因此,为了保证评价的全面性,在一个移动微学习终端应用软件中可考虑采用不同的评价方法、不同的评价反馈方式相互结合的方式。

1. 案例一:粉笔公考题库

粉笔公考题库是一款移动微学习软件,其功能包括提供真题练习、专项练习以及个人能力评估报告。粉笔公考题库是能够实现手机、电脑同步,保证各个终端的移动微学习同步进行。

粉笔公考题库的评价方法有两种类型。其一,基于练习、测试的评价:学习者每完成一份练习后,会形成练习报告,反映学习者的做题情况、正确率等信息,如图 6-5 所示。其二,基于大数据信息的评价:学习者在一段时间之后,系统利用全站数据信息进行分析,自动形成学习者个人能力评估报告,反映学习者预测考分、答题量、全站排名等信息,如图 6-6 所示。

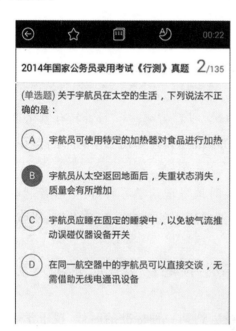 

图 6-5　粉笔公考题库练习界面、练习报告

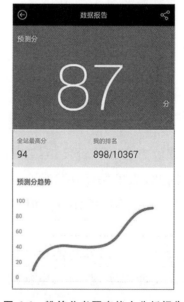

图 6-6　粉笔公考题库能力分析报告

2. 案例二:多邻国

多邻国是一款在线多语言学习开放课程,其完全免费。多邻国的学习模式是以练习为主,包括看图选单词、看图听写单词以及句子听写。

多邻国采用的评价方法有两种类型。其一,基于需求的评价:通过将学习者设置每天的目标与学习者实际完成情况进行对比,以评价学习者的目标达成情况,如图 6-7 所示。其二,基于单元知识点测试的评价:每个单元都由一定数量的题目组成,学习者只有达到一定正确率之后才能通往下一关,如图 6-8 所示。此外,每一道题的正误情况的显示会及时显示,以提醒学习者。

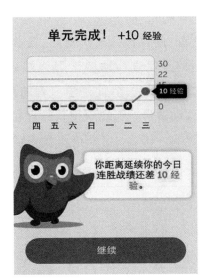

图 6-7 多邻国目标设置界面和目标反馈界面

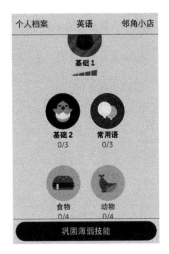

图 6-8 多邻国英语练习界面

第二节　移动微学习终端应用软件评价

一、移动微学习终端应用软件的评价内容及其指标

移动微学习终端应用软件评价是从学习者的角度判断移动微学习终端应用软件对移动微学习的影响因素而进行的评价,目的是实现完善、改进功能服务,促进学习者的移动微学习。主要包括三个方面的评价内容：教学性评价、使用性评价、技术性评价。

1. 教学性评价

教学性评价的内容包括教学资源、教学活动、学习支持服务、评价系统系统这四个方面的评价,其目的是促进移动微学习终端应用软件在教学方面进行重新组织、规划、设计,实现学习过程的最优化,促进学习者的移动微学习。

教学性是移动微学习终端应用软件评价首要的、根本的评价内容,对学习者的移动微学习具有重要影响。从学习者角度出发,教学性评价内容所具有的指标,如表6-1所示。

表6-1　移动微学习终端应用软件教学性评价指标

一级指标	二级指标	三级指标
教学性	教学资源	实用性
		丰富性
		结构性
		微型完整性
		宜读性
		科学性
	教学活动	目标性
		多样化
		简单化
		启发探究性
		互动性
		个性化
		支持性
		评价性
	学习支持服务	全面性
		适时有效性
		个性化

续表

一级指标	二级指标	三级指标
教学性	评价反馈系统	简单化
		过程性
		主体性
		多元化评价方式
		及时反馈性

(1) 教学资源。

① 实用性。实用性指的是移动微学习的教学资源应紧扣学习者需求,不可盲目追求"大而全"。所建教学资源要从实用性出发,注重培养学生分析问题、解决问题的能力以及所学理论在实际中的应用能力和创新能力。

② 丰富性。丰富性指的是移动微学习终端应用软件的教学资源应包含多样化资源。丰富多样的教学资源是移动微学习实施、开展的基本条件,没有充足的教学资源作为支撑,移动微学习就难以开展。

③ 结构性。结构性指的是移动微学习终端应用软件的教学资源分类以及呈现顺序应符合合理的逻辑。移动微学习的教学内容是微型化的、相互独立的,在松散的内容背后保持关联,使移动微学习能够在不断的学习体验中逐渐形成一个连续的结构是非常必要且关键的。此外,按照学科知识层次进行组织移动微学习的教学资源能够保证教学资源的顺序性,方便学习者寻找资源。

④ 微型完整性。微型完整性指的是,作为一个知识点的教学资源,应包含单一的主题、思想和内容,且提供相对完整的知识组块。移动微学习时常发生在学习者非连续的注意状态,因此,要保证知识单元足够小且完整,以便于移动微学习的随时随地发生。

⑤ 宜读性。宜读性指的是移动微学习终端应用软件的教学资源的内容呈现形式应符合学习者的阅读习惯。宜读性主要体现在三个方面:其一,具有能够说明知识点内容的描述;其二,采用适当的多媒体形式呈现知识内容;其三,内容的设计应该要做到图文并茂、生动活泼。

⑥ 科学性。科学性指的是移动微学习终端应用软件的教学资源应能正确反映科学知识原理。保证呈现的教学资源的科学性,是学习者利用移动微学习终端应用软件开展学习的前提条件。

(2) 教学活动。

① 目标性。目标性指的是移动微学习终端应用软件的教学活动应具有明确的主题内容以及活动目标。教学活动的主题内容的固定和目标的明确是保证移动微学习过程顺利开展、学习者学习目的达成的重要基础。

② 多样性。多样性指的是移动微学习终端应用软件的教学活动应包含多种组织形式的活动。移动微学习作为学习者独立自主的学习形式，应开展丰富多样的教学活动，以激发学习者的学习兴趣。

③ 简单化。简单化指的是移动微学习终端应用软件的教学活动应浅显易懂，易于学习者操作。在移动微学习中，学习者是处于非连续的注意状态，只有体现简单化原则的活动，才能保证学习者的活动顺利开展。

④ 启发探究性。启发探究性指的是移动微学习终端应用软件的教学活动应能够启发学习者的探究行为。在移动微学习中，学习者不仅要通过所获取的资源建构自身的知识，同时也应注重探究能力的提高和信息处理方法的掌握。

⑤ 互动性。互动性指的是移动微学习终端应用软件的教学活动中的交互程度，包括人机交互和人人交互。教学活动中的交互行为不仅能够保持学习者的注意力，同时也能够引导学习者通过一系列的互动交流发现、领悟知识。

⑥ 个性化。个性化指的是移动微学习终端应用软件的教学活动应给予学习者一定的权利，控制其自身的学习活动。移动微学习作为碎片化时间进行的非正式学习，在分散的时间内完成。因此，应提供个性化的选择，允许学习者根据自身的安排完成学习任务。

⑦ 支持性。支持性指的是移动微学习终端应用软件的教学活动应为学习者提供相关的学习支持帮助。移动微学习的教学活动过程中，通过及时、全面的学习支持服务能够直接、有效地提高学习者的移动微学习质量。

⑧ 评价性。评价性指的是移动微学习终端应用软件的教学活动应及时开展活动评价。通过开展的教学活动评价，可以了解教学活动安排中的不足，及时调整教学策略、改进教学方法。

(3) 学习支持服务。

① 全面性。全面性指的是移动微学习终端应用软件的学习支持服务应提供涵盖多个方面的学习支持服务，包括提供资源支持、工具支持、策略支持等。

② 适时有效性。适时有效性主要是指移动微学习终端应用软件的学习支持服务的准确性和实用性。移动微学习作为智能化学习下的产物，应发挥其智能化的特点，主动、及时、有效地提供学习支持服务，辅助学习者的学习。

③ 个性化。个性化指的是移动微学习终端应用软件的学习支持服务应能灵活地提供学生所需要的学习支持服务。如何以学生的需求为导向，结合其实际情况制定个性化学习支持服务内容，也决定了移动微学习多大程度上满足学生对获取支持服务的期望。

(4) 评价反馈系统。

① 简单化。简单化指的是移动微学习终端应用软件的评价方法应要简便。移动微

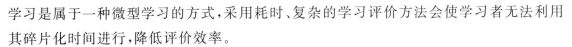

学习是属于一种微型学习的方式,采用耗时、复杂的学习评价方法会使学习者无法利用其碎片化时间进行,降低评价效率。

② 过程性。过程性指的是移动微学习终端应用软件的评价应能体现对学习者的移动微学习过程评价,而不仅仅是学习测试的成绩评价。通过对学习者在移动微学习过程中的行为进行评价分析,反映学习者的真实学习过程表现,使移动微学习评价更加客观、准确。

③ 主体性。学习者主体性指的是,移动微学习终端应用软件的评价实施主体应是学习者本身,而不再是教师、管理者等外部人员。通过学习者开展自我评价,促进自我反思,从而能够获得更大程度上的意义建构。

④ 多元化评价方式。多元化评价方式是指移动微学习终端应用软件的评价应采用多种评价方法。通过实施多种评价方法,能够收集到体现学生学习情况和能力的多种信息,实现对不同类型的学习结果的评价。

⑤ 及时反馈性。及时反馈性指的是,移动微学习终端应用软件的评价应及时地将评价反馈信息传递给学习者。通过实时获得的评价反馈结果,学习者能够及早发现学习过程中的问题,通过调整学习策略等方法解决问题,促进有效学习的发生。

2. 使用性评价

使用性评价的内容包括艺术性、操作性、人性化、功能性这四个方面的评价。其目的是促进移动微学习终端应用软件在功能设置、用户操作方面的调整和改进,以实现移动微学习终端应用软件的用户友好性。

移动微学习终端应用软件的使用性是评价应用软件质量的一个重要指标。在以用户为中心的宗旨下进行产品设计,能够使得学习者高效、愉悦地完成学习和任务。从学习者角度出发,使用性评价内容所具有的指标如表6-2所示。

表6-2 移动微学习终端应用软件使用性评价指标

一级指标	二级指标	三级指标
使用性	艺术性	界面
		布局
		创意性
	操作性	交互简便性
		一致性
		反馈性
	人性化	导航
		可记忆性
	功能性	全面性
		个性化

(1) 艺术性。

① 界面。界面指的是移动微学习终端应用软件的设计应呈现简洁、大方的风格。界面风格的设计极大地影响了学习者对移动微学习终端应用软件的第一印象,影响学习者对移动微学习终端应用软件的使用。

② 布局。布局指的是移动微学习终端应用软件的设计应对合理分配各项内容的展示位置和方式。合理的布局不仅会使学习者对移动微学习终端应用软件耳目一新,而且能使学习者较容易找到所需要的信息,减少学习者的跳出率。

③ 创意性。创意性指的是移动微学习终端应用软件的设计应对学习者有吸引力。通过移动微学习终端应用软件的设计将引人瞩目的地方展现出来,不仅能够给学习者留下深刻的印象,而且也能显示出与移动微学习终端应用软件的特色,提升竞争力。

(2) 操作性。

① 交互简便性。交互简便性指的是用户对移动微学习终端应用软件的操作应该简单方便、直接有效。操作简单、方便是任何类型的应用软件都必须遵守的重要原则。操作复杂且繁琐不仅容易降低学习者的学习兴趣,而且会导致学习者放弃学习。

② 一致性。一致性指的是移动微学习终端应用软件应在使用用语、操作等方面与学习者常用习惯之间保持相近。一致性能够避免学习者使用移动微学习终端应用软件时产生的陌生感。此外,一致性能够帮助学习者快速掌握移动微学习终端应用软件的操作。

③ 反馈性。反馈性指的是移动微学习终端应用软件应为学习者提供清晰明了、易读易懂的相关信息提示,包括结果与状态、帮助与错误、提示等信息显示。这些信息不仅能够给予学习者信息指示,同时能够防止学习者错误操作和操作失误。

(3) 人性化。

① 导航。导航指的是移动微学习终端应用软件应显示学习者所处的学习路径。通过提示学习者的位置避免在空间中迷失,保证学习者的学习能够高效率地完成。此外,导航能够引导用户使用移动微学习终端应用软件的各种功能,是用户体验的重要实现方式。

② 可记忆性。可记忆性指的是移动微学习终端应用软件应具有记录学习者登录、学习活动等信息的功能模块。在移动微学习过程中,利用智能技术减少学习者的负担,让学习者感到轻松。

(4) 功能性。

① 全面性。全面性是指移动微学习终端应用软件应提供满足学习者的功能需求。通过给学习者提供全面的功能服务,如学习、交流、咨询等,实现移动微学习终端实际应

用价值。

② 个性化。个性化指的是移动微学习终端应用软件应提供能够体现学习者个性的功能服务,如个人信息设置、个人空间等。个性化的功能设置是推动移动微学习终端应用向更深、更广的方向发展,提升学习者服务质量的重要手段。

3. 技术性评价

技术性评价的内容包括硬件配置标准、运行性、技术保障性三个方面。其目的是判断影响学习者移动微学习过程的技术因素,从而指出移动微学习终端应用软件的技术性不足,促进移动微学习终端应用软件的完善。

移动微学习终端应用软件是学习者开展移动微学习用户的载体,其性能的优劣对学习者移动微学习的学习过程有着直接影响,甚至影响学习者对移动微学习的兴趣和认可程度。因此,为了保证移动微学习终端应用软件的可靠性,对移动微学习终端应用软件进行评价是必不可少的。从学习者角度出发,技术性评价内容所具有的指标如表6-3所示。

表 6-3 移动微学习终端应用软件评价指标

一级指标	二级指标	三级指标
技术性	硬件配置标准	安装
	运行性	出错率
		数据响应
	技术保障性	兼容性
		可靠性
		安全性

(1)硬件配置标准。

① 安装。安装指的是移动微学习终端应用软件的硬件配置标准应满足大多数学习者的设备。具有高硬件配置标准的移动微学习终端应用软件,将使得部分学习者由于硬件原因而无法安装成功,降低移动微学习终端应用软件的使用率。

(2)运行性。

① 出错率。出错率指的是移动微学习终端应用软件应能保证软件运行稳定。持续和稳定运行的移动微学习终端应用软件,不仅能够提升用户体验,而且能够增强最终用户对移动微学习终端应用软件的信心。

② 数据响应。数据响应指的是移动微学习终端应用软件访问服务器的速度。移动微学习终端应用软件访问速率出现故障后不仅打断学习者移动微学习的过程,同时也使

学习者对移动微学习终端应用软件产生负面影响。

(3) 技术保障性。

① 兼容性。兼容性指的是移动微学习终端应用软件应能与终端上其他应用软件相互兼容。通过保证移动微学习终端应用软件的兼容性,不仅能够保障运行的稳定性,同时也能够扩大学习者信息交流空间。

② 可靠性。可靠性指的是移动微学习终端应用软件应具有数据备份的功能。数据备份功能能够避免移动微学习终端应用软件出现故障后不会产生数据和书签丢失的情况,保证学习者的学习过程可以继续开展。

③ 安全性。安全性指的是移动微学习终端应用软件应保障学习者的信息安全。通过建立全面、立体的安全防护体系,提升网络整体的安全防御能力,保障终端的安全,给予学习者安全感。

二、移动微学习终端应用软件评价方法

虽然技术进步使得手持移动设备具有更强的计算能力、连接性和交互能力,但在可用性方面依然存在很多局限,面临很多挑战。因此,开展提高移动微学习终端应用软件的可用性评价是必不可少的。本节将介绍四种类型的移动微学习评价方法。

1. 问卷调查法

问卷调查法是通过书面或通信形式收集移动微学习终端应用软件评价信息的一种手段。其评价步骤一般分为四个步骤。

第一,制定评价指标,确定指标权重。

当我们确定并明确了调查主题以后,就要按照这个主题从不同的角度或不同方面对调查主题所指的现象进行分类,列出反映主题的评价指标。确定评价指标应注意几个问题:首先,所列出的评价指标应涵盖调查主题的所有范围;其次,要考虑可行性,无法胜任的项目不要包括进去;第三,调研项目的含义要明确和具体,各指标之间既要界限分明,又要互相联系,构成一个完整的体系。

确定指标权重的方法主要有以下两种:其一,层次分析法(Analytical Hierarchy Process,简称AHP),是美国著名教授萨迪(T. L. Saaty)于20世纪70年代提出的,是一种实用的分析多目标、多准则的复杂大系统的系统分析方法。其主要特征是:它合理地将定性与定量的决策结合起来,按照思维、心理的规律把决策过程层次化、数量化。其方法具有思路清晰、方法简便、适用面广、系统性强、可靠性相对较高的特点。在各类多指标综合评价中,AHP法是应用最广且行之有效的主观权数构造方法。用AHP法虽然能简单地将综合指标定量化,反映决策人的意向,但其权重确定的主观性较大。其二,模

糊综合评价(Fuzzy Comprehensive Evaluation)以模糊数学为基础,应用模糊关系合成原理,将一些边界不清、不易定量的因素定量化,从而实现综合评价。该方法体现了自然界客观存在的模糊性和不确定性,符合客观规律。但其不足之处体现在:不能解决评价指标间造成的评价信息重复问题;各因素权重的确定带有移动的主观性;在某些情况下,隶属函数的确定有一定的困难,尤其是多目标评价模型,要对每一个目标、每个因素确定隶属度函数,过于繁琐,实用性不强。

第二,设计与检验问卷。

问卷设计时应注意以下几点:调查问卷上所列问题都是必要的,可要可不要的问题不要列入;问题是被调查者所了解的,使人困惑的问题会使得到的数据不准确;问题的提问不应转弯抹角;注意问题语句的措词和语气。

此外,为了保证问卷的可靠性,应保证问卷具有信度和效度。因此需进行信度和效度测试。测试主要有以下五种:选用"折半信度法"评价问卷内部各项目的一致性;选用"单项与总和相关效度分析"的方法对问卷中各项问题进行测评;对调查问卷进行"鉴别度分析",删除特别难与特别易的问题;对调查问卷进行"结构效度分析",通过因子分析看各项可划分为几个主题群。

当一份问卷的雏形形成之后,还应进行评估,并选择少量样本进行测试,测试的主要目的是看被调研者对问卷的理解与调研目标之间是否存在偏差,最后进行修正。

第三,问卷发放与回收。

问卷发放要关注两个问题:一是要有利于提高问卷填答质量,二是要有利于提高问卷的回收率。发放问卷最好利用问卷对象集中的机会,由督导人员亲自发放,并对问卷做出解释,以提高问卷填答和回收率。此外,随着现在网络调查的流行,虽然在问卷填答的质量方面不如现场填答,但可使我们回收的问卷数量大大提升。

问卷回收之后的工作主要是对有漏答、误答、不认真回答的问卷(可根据研究的具体情况确定运行最多漏答率、误答率)进行筛选,留下有效问卷供数据处理使用,这样才能保证问卷调查结论的科学性。

第四,数据统计与分析。

问卷调查实施后的问卷分析,是调查问卷的研究阶段,是调查者对收集资料进行审核、整理统计、分析的过程。问卷分析,包括定性分析和定量分析。定性分析,是探索性分析方法,用来定义问题或确定处理问题的途径。在寻找处理问题的途径时,定性分析常用于制定假设或确定研究应包括的变量。定性分析可分为三个过程:分析综合、比较、抽象概括。但是,定性分析样本一般较少,结果准确性可能难以捉摸,主要通过分析者直觉、经验,凭过去和现状信息,判断分析对象的性质、特点、发展变化规律。定量分析是对问卷进行初步定性分析后,再对问卷进行更深层次的定量分析。定量分析,是依据收集的数据,建立数学模型,并用数学模型计算出分析对象各项指标及其数值的方法。问卷定量分析,首先要对问题数量化,然后利用量化的数据资料进行分析。

应用问卷调查法的最大优点是简便,材料也比较容易整理和统计。但是师生个人的个人意见是否真实可靠往往无法区分或核实,因此根据问卷所得的反馈信息应做必要的分析。

2. 访谈法

访谈法是通过采用访谈的形式了解用户操作方式、采集用户需求并发现问题的一种移动微学习终端应用软件评价方法。访谈法可以通过将一组人集合起来讨论某一特定问题,也可以对单个用户进行访谈,获得一些定性数据,从而了解用户对移动微学习终端应用软件的看法和态度,以实现设计、功能等方面的改进,使之更符合用户的要求。

一个完整的用户访谈流程包括三个阶段,即访谈前、访谈中和访谈后,如图 6-9 所示。

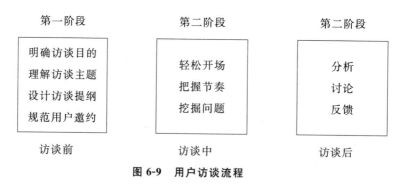

图 6-9 用户访谈流程

在访谈过程阶段中,采访者可根据用户的思维方式、行为习惯和心理变化等因素灵活掌握问题设计。其中,问题可分为三种类型,分别为问题引导型、行为访谈型和心理访谈型,如表 6-4 所示。其中,行为访谈型的问题可以从反映调查主题的评价指标中出发,正面或侧面地设置提问的问题。

表 6-4 访谈过程中的三种访谈问题类型

类型	案例	效果
问题引导型	1. 可以简单介绍一下您的研究或工作吗? 2. 您是否有利用移动微学习终端应用软件提高专业能力?	1. 易使受访者较快速进入访谈情境。 2. 便于根据不同回答灵活进入下一个预设的对应情境模式。
行为访谈型	1. 利用移动微学习终端应用软件进行查找资源时,您是否有遇到困难呢? 2. 您对某功能是否感兴趣呢?您还有什么建议呢?	1. 直观、快速地反映出现状和存在的问题。 2. 挖掘潜在的可能性。

续表

类型	案例	效果
心理访谈型	1. 您所认为的移动微学习终端应用软件最有价值的部分是什么呢？为什么呢？ 2. 您认为移动微学习终端应用软件是否能够长期服务于您的工作、生活中呢？	1. 反映出用户对移动微学习终端应用软件的价值认知。 2. 预测移动微学习终端应用软件的发展情况以及改进的紧急性。

访谈后需对访谈结果进行分析,其方法主要采取便利贴分组法和个体记录分析法相结合,对访谈内容进行归纳、分类,经过提炼要点,得出结论,确定核心体验项。其过程如图6-10所示。首先采用便利贴分组法对答案进行归纳分类,可分为四种类别:用户试图达到的目的、用户认为最有价值的功能、用户遇到的障碍、用户评价与建议。然后在对每份采访记录进行单个分析的基础上细化分类,细化的类别有六类,分别为:目标,用户想要实现的长远目标,这里的"目标"更强调长远目标;期望,用户期望的移动微学习终端应用软件;方法,用户实现目标使用的方法;术语,用户在表述时使用的术语;价值,用户认为的最重要的功能特质;障碍,用户遇到的障碍。最后,对分类内容进行要点提炼,得出结论。这套方法是对用户的大量行为、需求、期望等原始素材进行了自下而上的归类总结,有助于明确用户在移动微学习终端应用软件使用过程中的核心体验有哪些,例如学习、查找、浏览、获取等,从而对用户最关心的问题及建议进行重点剖析。

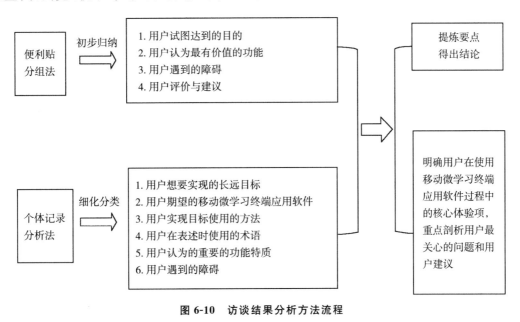

图6-10 访谈结果分析方法流程

访谈法有助于研究用户和移动微学习终端应用软件的互动关系,了解用户认为有价值的服务,同时,有针对性地解决用户在移动微学习终端应用软件的过程中遇到的各种问题,使移动微学习终端应用软件得到更有效的利用。但是,访问往往需要耗费大量的时间和精力,评价者组织座谈或访问的经验和水平也会很大程度上影响调查结果的有效性,并且其结果也比较难分析。

3. 观察法

观察法是关注行为的一种定性、定量的用户研究方法,是人类学和心理学在用户研究中的综合应用,也是用户研究中常用到的方法。观察法是通过观察用户在使用移动微学习终端应用软件中的行为,以发现问题所在的一种评价方法。观察法一般在实验室里进行,通过选择6~10个有代表性的用户参加,完成几个符合实际的测试任务,通过对用户完成任务过程的观察,确定问题。观察法可以直接收集到用户在一段时间、一个事件中的行为数据,并利用分析方法对数据进行定性和定量处理,尽量降低研究方法本身对研究结果的干扰,最终发掘出用户的潜在需求。

使用观察法收集信息必须具备三个条件:第一,所需信息必须是能观察到的,或者能从观察到的行为中推断出来。例如,对人们的态度、意见是不能直接观察到的。第二,所要观察的行为必须具有重复性或者在某些方面具有可预测性。如果不具备这样的条件,观察法实施的成本将非常高。第三,所要观察的行为必须在相对短的时间内完成。

观察法的流程大致是:明确研究目的,制订观察计划,准备想要的工具和文档,取样,实施观察以及统计观察数据、资料,必要时还要进行补充观察。观察计划主要包括:确立观察样本和观察者人选,决定观察的步骤、观察的内容和要点,其中观察的内容中所制定的任务可从反映调查主题的评价指标中出发设置任务的形式。观察需要的文档主要有被观察者和观察者的特性描述、观察情境的要求、供观察者在实施观察中记录的观察列表、观察实施的注意要点等。观察法的取样包括被观察者的取样和对观察情境的筛选。观察法实施中,往往需要利用新的技术手段与传统方法的结合,在真实使用状态下记录和收集全面的数据,使移动微学习终端应用软件的评价手段更为全面、科学地发展,比较具有代表性的技术手段如表6-5所示。通常情况下,在对观察者实施观察中,需要进行录像、录音等,都应该事先征得被观察者的同意。在对观察数据资料统计后,如果发现还有遗漏,就需要重新观察,以补充数据资料。

表6-5 移动微学习终端应用软件评价的技术手段

技术手段	方法	工具
录音	通过设备可以记录用户的客观信息	录音笔
录像		摄像机

续表

技术手段	方法	工具
自动记录工具	通过移动设备本身加载信息记录工具,可以记录用户的客观信息	Recon、My Experience 和 X-sensor 等
眼动跟踪技术	利用凝视时间、凝视数目、感兴趣区转移频次矩阵等眼动指标,结合测试任务及认知心理机制,建立评估模型,对于分析界面的认知内因、发现问题、改进设计具有较高的有效性和实用性	SMI 公司的眼镜式眼动仪
传感器	利用传感器监测现场评估时的环境信息(光线、加速度、声音、温度、湿度)和与之相关的用户使用行为信息	Affectiva 公司的微型无线生物传感器 Q-sensor

在观察实施时,除了需要制订计划,观察者还需要注意以下几点:一是,明确研究目的;二是,对所观察的行为要有专门的特征描述,观察目的明确了,就可以根据目的确定要达到观察目的所需要观察的行为维度,即确定要求观察的行为范围,然后就需要确定各种行为的特征;三是,做好客观记录,防止偏见干扰。观察实施时要有专门的记录表格,有条件的还可以录像和录音,便于数据分析。有时还可以考虑多人一起对一个观察对象进行记录,并对所观察的内容进行效度检验。

4. 专家评估法

专家评估法是通过邀请相关专业的专家,依靠专家的知识和经验对评估问题做出评价和判断,以发现问题所在的一种评价方法,该方法是一种快速、灵活和经济的评估方法。

由于不同的评估专家往往倾向于发现不同的可用性问题,因此专家评估法的效果与评估专家的人数有关系。研究表明,一个评估专家通常只能发现产品所存在可用性问题中的35%左右,所发现问题的数量随着专家人数的增加而增加,因此建议专家人数为5名左右较好,最少不能少于3名。通常专家评估进行两遍,第一遍侧重于移动微学习终端应用软件的流程和范围,第二遍侧重于各个部分的设计。每次评估不要太长,1~2小时比较合适,复杂的产品可以分几次进行评估。这种评估的结果一般是一个问题的清单,同时注明每个问题所违反的准则、原理。为了使评估结果对改进产品设计更有指导意义,可以在评估后组织一个由评估专家和产品设计人员共同参加的会议,从设计上提出解决所发现可用性问题的办法。

专家评估代表性的方法包括经验性评估、CELLO 审查等。

经验性评估是由评估专家根据标准或规则对产品设计进行检查评估,并根据个人经验预测用户可能会遇到的问题。评估结果反映了评估者的主观看法。

CELLO审查是评估专家以明确的各种标准为指导而进行的评价,这些标准涉及了大量的心理学、人类工效学理论、实验性结果、实际经验以及组织机构和个人信仰等方面的知识。

专家评估的主要优点是:能够集思广益,发挥专家的集体智慧,从而避免主观性和片面性,提高评价的质量;效率高且简便易行。但是,其缺点在于,无法获得真正用户的反馈。因此,专家评估法是一种较适合在移动微学习终端应用软件投入市场之前进行的评价方法。

第七章　移动微学习的开发与实现

　　移动微学习理论是一套完整的、系统的指向移动微学习的理论基础,本书前面章节已从理论基础、技术环境、活动设计、支持服务、评价等方面详细阐述了移动微学习理论,然而,任何理论只有应用于具体实践才能体现其相应的价值,在对移动微学习的理论有了系统的把握后,本章将重点转移到移动微学习的应用开发实践上来,在基于前面理论的基础上,有针对性地、具体地阐述移动微学习应用系统的设计与开发实践过程。

第一节　移动微学习系统分析

一、系统需求分析

　　根据对移动微学习理论及现阶段的特点进行分析发现,要满足新时期移动微学习的需要,移动微学习系统的开发应满足学习者学习方式的持续性、可访问性、直接性、交互性、主动性和教学行为的场景性等特点,在微内容、学习主体和学习环境三个方面深入分析,明确用户对系统的具体需求。

　　1. 微内容是移动微学习系统开发的基础

　　移动微学习系统的核心是课程,是课程将教育工作者和学习者之间关联起来,移动微学习系统的开发是以微内容为基础而展开的。微内容的设计以教学论为基础,结合现代教育的方式方法,指导应用系统的功能划分。从世界范围看,移动微学习的研究和应用已有一定理论以及实践基础,涉及中小学、大学、职业培训、远程教育、非正式学习等不同教育层次和学习形态,覆盖各级各类学校、政府机构、办公场所、城市和乡村等不同场景。在国内,移动微学习开始得到越来越多的关注,但是与移动技术在其他领域,如办公、家庭、交通等领域的应用和推广相比,教育还是被移动技术应用所忽略的领域,与移动微学习相关的理论和应用研究也还刚刚起步,本书的研究正是移动微学习理论实践的一个尝试。

　　2. 移动微学习的主体是学习者

　　移动微学习中的学习者具有一定的基础,学习具有很强的针对性,学习动机也比一般学习者强。移动微学习的开发必须考虑学习者学习期望的变化,这是影响其学习动机的根本;学习以社会经验为基础,是一种互相协作的活动,通常相互的协作可以激发人的学习兴趣,开发人的智慧,增强人的能力。

网络技术为自主学习、主动学习提供了更方便的学习方式,而当下,移动技术的发展让这种学习方式变得更灵活,移动微学习课程要求学习方式从传统的、被动地接受、封闭的学习方式转变为主动的、发现的、协作的学习方式,提倡探索与自觉,发挥学习者的主题意识、创造性和实践能力,使学生真正变为学习的主人。黄荣怀教授认为,为保证成功的自主学习发生,应以"丰富的学习资源和清晰的学习线索"作为关键输入,以"流畅的学习平台、稳定的网络通信、便捷的辅助工具"作为基础,为学生提供"主动性学习支持、周到的学习服务、及时的反馈响应"等,从而实现师生、生生的深度交互,使学生在"即时作业"中得到学习成就感,如图7-1所示。

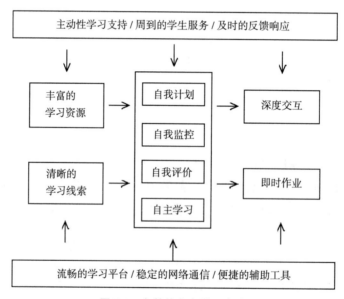

图7-1 有效的自主学习方式

根据图7-1描述,为了实现为学生提供"主动性学习支持、周到的学习服务、及时的反馈响应",移动微学习系统的开发需要依据学习者的特征,在技术上、环境上、个体因素和学习特性的不同需求下提出对应的解决方法。同时,除了移动微学习系统的架构外,稳定的网络通信和便捷的辅助工具必不可少。

3. 移动微学习环境是移动微学习顺利开展的保障

移动微学习环境是为促进移动微学习者发展而设立的空间。通常,移动微学习的网络环境包括适合各地使用的信息传播网络(手机网络、移动网络终端、电信和数字卫星网络)、网络教学平台、教学资源以及学习支持服务体系。这个特殊的学习环境是来自于各种资源、工具、教学者的支持、心理环境等要素的集合。

移动微学习环境是以学习者为主体,以信息网络为基础、以完备的教学平台做枢纽,辅以优良的学习单元,以及完善的学习支持服务体系。移动微学习平台、学习者、移动技术支持和微内容资源构成移动微学习环境,四者之间的关系如图 7-2 所示。

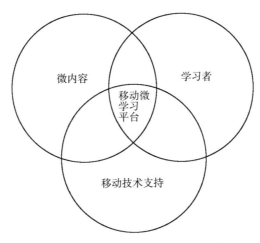

图 7-2　移动微学习环境要素之间的关系

其中,移动微学习平台将学习者、微内容、移动技术支持服务连接起来,使之组成一个相互作用、交互的整体,它的功能直接影响着整个学习环境的运行以及维护的质量。移动微学习环境的分析(如平台的运行环境、学习平台的架构、学习者所能使用的功能等)对后续学习内容的设计将产生很大影响,微学习平台的架构更是微内容中各种学习活动、任务运行实施的重要保障。

综上所述,由于微内容是移动微学习系统的基础,好的内容更能吸引学习者的参与和投入。同时,学习者是本系统的主体,在系统的开发上,因应学习者的特征,从课程概况、视频课件、辅助材料、论坛互助这四方面着手,因应环境和个体需要,在系统设计上应用所支持的点、划、拖等触控技术,在技术实现上能给予学习者最好的用户体验。最后,在网络环境上应该兼顾考虑联网和脱机的情况,虽然很多移动设备是支持移动通信网络,但移动通信网络费用是个问题,另有部分的设备仅支持无线 WiFi 作为网络接入方式,因此,在网络接入方式上优先考虑 WiFi,在数据传输速度和节省流量方面均有优势;而在无网络连接的环境下,提供离线下载功能,也就是联网的时候下载,脱机的时候播放,这样会更好地覆盖各种学习环境下的学习需要。

二、系统目标

以移动微学习的特点、理论基础和移动微学习的实现方式为基础,建构基于智能手机平台的移动微学习系统时,应将以下几点作为实现目标。

1. 系统定位的合理化

在创建移动微学习系统时需要明确该系统的服务对象是谁？服务对象在什么时间、在哪里接收服务？系统主要提供哪方面知识的服务？进而分析系统建立的环境，确定学内容，建立平台或者应用，使学习者与服务提供方可以不受时间、空间的束缚，随时随地、灵活地根据自我需求进行学习和工作。

2. 支持多种学习模式

移动微学习系统是一个以学习者为中心的、移动的微学习平台，平台应用的开发设计应以学习者为中心，从学习者的角度思考，什么样的学习模式有利于学习者知识的建构，什么方式能最大程度地激发学习者的学习兴趣，为解决这些问题，移动微学习平台应用要能够支持个别化学习模式、协作学习模式和讨论式学习模式甚至混合式学习模式，从而在真正意义上体现移动微学习的灵活性和适应性，将移动微学习的成果最大化。

3. 实现在线学习和离线学习的统一

在移动微学习系统中，不容忽视的一点是，移动微学习的学习形式包含万千，大方面概括起来可分为在线学习和离线学习，移动微学习平台的开发中，应当满足学习者在线学习和离线学习的双重需求。在线学习稳定性差且会增加无线网络的带宽压力，可能影响学习者的学习积极性。离线学习稳定性良好但在资源更新方面存在不足，并且离线学习对智能终端的存储是个很大的挑战。因此，要考虑多种学习方式的结合，满足学习者在线学习与离线学习的双重需求，既考虑到移动带宽的在线学习问题，又能兼顾离线学习的资源大小和资源更新。

4. 提供真实情境的学习情境

在移动微学习系统中，由于不受时间、地域的限制，并且有各种移动人机交互技术作为支撑，可以为学习者提供真实的学习情境，即学习形式可以呈现真实的学习任务和问题。这样的学习方式应用，一方面可以进一步提高学习者的学习兴趣，另一方面也使学习者将学习与现实生活结合起来，提高学习者知识迁移和解决实际问题的能力。

5. 界面设计友好、简明

由于移动设备的显示屏大小有限，因此在界面设计时应当做到界面简明、美观；操作简单，无需大量的预备功能；提供信息详尽、准确且恰当。

三、微学习设计的基点与原则

对面向非正式学习的微型学习设计目前比较主流的观点认为，设计思路应采取有别于以往系统化、结构化设计和维护学习管理系统（LMS）的思路，转向适应与支持学习者非正式化带有一定自然性的"个人学习环境"（Personal Learning Environment，简称

PLE)的创建。来自 IBM 公司的学习技术专家史蒂夫雷伊(Steve Rae)分析非正式学习的主体作为一般意义上的自由学习者希望自主建立信息和知识之间有价值、有意义、有意思的联系,微型学习设计的目标正是为实现非正式学习的有效发生提供优质的资源与路径支持。林德纳等人进一步具体提出微型学习设计中需要考虑的若干重要基点,这些基点包括简洁性、行为驱动、随意、流程、参与点和开放性等。综合考虑以上分析与观点,针对"学什么"即学习内容层面的设计考虑和"怎么学"即学习体验层面的设计思路,笔者提出在微型学习设计的六条基本原则。在内容设计层面,对内容组块、内容结构、内容呈现方式提出了三条设计原则,分别是切分内容组块原则、隐含结构流程原则和简化交互界面原则;在体验设计层面则提出了适应非连续注意状态、激发学习者随机参与和为学习者创设愉悦学习体验三条原则。

1. 设计原则之一,切分内容组块

学习的微型化首先体现在学习内容组块的知识念量和学习时间的长度体量,在学习设计中应尽可能地将宏内容形态的学习资源合理切分为微小的学习组块,并且应注意组块的自包容性,可以将其分割为微小知识点或单一主题,以便使学习者可以在较短的时间内完成,以微型知识点形式提供的宏内容,更容易为学习者循序渐进地接受、吸收、消化,并能提升其学习自信心。

2. 设计原则之二,隐含结构流程

在微型学习的活动与内容设计中应当综合考虑片段化分散的微型内容之间建立一种隐含的结构流程。微型内容是片段化松散联结的,但对于微型学习设计而言,如何使这些片段形成有意义的联结体是设计者面临的难点之一。既要考虑适应微型内容的相对独立性,又要在看似松散的内容背后隐伏着某种潜在的关联,并使学习者可以在不断的学习体验中逐渐形成一个暗隐连续的结构。这种隐性序列通常可以考虑由设计者推送的预置路线与学习者自由抉择的个人路径相结合。

3. 设计原则之三,简化交互界面

微型学习设计首要遵循的原则应当是交互界面的简洁性和操作任务的低技术门槛。根据上文所划分的媒介生态的四层架构,微型学习中的交互界面实际上牵涉多个层面的人机交互,如学习者与终端设备的交互、与应用服务系统的交互、与内容的交互以及与技术标准的交互。微型学习过程可以看做是由一系列微刺激与微反应构成的微活动流。这些活动基本上都需要学习者与设备或应用系统之间实现交互,而这种交互的技术难度在微型学习设计中应当尽可能地简化、直观化、简约化、实用化。在微型学习设计中应当注意到,交互方式的简易与交互界面的友好决定着交互的持续,制约着学习行为的发生可能与发生频率及持续时间等。

4. 设计原则之四,适应非连续注意状态

微型学习设计需要在设计的学习活动中适应学习者非连续的注意状态。微型学习的应用要考虑让学习者感觉到学习是可以随时随意发生的,不用长时间集中注意力,只需要处于一种"非连续性部分注意"状态即可。微型学习中所使用的一些媒介终端设备,比如手机,天生便具有边缘和随意的特性。作为一种后台设备它能够很轻易地被使用者调入前台交互,在简短的前台表现后,又再次退入后台静候。成功的微型学习应用在设计中应当考虑适应微型学习者的这种动态游离着、边缘性的不固定非连续注意状态。

5. 设计原则之五,激发学习者随机参与

微型学习作为一种非正式学习的实现模式,不能依赖于学习者自身存在的一个持续强烈的学习动机,相反学习者基本处于一种边缘性的投入与非连续的注意状态,设计者应考虑如何获取和控制学习者的注意力,不断给予可激发学习投入和持续注意的刺激与反馈,这种激发动机满足需求的设计思路或可借鉴已相对成熟的用户体验设计模式和方法。

6. 设计原则之六,创设愉悦学习体验

微型学习设计还应注意为学习者创设自由快乐的学习体验。让学习者在微型学习体验中始终有一种自由开放、快乐愉悦的感觉,这也是设计者在学习环境、活动与资源创设中需要相当留意的设计准则。这种自由和开放性体现在心态的轻松自在、注意力的收放自如以及对学习内容的自主选择和自我创造等多个方面。

分属内容设计和体验设计的原则之间也存在着一定的关联性。依据切分内容组块原则,将学习内容切分为组块,可减少学习负担,提升学习自信、提高学习兴趣,从而获得学习快乐体验;而隐含结构流程原则则为随机进入学习提供可能,从任意学习节点进入都可与松散结构中的其他节点获得关联,并可进入到隐含的学习流程中;内容设计层面的简化交互界面设计可更好地适应学习者非连续的部分注意状态,有助于其迅速、便捷获得所需学习内容。

第二节　移动微学习开发环境与技术

一、移动微学习系统开发环境

1. 移动智能终端操作系统比较

当前,移动智能终端操作系统已经被苹果公司 iOS 和谷歌公司安卓(Android)所统治,并占据了绝对的市场份额。微软通过构筑 Windows Phone 生态系统,试图挽回在移动互联网领域的失势。这三大巨头通过智能终端操作系统,根据自身特点及优势构建相应的应用生态系统,"三足鼎立"逐步形成,市场格局趋于稳定。

iOS本身具备的最大优势是操控性极高的点触式用户界面,完全摆脱了手机的传统键盘。随着iPhone在手机市场上的畅销以及苹果公司推出的App Store策略,iOS的应用程序也越来越多,但系统的完全封闭和应用开发的收费在一定程度上也限制了iOS的进一步发展。

Android,智能手机操作系统中发展速度最快的操作系统,优点是:完全开放,开发免费,可供下载的应用软件非常多,绑定了谷歌的一些服务。但和前者相比,Android的稳定性不够高。应用软件的品质参差不齐,也是影响Android性能的一个因素。iOS与Android的比较如表7-1所示。

Windows Phone作为微软公司继Windows Mobile之后开发的移动智能手机操作平台,其与微软公司其他平台的兼容性是其独有的优势。和苹果iOS的缺点一样,系统的完全封闭,应用开发需要收费,以及手机产品的昂贵,都使Windows Phone的前途变得不太明朗。

为进一步探讨智能操作系统的应用领域,尝试将代表非开源操作系统的iOS和代表开源操作系统的Android从开放程度、开发环境、开发模式、应用发布方式和技术与法律责任等方面进行比较。

表7-1 智能操作系统比较

	iOS	Android
系统类别	非开源操作系统	开源操作系统
开放程度	源代码封闭,API开放,操作系统不可修改	源代码开放,API开放,操作系统可以自由修改
开发环境	苹果专有集成开发环境Xcode	开源集成开发环境Eclipse+Android开发组件
开发模式	开发者需注册并购买开发许可	开发者可进行一定程度上的免费开发
应用发布方式	第三方应用需提交苹果应用商店审核发布	第三方应用可一定程度地由开发者自行发布
技术与法律责任	苹果公司负责操作系统、应用程序的完善性和安全性并承担责任	终端厂商负责操作系统的完整性和安全性并承担责任,第三方开发者负责应用程序的完整性和安全性并承担责任

2. Android应用开发环境介绍

在众多的安卓开发软件中,Eclipse是这类软件中的佼佼者,该软件占用系统内存不大,运行稳定,而且开发效率高,使用方便。最重要的一点,该软件不是付费软件。另外,为了满足广大爱好者的使用需求，OHA 公司还特意在 Eclipse 软件的基础上，插入适合于在安卓系统下开发使用的插件，该插件使用方便，能为开发者提供便利。在编写 Java 程序过程中，该插件发挥了巨大的作用。在建立安卓开发平台时，主要涉及以下几个方面，其步骤大概如下。

首先，用高级语言里面的 Java 语言来编写安卓应用层的程序，因而在操作和使用 Eclipse 应用软件时，首先要确保 Java 的工作环境工作正常，否则有可能无法正常启动 Eclipse 应用软件，因此需要在此前安装 Java 的工作环境即 JDK 程序，并对 Java 的工作环境和变量参数进行设置，使其可以在 Eclipse 应用软件环境下正常运行。

接着，因为安卓应用层的程序编写是用 Eclipse 软件来完成的，因而我们需要安装 Eclipse 软件，Eclipse 软件程序的安装包可以在官网上下载，解压并安装则可以正常使用 Eclipse 软件，除此之外还需要安装适用于 Android 系统的插件 ADK。

然后，安装 SDK 应用软件。对安卓底层和应用层的开发主要用到的软件就是 SDK 应用软件，SDK 应用软件集成了大量安卓系统开发用到的库函数，这些库函数是我们在对安卓进行应用层开发的必备函数之一，这些函数使得我们在开发安卓系统时变得简单便利。另外，在完成安装 SDK 应用软件后，还需要设置 SDK 应用软件中 SDK tool 插件的环境变量，最后建立 Eclipse 应用软件和 SDK 应用软件的关系，则完成了 SDK 应用软件的安装。

最后，为了使自己开发的安卓应用程序可以在电脑上执行，调试应用软件中存在的 bug，还需要建立 SDK 应用软件。SDK 应用软件是安卓应用程序的模拟器，在该软件上可以看到已经编写的安卓应用程序的运行效果。

3. iOS 应用开发环境介绍

苹果智能终端的开发语言为 Objective-C，而 Objective-C 是计算机语言，程序员需以此为基础编写应用程序，正如微软为开发人员提供了 MSDN，苹果公司为开发人员提供了 Xcode（官方主页 http://developer.apple.com/technologies/tools/）。Xcode 是苹果公司向开发人员提供的集成开发环境，用于开发 Mac OS X 的应用程序，自然包括我们需要的 iOS 移动微学习系统。Xcode 支持项目管理、编辑代码、构建可执行程序、代码级调试、代码的版本管理、性能调优等。这个套件的核心是 Xcode 应用本身，它提供了基本的源代码开发环境。Xcode 软件界面如图 7-3 所示。

第七章 移动微学习的开发与实现

图 7-3 Xcode 4.0 开发环境界面

从 Xcode 3.1 开始附带 iOS SDK，作为 iOS 的开发环境。使用 Xcode 开发 iSO 移动微学习应用的流程如图 7-4 所示。

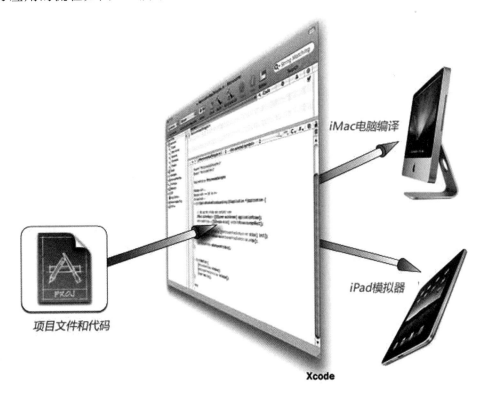

图 7-4 iOS 应用程序开发流程图

首先在 Xcode 创建一个 iOS 项目(也称程序),通过 Xcode 中强大的文本编辑器编写代码,由于 Xcode 支持代码补全、语法高亮、代码折叠(临时隐藏代码块)以及为错误、警告和注释提供内联的解释等功能,可使编写代码的过程准确、高效。同时 Xcode 的构建系统提供了恰当的默认配置,可以按照自己的喜好设置环境。如果需要文档,Research Assistant 提供了上下文相关的文档,在 Xcode 中的文档窗口可以浏览和搜索信息。在 Xcode 构建应用程序时,可以选择为 iMac 模拟器或是 iPad 设备进行构建。模拟器为程序提供了本地的测试环境,以保证程序是按希望的方式运行。当对程序的基本功能表示满意之后,可以使用 Xcode 构建它并连接在电脑上的 iPad 或其他苹果设备运行。在设备上运行提供了最终的测试环境,并且 Xcode 允许在运行设备上的代码附加内置的调试器。

二、移动微学习系统开发相关技术设计

1. 移动应用人机交互设计的实施原则

在移动互联网迅猛发展的时代,各种便携式移动终端极大地改善了人们的工作和生活方式,并已经成为人们的日常必需品。人们不仅仅满足于移动终端应用丰富的功能和强大的处理能力,用户体验设计更是得到了广泛的关注和重视。这就要求设计开发者在移动微学习终端应用的设计中客观地分析以及遵循交互设计实施原则。

(1) 合理布局,高效利用有限屏幕尺寸。

以手机为例,虽然手机屏幕有不断变大的趋势,但与桌面 PC 机相比,屏幕空间明显较小,每屏无法显示足够多的内容,不能用空隙和辅助线来划分区块间的关系,全局导航条的设置受到限制。针对这样的实际情况,要求设计对象更小、更弹性。首先,应用要满足主流屏幕的尺寸及分辨率。其次,可将总任务拆分为多个子任务,利用逐层划入的菜单,合理地将学习内容的继承关系组织起来,确保每层内容不要过多,逻辑清晰,操作流畅。最后,舒适的页面元素布局可以让拇指自由地操作并充分地休息,拇指需要在界面上来回滑动和点击,尽量保证控制元件的布局不会干扰到实际内容,这也是为什么手机应用导航多出现在屏幕下方的原因。

(2) 界面简洁,减轻用户浏览负担。

"不管你的界面有多酷,少一些会更好"。交互设计之父阿兰·库珀(Alan Cooper)倡导简约设计,他提出,在简约设计中每一个选项都应该有目的并且是直接的。阿兰·库珀主张减少用户界面中过多的直接选项。他认为,在一个精心设计的 UI 中,用户界面对用户几乎是透明的,因为它自然地符合了用户的思维模式。在移动终端微学习应用中更是如此,可通过减少控件的数目和突出显示重要信息使每屏的内容尽量简洁、直观化,

当前界面的内容及按钮应与当前任务(根据前面讲到的,当前首任务很可能是一个子任务,比如学习资源查询的一个过程页面)有密切的关联,上一级或下一级的内容不出现在当前页面中(返回按钮除外)。合理地减少选项,可以使用户按照思维模式"顺其自然"地走下去。此外,留白对于移动应用的界面设计是值得认真尝试和思考的,因为没有多余的浪费空间,对像素级细节的把握能力显得越发重要,利用留白来表达视觉元素间的关联及分组关系,也可以实现轻松的用户体验。

(3) 细化场景,综合运用交互方式。

移动微学习用户多是在什么样的场景下使用应用呢?对于这个问题,我们会想当然地认为学习者的使用场景会在快速移动的不稳定环境中,有难以集中的注意力和其他不确定复杂因素。其实,这只是实际情况的一部分,多数情况下移动应用的使用环境比我们想象的更稳定,用户的注意力更集中。如果我们仔细思考不难发现,在地铁、公交站、候车厅、汽车中、沙发上,甚至是夜晚的床头,这些我们经常使用移动应用的场景都是相对稳定的,用户的注意力也可以非常集中。可见"移动"的场景并没有过多地限制我们对移动应用的开发,相反,移动终端的载体还有传统网页所不具备的 GPS、内置麦克风、摄像头、触控、陀螺仪、罗盘等配置。如果我们能将这些优势应用在交互设计上,就能在很大程度上提高操作系统的功能性。

(4) 避免输入,提高操作方式察觉性。

即使是在 iPad 这样屏幕较大的移动终端上,按键输入也会减慢用户操作的速度。过多的文本输入不仅会浪费用户的时间和精力,还会增加操作失误的概率,反复几次后会让用户形成挫败感。可通过使用列表选项的形式和增加控件的可记忆性等途径避免输入,更多地依靠手势来完成操作。移动客户端支持拨动、转动、多指、摇动等多种手势,其中使用最多的是横拨、竖拨、长按、转动和晃动。这些手势让客户端体验有了不一样的尝试,将最常用的功能逻辑性地与这几个手势结合将会给用户带来最大的便利。需要注意的是,应该设计一些线索来提高操作方式的察觉性,也就是说这些隐藏的操作方式需要被用户感知到并尝试操作,一般的做法是配上控件或者设计不完整的页面,还要搭配合情合理的操作手势。

(5) 积极反馈,提高操作系统可视性。

移动微学习应用应该在必要的时候给予用户合理的反馈,让用户知道当前的运行状态,是否可操作及可操作的范围。比如 iPhone 的运行指示,可以清楚地表示后台有程序正在运行。很多联网的操作应该配以可见的图标来指示用户的操作是否有响应。合理的反馈和提示能正确引导用户的操作流程,明确地告知用户正在运行比告诉用户任务已经完成重要。反馈可以通过多种形式实现,包括界面元素、声音、影像变化和物理位移

(如震动)等。

除上述原则以外,移动微学习交互设计在移动终端应用中还有一些与传统 Web 页面共性的原则,如一致性原则、对齐原则、组块原则、形式追随功能等原则。我们不仅要了解和掌握这些原则,还要能够通过技术手段将其实现,针对移动设备特性在视觉与交互方式等方面专门进行打造,从而得到人和交互对象相得益彰的相处方式,实现快速设计、构建人机友好移动微学习应用。

2. 手机软件的界面设计原则

手机客户端软件界面是置身于手机操作系统中的人机交互的窗口,设计界面必须基于手机的物理特性和软件的应用特性进行合理的设计,界面设计好坏会直接影响到学习者的学习效果,所以界面设计的重要性不言而喻。总的来说,手机客户端软件界面设计必须简单、方便,不需要用户花费时间刻意去学习软件用法,除此之外,手机移动学习界面设计还需注意以下细节问题:页面布局、资源呈现、色彩使用等。

(1) 页面布局。

页面布局看似简单,实则是技术和艺术的高度结合体,是内容组织的主要呈现效果,是用户使用的第一印象。手机屏幕设计与 PC 屏幕设计最大的不同就是设计空间急剧缩小,为了避免屏幕看起来杂乱无章,就要合理地进行布局以使软件界面清晰、合理、简洁和美观,而且各构成要素间的大小、位置和比例要和谐,要基本符合大多数人的视觉规律与认知特征,这就要求设计者要充分利用手机屏幕的有效面积,对呈现在页面上的各种信息进行合理的布局和谋划。

另外,导航的设计对于手机软件的设计来说至关重要。导航之于软件,就像航道之于天空中的飞机,用户需要随时知道自己所处的位置,而且要能迅速、准确地到达自己的目标位置。因此,它在移动学习客户端软件设计中具有举足轻重的地位。在设计移动学习资源时必须进行导航设计,以引导学习者更好、更有效地利用手机移动学习资源。导航的设计要求菜单层级不能太多,5 级以内最好。设计风格要统一,例如字体和整个布局的背景色,要有特色但不能太标新立异,使用的图标或按钮与常见的大致相同,让用户对某个按钮或图标的功能一目了然。

(2) 资源呈现。

界面的设计应时刻围绕"信息传递"这一主题来进行,影响信息传递的重要因素就是信息量的大小和信息的本质特征,如果呈现的信息过多,屏幕上的各种要素对学习者注意力的干扰性就会增大,可以毫不夸张地说,内容太多会将学习者淹没,让学习者无所适从,这样用户在查询信息时,要找到需要的信息就更困难了。更糟的情况是,用户会产生倦怠感,所以,不能使资源呈现时充满整个屏幕。当呈现的信息量过多时,要考虑用分屏、滚屏显示方案解决。当然滚屏也要做到有度,比如在主界面时,不能设成滚屏,主界面是用户登录进入时的界面,要简洁明了,若是下面级联的内容界面,则可以考虑用滚屏实现。另外,手机移动学习内容的菜单设计应以级联形式为主,而且最好不要超过5级。

(3) 色彩使用。

颜色是影响页面的重要因素,人眼在观察物体时,最初的20秒内,色彩感觉占80%,外形只占20%,2分钟后,色彩占60%,外形占40%,5分钟后,各占一半。随后,色彩的印象在人的视觉记忆中持续保持。从某种意义上来说,如果界面设计时色彩能运用得当,不仅能给用户美好的第一印象,进而吸引学习者的注意力,激发学习者的学习兴趣,更重要的是能使页面上的内容主题分明,重点突出,脉络清晰。

所以,在设计界面选择其颜色时,要注意以下三个方面:第一,颜色、数量适度,色彩的数量不是越多越好,相反的,过分花哨的界面不仅能使人眼花缭乱,引起注意力的分散,而且很容易让人产生视觉疲劳,尤其同一页中切记不要使用太多的颜色,不然就像一个人穿了太多颜色的衣服变成小丑。第二,颜色的象征,颜色有冷、暖色之分,人们对不同的颜色会引发不同的联想,产生不同的情绪,比如看到绿色会想到春天,感到清新,黄色会让人想到阳光,感到温暖,黑色会让人想到夜幕,感到寒冷等。第三,色彩的柔和度,由于手机屏幕较小,选用颜色时要避开刺眼的颜色,以免加重眼的负担,尽量选用柔和的颜色。

总之,在界面设计时,一定要遵循上面的原则,还要注意保持一致性,包括一致的导航设计、一致的操作设计、一致的结构设计,当然这并不意味着呆板和一成不变,可以在不同的栏目使用不同的风格,但"一切为了用户"这一核心设计理念应始终贯穿设计的整个过程中。

3. 手机软件的功能设计原则

软件的功能是软件最具特色的部分,也是一个软件能否长期被用户青睐和使用的一个重要方面。

(1) 软件速度。

在运行应用程序时,速度快或许不会引起用户的觉察,一般来说,响应时间要控制在8~9秒以内,如果软件响应速度过慢,用户就会失去耐心,自然会影响到对整个软件的评价。另外,在执行复杂任务需要较长等待时间时,屏幕要显示相关提示如"正在加载中……"并配以进度条显示,减轻用户等待的焦躁感。最好的处理方法是当需要加载数据时,把加载的服务放在后台运行,Android中的Service能很好地完成这个功能,这样就避免了使用户长时间滞留在某个页面的可能,从而增加了用户的满意度,给用户以美好的使用体验。

(2) 用户输入。

手机本身的特点使用户若要在上面输入大量的文字很麻烦。因此开发者在软件设计时应尽量使用户不必进行过多的输入操作,这就要求软件针对用户操作有记忆的功能,最好能对用户行为做出预测,从而减少用户的输入。淘宝手机客户端的搜索框中,当用户输入一个"百"字时,下拉框中就会出现很多以"百"开头的条目,用户可以从下拉框中选择,若没有理想的条目,用户可以继续自己输入,这就是 Android 系统中提供的 AutoComplete 功能,它能让用户在与应用程序交互时,减轻甚至减少用户输入。

(3) 课长设置。

智能手机的特点必然使课程的时间不能太长,而且通过对调查问卷的分析,大学生上网时长多为 15 分钟至 1 小时。每个模块的时间应控制在 30 秒到 5 分钟之间。对于简短类的模块,例如谚语、词块,本身具有比较琐碎而且耦合度低的特点,所以非常适合智能手机移动学习。而稍微长一点的阅读,像优美短文之类,要添加设置书签功能,以减少用户在下一次进行阅读时的查找时间。

(4) 内容分类。

移动微学习的学习内容虽然是微小的、模块化的,但同样是一个整体,故移动微学习应用客户端功能设计上应根据学习内容的不同,分类管理学习资源,同时也要兼顾学习内容的内在联系性,不可孤立某一项,否则不仅用户会因为软件的功能单一而感到疲倦,而且知识的掌握也不系统。比如:"流利说"是针对英语口语学习的一款软件,但在功能设计方面,设计者应不仅单方面考虑英语口语的学习内容,同时应兼顾"生词本"内容管理和其他语种口语练习平台等功能。软件功能设计兼顾很多方面,使学习者不必在有限的碎片时间段中频繁地穿梭在各个程序之间,有效地提高了学习者的学习效率。

第三节 移动微学习系统功能分析与设计

一、系统总体结构框架

借鉴目前已有的移动微学习系统的设计经验,移动微学习系统分为表示层、业务逻辑层和数据服务层。其中,表示层位于客户端,业务逻辑层和数据服务层位于服务器端。如图 7-5 所示。

第七章　移动微学习的开发与实现

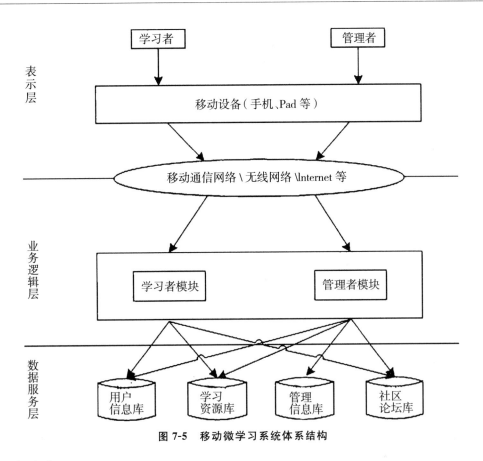

图 7-5　移动微学习系统体系结构

1. 表示层

表示层位于客户端,是用户与系统客户端直接交互的界面,负责系统平台与用户之间的会话及交互处理。表示层在客户端通过触屏技术和语音技术等人工交互技术来实现用户与业务逻辑层处理结果之间的通信。

2. 业务逻辑层

业务逻辑层位于服务器端,用于封装系统的业务服务,是系统的核心,负责接收表示层的应用请求,对其进行业务处理的逻辑判断:若不通过,返回给表示层相应的提示信息;若通过逻辑判断,则调用数据库中相关内容,进行数据处理,并将处理结果返回给表示层,该过程如图 7-6 所示。移动微学习应用客户端的系统业务逻辑层按前、后台分类划分为学习者模块和管理者模块。

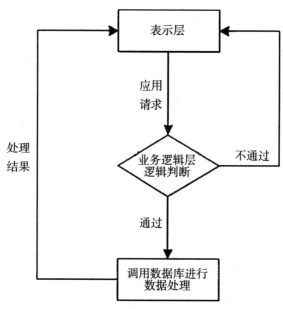

图 7-6　业务逻辑层逻辑处理流程

3. 数据服务层

数据服务层也位于服务器端,为系统所有数据提供来源。一般移动微学习应用的系统数据服务层包括用户信息库、学习资源库、管理信息库和社区论坛库。

用户信息库除了记录教师和学生的基本信息外,还记录学生的学习过程信息和教师的教学过程信息,管理信息库包括各种教务信息、教学动态,而且还包括网上供选课的课程信息,例如课程名称、授课教师、学分、课程的说明等以及学生选课信息。学习资源库包括课程库、任务库、试题库和问题库等各种类型的学习资源(文本、图片、动画、音频、视频等)。学习资源库对于学习者是开放的,移动微学习应用中的学习资源可来源于学习者,这样可以充分发挥学习者的作用。它们是按课程和资源类型进行分类的,用户可通过课程名称、资源类型和资源名称进行检索。而且,各类资源包括在线资源和可供下载的资源。论坛库中包括用户交流的各种信息。

二、系统功能分析与设计

移动微学习应用客户端的功能模块主要由学习者模块和管理者模块两大部分组成,具体功能模块如图 7-7 所示。

第七章 移动微学习的开发与实现

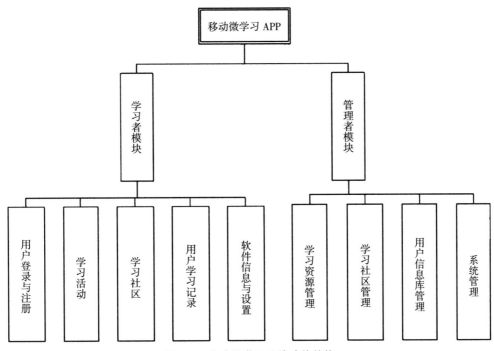

图 7-7 移动微学习系统功能结构

1. 学习者模块

学习者模块是移动微学习应用 APP 端,是移动微学习应用的核心部分,学习者通过手机 APP 端与后台数据进行交互活动,开展自主学习活动。主要功能如图 7-8 所示。

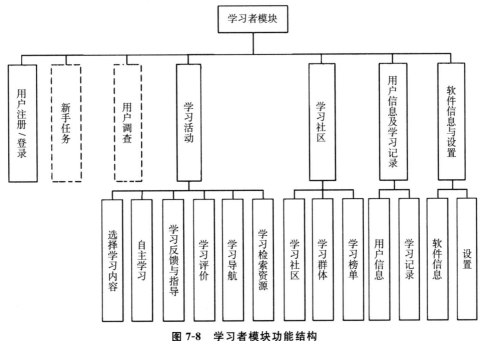

图 7-8 学习者模块功能结构

(1) 用户登录。

根据学习内容的不同,移动微学习的学习者分为游客身份和用户身份。现阶段,大部分移动微学习应用客户端都有用户注册或者登录的设计。相比以游客身份登录,以用户身份登录形式进行的移动微学习不仅便于特定学习者的学习跟踪与记录,同时也利于学习者对自身学习行为在学习社区中的表现进行判断,以游客身份登录的学习者最大的考虑在于身份信息的隐私性问题,这也是移动微学习系统设计后台中需要考虑的重要内容。保障用户信息的安全,可使更多的学习者参与到移动微学习中来。

一般移动应用的用户登录可以直接使用各大网络平台的账号,如 QQ、微信、微博等,也可进行用户注册。用户登录和注册流程如图 7-9 所示。

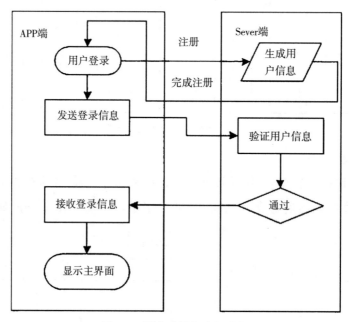

图 7-9 用户登录和注册流程

(2) 新手任务。

新手任务模块旨在让系统的初次使用者在短时间内熟悉当前移动微学习应用客户端中的知识学习活动流程以及客户端的使用方法。

(3) 用户调查。

用户调查功能一般出现在初次客户端的使用过程中,学习者在完成用户注册或者登录操作后,系统针对用户的某些基本信息,如学习内容、学习者性别、学习者年级等进行用户调查交互,确定学习者的学习基本特征及学习倾向,以利于移动微学习平台针对每个学习者不同的学习特点,有针对性地向学习者进行消息推送,推荐学习者感兴趣的学习内容。

(4)学习活动。

学习活动是前台学习者交互和移动微学习应用的核心,主要项目包括:选择学习内容、自主学习、学习反馈、学习指导、学习评价、学习导航和学习资源检索等。自主学习流程如下:

① 选择学习内容。不同学习活动对应不同的学习内容,学习者可根据自我需求,个性化选择感兴趣的学习内容。为方便不同学习场景和学习需要,选择学习内容后应提供内容下载功能,以便学习者离线学习。学习内容根据活动和资源设计的不同可分为文本、音频、视频、动画等。

② 自主学习。即学习者根据所选学习内容进行自主学习。针对不同的学习内容,学习活动可分为任务式、游戏式、问题解决式、活动探究式、情境式、真实模拟式等学习方式。

③ 学习反馈。学习是一个交互的过程,在移动微学习应用中,少了传统教育中教师的角色,故而学习者进行学习活动时,移动微学习应用需要不定时地对学习者的学习过程进行适当、适时的反馈,降低移动微学习应用中由于传统教师角色的缺少而可能给学习者带来的孤独感。

④ 学习指导。即学习者在学习过程中遇见某些问题,移动微学习应用系统针对问题对学习者的学习提出必要的指导。基于移动微学习应用的学习指导一般在设计之初就考虑好学习者可能需要的学习指导,以便学习者在学习过程中能够直接从后台数据库中调用相应的资源对学习者进行必要的指导,以解决学习延迟的问题。

⑤ 学习评价。学习评价是移动微学习应用客户端对学习者的学习活动进行的相关评价。针对不同的评价原则,评价方式也有所不同。常见的评价方式有过程性评价与总结性评价。

⑥ 学习导航。移动微学习的"4A"属性等特性决定了移动微学习应用中学习导航在移动微学习过程中扮演着重要的角色,良好的学习导航可防止学习者在信息的海洋中迷航,同时,机构化的学习导航也有利于学习者知识的主动加工与建构。

⑦ 学习资源检索。移动微学习应用的学习资源检索应为学习者提供良好的、系统的信息检索功能,学习者可以通过对特定学习资源的检索,方便、快捷、高效地在资源的海洋中找到自身所需资源。

(5)学习社区。

学习社区是学习者自由组织的学习共同体,以供学习者进行学习交流和资源共享。主要服务有学习社区、学习群体和学习榜单等。

① 学习社区。学习社区主要由在线学习者自发组成,常见的主要形式有贴吧、社区

活动等,学习者可以在社区中分享与交流学习成果、学习提问与解答以及参与社区学习活动。

② 学习群体。学习群体主要由学习者自发构成。群体成员可以直接链接当前流行的移动通信软件,如 QQ、微信等,也可以由系统自动生成新的学习通讯录。

③ 学习榜单。学习榜单主要记录学习者在整个学习社区中各项成就的排名,以激励学习者不断进行学习。

(6) 用户信息及学习记录。

用户信息模块是对学习用户学习信息的总记录,主要包括用户信息与学习记录两个模块。

① 用户信息。用户信息是用于记录移动微学习应用客户端当前学习者的基本信息,以及实现学习者账号的切换等基本功能。

② 学习记录。学习记录用于跟踪学习者的学习,主要记录有学习者的学习时间、学习成果、学习评价以及学习所得的奖励等信息。根据学习内容的不同,一些客户端中此模块还记录有学习者的学习辅助内容,比如英语口语微学习中一般还会记录学习者学习过程中某些单词的记录。

(7) 软件信息与设置。

软件信息与设置模块是对客户端信息的基本介绍以及学习者对学习活动中某些信息的设置。

① 软件信息。软件信息主要是介绍移动微学习应用客户端的基本信息,包括软件版本信息、软件反馈以及常见问题等内容。

② 设置。除了一般的移动应用客户端设置之外,移动微学习应用客户端的设置中还应包含有学习活动设置(如学习反馈的设置、学习时间的设置)、学习内容的管理(如离线下载学习内容的清理)等微学习设置。

2. 管理者模块

管理者模块属于移动微学习应用后台终端部分,主要负责移动微学习应用客户端中的学习资源管理、学习用户管理、系统管理以及学习社区管理。主要功能结构图如图 7-10 所示。

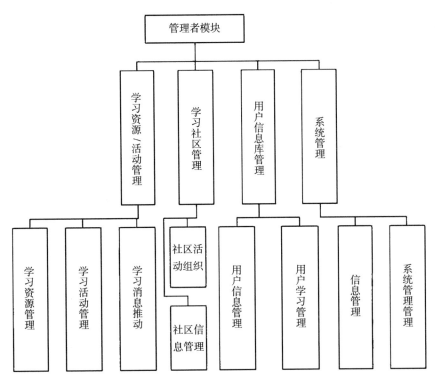

图 7-10　管理者模块功能结构图

（1）学习资源与学习活动管理。

由于移动微学习应用客户端中无明显的教师角色定义，所以管理者需要承担起传统教育中学习资源的呈现与活动组织的任务。管理者根据学习需求的不同，进行移动微学习学习资源的管理和学习活动的组织。具体工作包括学习资源的设计开发、上传与删除，学习活动的组织与应用，另外根据学习者的不同学习特征，系统管理中还应不定时地给学习者推送学习内容消息。

（2）学习社区管理。

学习社区管理模块主要是对移动微学习应用所创建的学习共同体社区进行管理。主要包括学习社区中防止数据过多而出现数据冗余现象而进行的社区贴管理，针对性学习的社区活动管理。

（3）用户信息管理。

用户信息管理模块主要是对移动微学习应用客户端的云端用户信息数据库进行有效管理。主要包括学习者用户信息删除、更新以及添加，另外还应支持智能化的学习消息推送功能。

（4）客户端系统管理。

该模块主要针对移动微学习应用客户端系统进行有效的安全管理、信息管理等。

第四节 移动微学习系统的开发与实现
——以"新概念英语学习系统"为例

新概念英语(New Concept English,简称 NCE)作为享誉全球的经典英语教材,以其严密的系统性、严谨的科学性、精湛的实用性、浓郁的趣味性深受广大英语学习者青睐。新概念英语在中国有 40 多年的历史,每年有数百万学习者,已经成为英语学习者的必选读物。

新概念英语有完整的学习体系,内容包括听力、词汇、语法和阅读、写作等部分,能够帮助学习者掌握英语的听、说、读、写技能。新概念英语教材共分为 NCE1、NCE2、NCE3、NCE4 四册。从 NCE1 的基础到 NCE2 的初级,再到 NCE3 的提高,最后到 NCE4 的高级,学习内容层层深入,对学生的要求阶梯式逐渐提高。学习者可以根据自身的学习情况灵活地选择相应的教材进行学习。同时新概念英语为中国的学习者进行了改编,根据中国读者的需要增添了词汇表、课文注释、练习讲解和参考译文,学习内容联系社会生活实际,应用性较高。

学好 NCE1 是练好英语基本功的关键。NCE1 适合于英语基础薄弱,欲在短期内掌握英语基础的学习者。它是学习英语的敲门砖,对于基本语音、语调及基本语法、词法、句法及句型结构知识提供了对应的课文和练习。NCE2 是构建英语的基石。它采用加强学生交际能力的教学方法,使学生轻松掌握枯燥的语法,利用各种方法对句型进行剖析,使学生在听、说、读中真正运用地道的句型。NCE2 适合掌握了最基础的语音、语调以及句法等知识,欲连词成句,系统学习语法的学习者。NCE3 注重句子与句子之间的逻辑性,突出句型的精炼、优美、实用与可模仿性,使学习者在英语的四项基本技能——理解、口语、阅读和写作方面最大限度地发挥自己的潜能,适合于掌握基本语法、词汇及句型结构,欲写作小短文的学习者。NCE4 是流利英语的高级版本,知识涵盖面广,语言文字精美独到,句型结构复杂,句与句、段与段过渡流畅自然,文章间渗透着深厚的哲学、美学以及西方文化中独特的思维方式。NCE4 适合于英语水平较高、想进一步提高自己英语阅读能力的、希望深入了解西方文化的学习者。

"新概念英语学习系统"是根据新概念英语教材内容制作而成的移动微学习软件系统,它包括服务器端 Web 网站和移动客户端 APP 程序。学习者可以操作移动终端设备上的 APP 程序,随时随地学习相应的新概念英语内容。图 7-11 所示的是学习者在手机上运行"新概念英语学习系统"APP(以下简称 APP)之后,所显示的封面。

图 7-11 "新概念英语学习系统"的封面

一、"新概念英语学习系统"APP 的内容介绍

在 APP 封面的底部有"登录""帮助""退出"三个图片按钮。分别点击这三个图片按钮,可以进入登录界面、帮助界面(如图 7-12 所示)和退出"新概念英语学习系统"程序。

图 7-12 登录界面和帮助界面

在登录界面有用户名输入框、密码输入框、一个"确认"按钮和"返回""退出"2 个图片按钮。当学习者正确输入了用户名和密码之后,点击"确认"按钮,可以进入 APP 的主界面(如图 7-13 所示)。

在主界面的底部位置有"返回""讨论""测验""帮助""退出"5 个图片按钮。点击"返回"按钮可以返回到上一级界面(即"登录界面"),此时用户可以重新输入用户名和密码登录。点击"讨论"按钮,用户可以进入讨论界面,此时学习者可以发帖或者留言与其他学习者进行交流讨论。点击"测验"按钮可以进入测验界面,点击"帮助"按钮可以进入帮助界面,点击"退出"按钮可以退出 APP。

在主界面的中间醒目位置有 NCE1、NCE2、NCE3、NCE4 四本新概念英语教材封面的图片,它们被设置成四个图片按钮。分别点击这些图片按钮,可以进入各册教材的学习内容进行学习。例如:点击 NCE2 的图片按钮,就可以出现"新概念英语 2"课文列表的界面(如图 7-14 所示)。

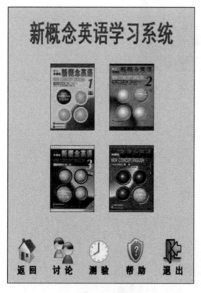
图 7-13 主界面

图 7-14 NCE2 课文列表

在"NCE2 课文列表"界面的课文列表位置上下滑动,可以观看到 NCE2 所有课文的图标和标题。如果点击其中的某一课的图标或者标题,就会出现该课的学习项目界面(如图 7-15 所示)。

每一课的学习项目内容主要包括"学习目标""看动画,了解课文故事""听录音,回答问题""看视频,学习单词和短语""阅读理解课文内容""课后练习"等。在"NCE2 课文第 1 课学习项目"界面中,如果点击某一个学习项目,就会出现该学习项目的界面,此时学习者就可以直接进行某一个学习项目的学习。例如"NCE2 第 1 课课文动画"学习项目界面、"NCE2 第 1 课课后练习"学习项目界面(如图 7-16 所示)。

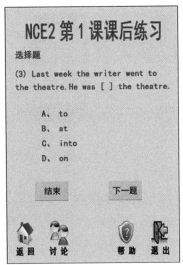

图 7-15　NCE2 第 2 课学习项目　　　　图 7-16　NCE2 第 1 课课文动画和课后练习

在每一个界面的底部通常有一些图片按钮,例如"返回""讨论""帮助""退出"等。点击这些图片按钮可以返回到上一级界面,或者进入相应的讨论、测验、练习和帮助的界面,或者退出"新概念英语学习系统"程序。

二、"新概念英语学习系统"的制作过程

1. "新概念英语学习系统"的设计思路

"新概念英语学习系统"具有体系复杂、内容丰富、结构严密等特点。它具有广泛的社会需求,学习者类型多样。为了适应年龄各异和受教育程度不同的学习者的需要,"新概念英语学习系统"的设计应该具有内容完整、多媒体信息呈现、使用方便、操作简单、交互功能强等特点。"新概念英语学习系统"主要有以下三个方面的设计思路。

(1) 采用 Server/Client(服务器/客户机)设计架构。

由于"新概念英语学习系统"存在大量的多媒体资源,例如课文朗读、故事动画等,需要将这些资源存放在网络服务器中,因此"新概念英语学习系统"采用 Server/Client 设计结构。管理人员在服务器中进行网站资源建设,学习者在移动终端设备上操作 APP 程序来访问服务器资源进行新概念英语学习。服务端系统和客户端系统共同构成一个完整的"新概念英语学习系统"系统(如图 7-17 所示)。

图 7-17 用户机和服务器

(2) 采用"册—课文—学习项目"的树杈式查找设计。

"新概念英语学习系统"的学习内容分为 NCE1、NCE2、NCE3、NCE4 四个部分,其中 NCE1 有 114 课,NCE2 有 96 课,NCE3 有 60 课,NCE4 有 48 课。每课的学习项目大致相同,分为阅读学习目标、看课文动画、学习单词和短语、阅读理解课文内容、课后练习等几个学习项目。如何使学习者很快找到自己学习的项目呢?在客户端系统采用了"册—课文—学习项目"这种逐级缩小范围的树杈式查找设计。学习者打开 APP 界面之后,首先选择某一册教材,再选择这一册教材的某一课,最后选择这一课的某个学习项目,可以很快找到自己需要的学习项目开展学习活动。

(3) 设置"返回""帮助""退出"等按钮,实现非线性跳转。

为了方便学习者在学习时随时退出程序、跳转页面,客户端系统设计应遵循人的非线性思维方式,在所有界面的底部设置了"返回""帮助""退出"等图片按钮。学习者通过点击这些图片按钮可以实现界面任意跳转。

2. 制作过程及其关键技术介绍

"新概念英语学习系统"制作过程涉及服务端和客户端的开发过程,包括素材的采集加工、服务器的环境搭建与网站建设、客户端的 APP 制作等几个方面制作过程和关键技术。

(1) "新概念英语学习系统"的素材采集与加工。

"新概念英语学习系统"包含大量的多媒体素材,其中包括大量的文本、动画、视频、音频等。这些素材都可以从互联网下载,然后通过相应的文本、图像、音频、视频编辑工具或者格式转换工具,将它们编辑、加工或者转换格式成为相应的素材,然后存放在"新概念英语学习系统"的服务端网站的相应目录之中。客户端程序通过 WLAN 或者移动网络可以访问这些资源,供学习者使用。

(2) "新概念英语学习系统"服务端开发技术。

可以采用 WAMP(Windows 操作系统+Apache+MySQL+PHP 四者结合起来,简称 WAMP)来设置"新概念英语学习系统"服务端环境。WAMP 非常适合开发中小型的 Web 应用,其特点是开发的速度快,而且所用的软件都是开源免费软件,可以减少投入。其中,

Apache 是一种 Web 服务器软件。PHP 是一种 HTML 内嵌式的网站（网页）开发语言，它具有简单易学、跨平台、面向对象编程等特点。MySQL 是一种用来存放用户与网页之间交互信息的数据库软件，可以用开源软件 PHPMyAdmin 作为 MySQL 的管理工具。

配置好 WAMP 之后，就可以创建"新概念英语学习系统"网站。在服务器上制作"新概念英语学习系统"网站的方法与一般的课程网站制作方法类似，基于篇幅所限这里不作介绍，仅仅只是简要介绍服务端的数据库管理及其应用。

"新概念英语学习系统"中有大量的用户信息、交互信息、课后练习、单元测验等数据资料需要保存在 MySQL 数据库中。管理者可以通过 PHPMyAdmin 对数据进行新建、删除、插入、更新等操作。例如：在新概念英语第 2 册第 1 课的课后练习中有一道 Multiple choice questions（多项选择）题目，它一共有 12 个选择题。

(1) The writer turned round. He looked at the man and the woman angrily [　　].

　　A. and they stopped talking

　　B. but they didn't stop talking

　　C. but they didn't notice him

　　D. but they looked at him rudely

(2) The young man said, 'It's none of your business.

　　A. He was talking to the young woman.

　　B. He was talking about the play.

　　C. He thought the writer was trying to listen to his conversation with the young woman.

　　D. He thought the writer was asking him a question.

(3) Last week the writer went to the theatre. He was [　　] the theatre.

　　A. to

　　B. at

　　C. into

　　D. on

(4) The young man and young woman were sitting behind him. He was sitting [　　] them.

　　A. before

　　B. above

　　C. ahead of

　　D. in front of

(5) [ ] did the write feel Angry?

    A. Where

    B. Why

    C. How

    D. When

(6) He looked at the man and the woman angrily. He looked at [ ] angrily.

    A. them

    B. they

    C. their

    D. us

(7) The young man and young woman paid [ ] attention to the writer.

    A. none

    B. any

    C. not any

    D. no

(8) He had a good seat. He was sitting in a good [ ].

    A. chair

    B. place

    C. armchair

    D. class

(9) He was a young man. He wasn't very [ ].

    A. old

    B. big

    C. tall

    D. large

(10) The writer looked at the man and the woman angrily. He was very [ ].

    A. sad

    B. unhappy

    C. cross

    D. pleased

(11) The writer could not bear it. He could not [ ] it.

    A. carry

B. suffer

C. stand

D. lift

(12) The young man spoke rudely. He wasn't very [   ].

A. clever

B. rude

C. polite

D. kind

这 12 道选择题的正确答案如下：

(1)B　(2)C　(3)B　(4)D　(5)C　(6)A

(7)D　(8)B　(9)A　(10)C　(11)C　(12)C

PHPMyAdmin 是一种使用方便的可视化工具，可以用它通过 Web 接口远程管理 MySQL 数据库。用 PHPMyAdmin 可以很容易将上述的 12 道题及其答案保存在 MySQL 中（如图 7-18 所示），供客户端程序访问和调用。

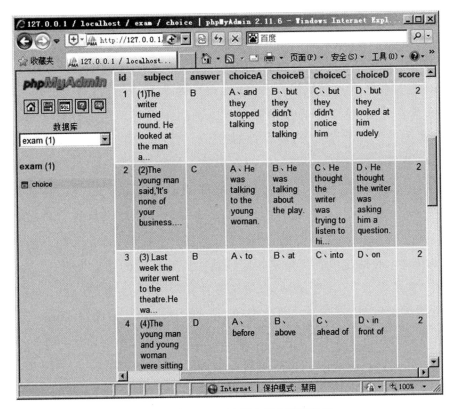

图 7-18　在 MySQL 中保存选择题目数据

(3)"新概念英语学习系统"移动终端的开发。

Android是一种被广泛应用于移动终端开发的应用技术。Android有Activites、Intent、Services、Content Provider四个重要组件。其中Activites可以用来实现应用程序界面的显示,Intent可以用于实现程序之间的跳转,Services用于程序的后台运行,Content Provider用于程序之间的数据共享。可以利用它们来开发"新概念英语学习系统"客户端程序,实现"新概念英语学习系统"程序的界面显示、程序跳转、连接服务器、访问服务器的数据库资源等操作。

搭建Android开发环境需要安装Java、Android-SDK和Eclipse,它们都是开源软件,都可以从互联网下载。其中Java是一种面向对象的程序设计语言,Android-SDK是Android管理开发包工具,Eclipse是基于Java的可扩展开发平台。Android开发环境搭建好之后,就可以直接开发"新概念英语学习系统"客户端程序。

"新概念英语学习系统"客户端程序的界面里面包含文字、图片、按钮、文本编辑框等各种显示要素,如何来显示它们呢？Android提供了文本显示组件(TextView)、按钮组件(Button)、文本编辑框(EditText)、单选按钮(RadioGroup)、复选按钮(CheckBox)、下拉列表组件(Spinner)、图片组件(ImageView)、图片按钮(Image Button)、滚动视图(ScrollView)、网格视图(GridView)、列表显示(ListView)、对话框(Dialog)、菜单(Menu)、标签(TabHost)等多种基本控件。利用这些控件可以显示"新概念英语学习系统"程序界面中的文字、图片、按钮、文本编辑框等内容。

Android还提供了5种布局管理器:线性布局管理器、框架布局管理器、表格布局管理器、相对布局管理器、绝对布局管理器。可以利用布局管理器来设置文字、图片、动画等显示内容的位置。其中,线性布局管理器(LinearLayout)提供了控件水平或垂直排列的模型。框架布局管理器(FrameLayout)在屏幕上开辟了一块区域,可以添加多个子控件,所有的组件可以层叠显示。表格布局管理器(TableLayout)以行和列的形式管理控件,每一行为一个TableRow对象,在TableRow中可以添加子控件。相对布局管理器(RelativeLayout)是在一个参考点的四周(上、下、左、右)布局的管理器。绝对布局管理器(Absolute Layout)通过设置坐标来指定屏幕中所有控件的摆放位置。

① 制作"登录界面"。在登录界面,包含五种显示内容:文本(TextView)、图片(ImageView)、文本编辑框(EditText)、图片按钮(Image Button)、按钮(Button)。其中,文本有4处:"新概念英语学习系统"文本、"新概念英语学习研究小组设计制作"文本、"用户"文本和"密码"文本。需要显示的图片只有1处:四册课本叠加在一起的图片。需要显示的文本编辑框有2处:用户文本编辑框和密码文本编辑框。需要显示的图片按钮有2处:"返回"图片按钮、"退出"图片按钮。需要显示的按钮只有1处:"确认"按钮。文本、

文本编辑框和按钮可以通过编写代码实现其显示效果。实现图片和图片按钮的显示效果需要先将它们的图片素材导入到 Eclipse 中。

"新概念英语学习系统"登录界面的制作过程如下：

首先，将下面的图片素材(如图 7-19 所示)导入到 Eclipse 的 res 目录的 drawable 文件夹中。

图 7-19　需要导入的图片素材

然后，在 Eclipse 的布局文件 main.xml 中编写代码。

1) 编写文字的代码。

编写标题文字"新概念英语学习系统"显示效果的代码如下：

```
<TextView
    android:layout_width="fill_parent"
    android:layout_height="wrap_content"
    android:gravity="center_horizontal"
    android:layout_x="2dip"
    android:layout_y="16dip"
    android:text="新概念英语学习系统"
    android:textColor="#0C12F8"
    android:textSize="12pt" />
```

其中，TextView 是文本显示组件的名称。android:layout_width="fill_parent"，表示该文本的宽度为屏幕的宽度。android:layout_height="wrap_content"，表示该文本的高度为文字的高度。android:layout_x="2dip"和 android:layout_y="16dip"，表示该文本的水平坐标(dip 表示像素)。android:text="新概念英语学习系统"，设置显示文字。android:textColor="#0C12F8"，设置文字颜色。android:textSize="12pt"，设置文字大小。

编写文字"新概念英语学习研究小组设计制作"显示效果的代码，与编写标题文字"新概念英语学习系统"显示效果的代码相似。是指 android:layout_x、android:layout_ y、android:text、android:textColor、android:textSize 等属性的设置略有不同。

2) 编写图片的代码。

编写四册课本叠加在一起的图片显示效果的代码如下：

<ImageView

android:id="@+id/pic01"

android:src="@drawable/pic01"

android:layout_width="225dip"

android:layout_height="170dip"

android:layout_x="45dip"

android:layout_y="60dip"/>

其中，ImageView 是图片显示组件的名称。android:id="@+id/pic01"，表示该图片的 ID。android:src="@drawable/pic01"，表示从 drawable 中读取图片 ID。android:layout_width="225dip"和 android:layout_height="170dip"，表示该图片的宽度和高度分别为 225 像素和 170 像素。

3) 编写图片按钮的代码。

"返回"和"退出"是图片按钮。虽然图片按钮和图片的显示效果相同，但是它们的功能不同。图片按钮组件的功能除了可以显示图片，还可以在图片按钮组件上设置事件，例如单击事件等。图片按钮组件（ImageButton）的属性设置方法与图片组件（ImageView）属性设置的方法基本相同。"返回"图片按钮（pic02）显示效果的代码如下：

<ImageButton

android:id="@+id/pic02"

android:src="@drawable/pic02"

android:layout_width="wrap_content"

android:layout_height="wrap_content"

android:layout_x="136dip"

android:layout_y="360dip"/>

其中，ImageButton 表示图片按钮组件。

用同样的方法，可以编写"退出"图片按钮组件"pic03"显示效果的代码。

4) 编写按钮显示效果的代码。

在用户名和密码输入文本框下面有一个"确认"按钮，其显示效果的代码如下：

<Button

android:id="@+id/mybtn"

android:onClick="mybtn_onClick"

android:layout_width="wrap_content"

android:layout_height="wrap_content"

android:text="确认"/>

其中,Button 表示图片按钮组件。android:id="@+id/mybtn",表示该按钮的 ID。android:onClick="mybtn_onClick",表示该按钮的点击事件。android:text="确认",表示该按钮上的显示文字为"确认"。

② "新概念英语学习系统"封面、主界面等界面制作。

因为"新概念英语学习系统"封面、主界面等界面中的显示要素都是文字、图片、按钮等内容,它们的方法与制作"新概念英语学习系统"登录界面的方法相同。

③ "NCE2 课文列表"界面的制作。

列表显示组件(ListView)可以将多个组件加入其中,达到组件滚动的显示效果。在"NCE2 课文列表"界面中,包含有 96 课的课文标题文本和图标。可以使用列表显示组件(ListView)添加文本显示组件(TextView)和图片显示组件(ImageView)的方法,来显示课文标题的文本和图片。代码如下:

1) 在布局文件 main.xml 中编写以下代码,进行布局。

<LinearLayout

xmlns:android="http://schemas.android.com/apk/res/android"

android:orientation="horizontal"

android:layout_width="fill_parent"

android:layout_height="wrap_content">

<ImageView

android:id="@+id/pic"

android:layout_height="wrap_content"

android:layout_width="wrap_content"

android:padding="3px"/>

<TextView

android:id="@+id/title"

android:textSize="12px"

android:padding="3px"

android:layout_width="wrap_content"

```
android:layout_height="wrap_content" />
</LinearLayout>
```

该布局文件提供了两个水平排列的组件 ImageView 和 TextView。它们将在程序中通过 ListView 组件填充内容。其中,LinearLayout 表示线性布局。android:orientation="horizontal"表示水平排列。ImageView(图片显示组件)用来显示每一课的图片,不同课文的图片不同。android:id="@+id/pic",表示课文图片的 ID。TextView(文本显示组件)用来显示课文标题。android:id="@+id/title",表示课文标题的 ID。

2) 在主类文件 ListViewActivity.java 中编写代码,实现课文图标和标题的列表显示。

```
public class ListViewActivity extends Activity {
    private int pic[] = new int[] {
        R.drawable.book2_01,
        R.drawable.book2_02,
        ...
        R.drawable.book2_96
    };
    private String data[] = new String[] {
        "Lesson 1 A private conversation",
        "Lesson 2 Breakfast or lunch?",
        ...
        "Lesson 96 The dead return"
    };
    private List<Map<String, String>> list = new ArrayList<Map<String, String>>();
    private SimpleAdapter simpleAdapter = null;
    public void onCreate(Bundle savedInstanceState) {
        super.onCreate(savedInstanceState);
        super.setContentView(R.layout.main);
        for (int x = 0; x < this.data.length; x++) {
            Map<String, String> map = new HashMap<String, String>();
            map.put("pic", String.valueOf(this.pic[x]));
            map.put("title", this.data[x]);
```

```
            this.list.add(map);
        }
        ListView listview=new ListView(this);
          this.simpleAdapter = new SimpleAdapter(this,list,R.layout.main,new String[]{"pic","title"},new int[]{ R.id.pic,R.id.title});
        listview.setAdapter(this.simpleAdapter);
        setContentView(listview);
    }
}
```

其中,数组pic[]中的book2_01、book2_03…book2_96表示NCE2的96课的图片,数组data[]中的"Lesson 1 A private conversation""Lesson 2 Breakfast or lunch?"…"Lesson 96 The dead return"表示NCE2的96课的标题文本。通过for循环语句for(int x = 0; x < this.data.length; x++)获得这些图片和文本键名和键值,然后以ArrayList数组的方式将它们保存有map集合之中。SimpleAdapter相当于一个适配器,ListView通过它以列表的形式显示这些图片和课文标题文字。

④ 编写按钮点击事件代码,实现界面之间的切换

"新概念英语学习系统"的界面之间需要切换,往往通过点击事件来完成。例如:在"新概念英语学习系统"封面界面有"登录""帮助""退出"三个图片按钮。分别点击它们可以分别进入"登录"界面、"帮助"界面和退出"新概念英语学习系统"程序。Android系统可以响应点击事件,其中onClick(View v)就是一个普通的点击按钮事件。在Android中,编写点击事件响应代码有多种方式。下面以定义onClick的方式为例,讲述如何在"新概念英语学习系统"的起始界面实现点击"退出""帮助"和"登录"按钮,实现退出"新概念英语学习系统"和进入帮助界面、登录界面。

1) 点击"退出"按钮事件,退出程序。

首先在布局文件xml中,设定"退出"图片按钮的属性如下:

```
<ImageButton
android:onClick="quit_onClick"
android:src="@drawable/pic_quit"
android:layout_width="wrap_content"
android:layout_height="wrap_content"/>
```

其中,android:onClick = "quit_onClick"表示设置了一个onClick事件"quit_on-

Click",以便在主类文件中调用它。

其次,在主类文件 Activity.java 中编写以下按钮点击事件的代码,就可以实现点击"退出"按钮,退出程序:

  punlic void quit_onClick(View V){
    Activity.this.finish();
  };

2)点击"帮助"按钮事件,切换到帮助界面。

"新概念英语学习系统"中有许多界面,一个界面就是一个 Activity 程序。Activity 程序之间的切换和传递信息需要使用 Intent(如图 7-20 所示)。

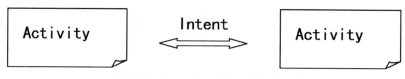

图 7-20 Intent 与 Activity 之间关系

在"新概念英语学习系统"封面界面,点击其中的"帮助"按钮切换到帮助界面,涉及两个 Activity 程序之间的跳转,需要使用 Intent。假设封面界面的 Activity 程序文件叫 Activity_A.class,其布局文件是 main_a.xml,其中"帮助"按钮的 onClick 属性设置为 "quit_onClick"。假设帮助界面的 Activity 程序文件是 Activity_B.class,其布局文件为 main_b.xml。实现 Activity_A.class 跳转到 Activity_B.class 的步骤如下:

首先,需要在 AndroidManifest.xml 文件中增加一个程序 Activity_B,添加的代码如下:<activity android:name=". Activity_B" />。

其次,编写点击按钮事件的代码。先在布局文件 main_a.xml 中,设定"帮助"图片按钮的属性:

  <ImageButton
    android:onClick="help_onClick"
    android:src="@drawable/pic_ help "/>

然后,在主类文件 Activity_A.java 中编写以下按钮点击事件的代码,就可以实现点击"帮助"按钮切换到帮助界面:

  punlic void help_onClick(View V){
    Intent it = new Intent(Activity_A.this, Activity_B.class);

Activity_A. this. start Activity (it);

　　};

3) 点击"登录"按钮事件,传送数据并且切换到登录界面。

如果需要将"登录"界面中的用户名和密码信息传送到另一个 Activity 程序,需要使用 Intent 的 putExtra()方法和 getStringExtra()方法。putExtra()方法的格式是 putExtra("A",B),其中的参数("A",B)为键值对,第一个参数 A 为键名,第二个参数 B 为键对应的值,它是 String 类型数据。假设登录界面的 Activity 程序文件是 A.class,另一个 Activity 程序文件是 B.class。假设"登录"图片按钮的属性设置如下:

<ImageButton
　　android:onClick="login_onClick"
　　android:src="@drawable/login_help"/>

在类文件 A.java 中编写以下"登录"按钮点击事件的代码,就可以实现点击"登录"按钮将用户名信息 user 和密码信息 password 传送到 B.class:

punlic void login_onClick (View V){
　　Intent it=new Intent(Activity_A. this, Activity_B. class);
　　It. putExtra("user","张三");
　　It. putExtra("password","123456");
　　Activity_A. this. start Activity (it);
　　};

在类文件 B.java 中编写如下代码,就可以获得用户名和密码信息:

　　Intent it=super. getIntent();
　　String user=It. getStringExtra("user");
　　String password=It. getStringExtra("password");

其中的语句 Intent it=super. getIntent();表示获取当前的 Intent。

⑤ 访问数据库。

在"新概念英语学习系统"程序中,有许多地方需要访问服务器的数据库,例如课后练习、测验、讨论等。这里以"NCE2 第 1 课课后练习"为例如,介绍 Android 程序如何访问 MySQL 数据库。Android 程序访问 MySQL 数据库的方法有许多,本例中采用 Android 通过 PHP 连接 MySQL 的方法。

首先,在服务器创建好数据库。假设这个数据库的名称是 exam,数据表的名称是

choice,数据表中有8个字段:id(编号)、subject(题目)、answer(正确答案)、choiceA(A 选项)、choiceB(B 选项)、choiceC(C 选项)、choiceD(D 选项)、score(赋值)。

其次,在"新概念英语学习系统"服务器的网站根目录下创建一个 choice.php 文件。这个文件的代码如下:

```php
<?php
    $id=$_POST["id"];
    $con=mysql_connect("127.0.0.1","root","123456");
    mysql_query("SET NAMES utf8");
    mysql_select_db("exam",$conn);
    $sql=mysql_query("select * from choice where id='$id'",$con);
    while($row=mysql_fetch_row($sql))
        $output[]=$row;
    echo json_encode($output);
    mysql_close();
?>
```

上述代码表示:访问 exam 数据库中的 choice 数据表中的编号为 id 的题目中的 subject(题目)、answer(正确答案)、choiceA(A 选项)、choiceB(B 选项)、choiceC(C 选项)、choiceD(D 选项)、score(赋值)等数据,并将数据发送出去。其中,"127.0.0.1""root""123456"分别表示服务器的 IP、该数据库 root 用户的密码是"123456"。echo json_encode($output),表示将数据采用 JSON 格式编码之后发送出去。JSON 格式是一种轻量级数据交换格式,非常适合于服务器与 PHP 的交互。当这些数据被客户端收到,使用 JSONArray 函数解析,可以显示在终端设备上。

最后,在客户端编写代码用 JSONArray 函数解析从服务器传回的信息,代码如下:

```
HttpClient httpclient=new DefaultHttpClient();
HttpGet httpget=new HttpGet("http://218.192.202.50/choice.php");
HttpResponse response=httpclient.execute(httpget);
HttpEntity entity=response.getEntity();
obj=entity.getContent();
BufferedReader reader = new BufferedReader(new InputStreamReader(obj,"iso-8859-1"),8);
obj.close();
```

```
myArray=new JSONArray(reader);
subject=myArray.getString("subject");
answer=myArray.getString("answer");
choiceA=myArray.getString("choiceA");
choiceB=myArray.getString("choiceB");
choiceC=myArray.getString("choiceC");
choiceD=myArray.getString("choiceD");
score=myArray.getString("score");
```

超文本传输协议(Hyper Text Transfer Protocol,简称 HTTP)是互联网上广泛应用的一种网络协议,也是客户端和服务器之间请求与应答的标准。Android 中包含有 Apache-HttpClient 等用于访问网络的库文件,可以使用它们来实现"新概念英语学习系统"客户端程序与服务器之间的通信。上述代码中的 HttpGet("http://218.192.202.50/choice.php")和 execute(httpget),表示用 get 方式发送请求,用 execute()方法来获得响应。然后用 getEntity()、getContent()、InputStreamReader()、BufferedReader()方法读取出数据流。再用 JSONArray()函数进行 JSON 格式解析。最后用 getString()方法取出相应变量 subject、answer、choiceA、choiceB、choiceC、choiceD、score 的值。知道了 id、subject、answer、choiceA、choiceB、choiceC、choiceD、score 这些变量的值之后,就可以在"NCE2 第 1 课课后练习"界面中显示出练习题目。

利用上述的访问数据库方法,可以在"新概念英语学习系统"程序中设计制作测验、讨论、注册等界面。值得注意的是,因为要访问网络,需要在 AndroidManifest.xml 文件中添加权限,代码是<uses-permission android:name="android.permission.INTERNET"/>。

⑥ 播放视频。

在"新概念英语学习系统"中有"看课文动画"和"听课文朗读"的学习项目。如何实现播放视频和音频的功能呢?在 Android 中有一个 MediaPlayer 类,MediaPlayer 具有 Started、Paused、Stopped、Prepared、PlaybackCompleted 等几种操作状态,利用它们可以实现视频和音频的播放状态操作。例如,要实现第二册第 1 课课文动画的播放效果,可以这样做:

首先,在布局文件 main.xml 中用 SurfaceView 组件设置一个视频显示空间,用于视频播放。代码如下:

```
<SurfaceView
    android:id="@+id/surface"
    android:layout_width="wrap_content"
```

android:layout_height="wrap_content"/>

其中,android:id="@+id/surface"表示SurfaceView组件的id。

然后在类文件SurfaceViewActivity.java中编写代码,实现视频播放。

```java
public class SurfaceViewActivity extends Activity {
    private MediaPlayer media = null;
    private SurfaceView surfaceView = null;
    private SurfaceHolder surfaceHolder = null;
    public void onCreate(Bundle savedInstanceState) {
        super.onCreate(savedInstanceState);
        super.setContentView(R.layout.main);
        this.surfaceView = (SurfaceView) super.findViewById(R.id.surfaceView);
        this.surfaceHolder = this.surfaceView.getHold();
        this.surfaceHolder.setType(SurfaceHolder.SURFACE_TYPE_PUSH_BUFFERS);
        this.media.setDataSource("/move2_1.3gp");
        this.media.setAudioStreamType(AudioManager.STREAM_MUSIC);
        this.media.setDisplay(this.surfaceHolder);
        this.media.prepare();
        this.media.start();
    }
}
```

在上述代码中,media.setDataSource("/move2_1.3gp")表示播放文件资源。其中的media.setDisplay(this.surfaceHolder)表示播放视频显示的区域。media.start()表示播放视频。播放音频的方法与播放视频的方法相类似。假如需要在程序中实现点击按钮停止,则需要添加一个按钮的点击事件,代码如下:

```java
punlic void stop_onClick(View V){
    this.media.stop();
};
```

第八章　移动微学习的应用

移动微学习凭借其移动性、微型性、泛在性和交互性等特点和优势受到社会各界学习者的青睐,正在被越来越多地应用于人们的日常活动之中。那么,移动微学习具体可应用于哪些领域?为完成学习可以采用哪些学习模式?具体的应用又可通过哪些模式来实现?本章节主要介绍了移动微学习在个人学习、学校教育、企业教育等各个领域中的应用,重点从实现移动微学习的学习模式和应用模式两大维度来进行详细说明。最后结合一些典型的具体案例,就其所属领域、所采用的学习模式、应用模式及其本身的特色、优势、应用实现等方面进行了详细的阐述和分析。

第一节　移动微学习的应用现状

一、移动微学习的应用现状

在生活节奏越来越快、生活方式越来越快餐化的今天,新知识、技能、信息的不断涌现,使得学习者的知识更新不断加速,随时随地可以发生、便捷获得和游戏化方式便成为当下学习需求的典型特征。在现阶段,移动微学习已经逐渐为社会各界人士所青睐。

1. APP类移动微学习形式成发展趋势

2014年12月,中国互联网络信息中心(CNNIC)发布《第35次中国互联网络发展状况统计报告》。该报告中指出,截止到2014年12月,中国网民规模达6.49亿,全年共计新增网名3117万人。其中手机网民规模达5.57亿,较2013年增加5672万人,在网民中所占比例由2013年的81.0%提升至85.8%,预计2015年占比将达到90%。另外,移动电话的普及率已基本达到饱和,根据工信部发布的《通信业主要指标完成情况》显示,2014年全年移动电话普及率由90.8%升至年底的94.5%。

随着移动互联网的崛起,在线教育也逐渐平移到手机移动端,教育类APP凭借其灵活、操作性强、随时随地、互动性强等优势深受许多手机用户的青睐。根据APP Store数据统计,教育类APP在2014年底已超过7万个,占据应用商店中应用类型第二位,占比超过10%,仅次于游戏类应用。另外,有机构调查报告显示:56%用户有意愿为手机在线教育APP付费,反映出用户对于收费产品表现出了不错的接受度。而且,很多在线教育机构也都表示,2015年将重点开发APP在线服务。

2. 微信、微博、微课等移动微学习工具受欢迎

2015年5月,腾讯公布了2015年业绩报告,随后Curiosity China根据这份报告制作了2015微信用户数据。数据显示,截止到2015年第一季度末,微信每月活跃用户已达到5.49亿,用户覆盖200多个国家、超过20种语言。此外,各品牌的微信公众账号总数已经超过800万个,移动应用对接数量超过85000个,微信支付用户则达到了4亿左右。微信已不单单是一个充满创新功能的手机应用,它已成为中国电子革命的代表,覆盖90%以上的智能手机,成为人们不可或缺的日常使用工具。

2014年新浪微博用户发展报告显示,截止到2014年9月,微博日活跃用户已达到7660万人,较2013年同期相比增长30%;月活跃用户达到1.67亿人,较去年同期增长36%,随着微博平台功能的不断完善,微博用户群逐渐稳定并保持持续增长。

微课以其"短、小、精、趣"的特点迎合了大众的需求,在国内外教育领域中发展迅速。在国外,有以名人浓缩的人生与经验为内容而精良制作的TED课程、美国可汗学院便捷有效的教学方式、英国牛津大学陆续推出的系列微课等;在国内,也有翻转课堂的应用与推广、泛在学习理念与实践的深入发展,同时近年来各等级的组织机构所举办的微课比赛活动也越来越多,这些激烈的赛事活动也强烈地推动了微课的推广与发展。

二、移动微学习的应用领域

移动微学习已经逐渐融入我们的生活之中,无论是学校、企业、机构还是个人,都越来越多地得益于这种新型学习方式。

1. 移动微学习在个人学习中的应用

现阶段,智能手机、平板电脑等已经得到极大的普及,尤其是在校学生和在职人员这两个学习需求极大的群体,基本已经达到人手一部。这些微型移动终端设备虽然受限于屏幕大小、存储容量和网络传输速度,但是其移动性、便捷性、个性化、交互性等特性还是能很好地满足各个年龄段、各个领域学习者的需求。他们可以很方便地应用这些小巧、便捷的移动通信工具来进行学习,随时随地地为自己进行"充电",比如在乘车或坐地铁的时候观看一段微视频,在排队的时间内刷几条微博,在候车的过程中背诵几个英文单词,在遇到问题的时候及时上网查阅或寻求帮助等。这样就使得学习者能够充分利用生活、工作中的时间碎片来提升自己,而不用局限于时间、地点和师资。目前,微博、记单词软件、行程安排软件、地图软件等APP应用早已深入我们的生活,成为我们解决问题的好帮手。

2. 移动微学习在学校教育中的应用

移动微学习不仅仅在社会生活中被广泛应用,随着教学理念的革新和教学理论与实践的发展也越来越多地被整合到学校教育中。近年来,翻转课堂、混合式课堂等新型教学模式备受欢迎,各地学校纷纷加入探索和实践的行列,甚至有些地区已经在进行1∶1教学的尝试。在这些教学模式中,移动微学习扮演着至关重要的角色。学生利用自己的移动终端和教师所提供的微内容和微资源,在课前进行相关知识点的自学,课中针对自己在学习中所遇到的问题进行探索,课后进行学习效果的检测和所学知识的巩固。在此过程中,不管是自主学习还是小组协作,这种精心设计的微型化的学习内容和资源,都更加贴合学生的实际需求,符合学生的认知特征和规律,因此能够使得学习的发生更加高效、质量更有保证。总之,利用移动微学习可以在保证教师主导地位的前提下充分发挥学生的学习主体作用,很好地实现了以学生为中心的移动微学习。

3. 移动微学习在企业教育中的应用

一个优秀的企业往往需要投入大量的人力、财力和物力来对员工进行专业能力和综合素质的培训。在以往的培训中,往往需要抽出特定的时间将员工全部集中在一起,规模较小的企业实现起来是较为容易的,但是对于那些在很多地方都设立有分公司的大型企业来讲就显得费时又费力,移动微学习的出现为他们提供了极大的便利。比如,可以将企业培训课程细化为一个个较小的模块,每一模块可以用适合的文本、图形、音频、视频、动画等丰富多样的形式来进行设计,根据培训进度的安排,每隔一段时间发送到培训员工的移动终端设备上。员工利用闲暇时间来进行学习,这样就保证了工作时间,且这种经过精心设计的微内容的呈现形式也可以大大提高员工的学习积极性和学习效率。当然,这对培训微内容的设计和员工学习的自觉性都提出了一定的要求。针对此问题,可以设置定期的培训效果考核来保证员工培训的质量。目前已有这方面的成功案例,如诺基亚公司的大型职工培训就是利用一切可以利用的手机、PDA等便携设备来传授公司人力资源部门制订的技能培训和员工职业生涯计划,通过这种方式帮助新员工更好、更快地融入公司团队中;再如一家电子零售商为自己的每个销售助理配备了一台手持PDA和条形扫描码,员工可以在销售间隙通过扫描某种产品的条形码利用系统中的培训模块在该产品前完成一次5~10分钟的学习培训。此外,某个化妆品企业为销售人员配备安装有业务培训系统的移动终端,销售人员输入相应的化妆品系列即可立即获得相关信息,有效地避免了面对大量顾客咨询时答不上来或答错的情况。

4. 移动微学习在培训机构中的应用

随着人们对知识、技能需求量的增加,各种技能培训机构也越来越受欢迎,小到中小学的课外学习辅导班和兴趣班,大到新东方这种大型英语培训机构。与学校教育和企业培训相类似,移动微学习这一新型的学习方式凭借自己的明显优势同样在培训机构这一领域中获得了自己的一席之地。比如:早在2007年5月,新东方集团就与诺基亚合作推出"行学一族",开发了众多题材的移动英语课程。其题材相当多样化,有品位生活、休闲咖啡屋、体验人生、EnglishPod之管理基石、英语文化沟通攻略等。该应用提供了五大学习板块,分别是课程下载、我的地带、自我测试、学习监督和社区,学习者可以利用搜索功能快速地找到适合自己的课程来进行学习。"行学一族"在当时备受社会各界人士的欢迎,取得了很大的成功。

5. 移动微学习在农业科技教育中的应用

当前,国家大力提倡、引导和支持农民的科技知识教育,积极推行"科技下乡"政策,但是,在农业科技知识普及和推广过程中仍然存在着诸多困难。农民在实际工作中积累了一些经验、具备一定的学习能力和信息使用能力,他们也希望参加科技培训和农业知识的学习,但是,苦于缺少学习资源和实时的指导,科技推广人员数量和素质有限,难以满足广大农民的学习需求。移动微学习的方式不受年龄、时间、地点的限制,及时将最新的科技知识和科技成果推送到农民手上,农民也可以根据需要随时随地下载和浏览学习资源,实现"走到哪,学到哪"。而且,科技推广人员可以采用一对多的教学方式,及时发布、更新信息,在线对农民的问题进行指导,有效提高教学的效率和针对性。另外,农民参与科技培训的目的非常明确,学习科技知识并不是为了拿到文凭和晋升职称,而是学会和掌握新的科学技术,并应用于生产实践中,以提高产量和增加经济效益,从而改善生活质量。强烈的学习愿望和持续的学习动力,促使了农民愿意接受最新的科技知识,并积极利用闲散时间自觉进行学习。

第二节 移动微学习的学习及应用模式

一、移动微学习的学习模式

学习理论的发展主要经历了行为主义、认知主义和建构主义三个重要阶段,不同的学习理论有着各自不同的知识观和学习观,由此指导出来的学习实践也是大不相同的。在我们的实际教育教学过程中,往往需要根据实际情况来综合考虑、合理运用各种学习理论来有效地进行教学活动,达成教学目标。在移动微学习中同样如此,不同的学习理论就决定了不同的学习模式。

1. 基于知识传递的学习

行为主义学习理论认为,学习是"刺激-反应"的联结,是学习者对外界刺激作出反应并对此进行反复强化的一个过程。这一学习模式提供了这样一种传输模型,即信息从移动终端传输到学习者。具体来说就是,用移动终端来呈现学习信息和材料,学习者对此做出适当的反应,然后不断地得到反馈和强化。这一学习模式可以以短消息、WAP、便携设备等方式来进行,一般学习者的学习活动都较为简单,且对学习环境和移动技术等的要求也比较低,所以适用性非常广泛,在我们的日常生活中有很多移动微学习的情况都属于这一学习模式。其具体步骤如下:

第一步:学习者向移动学习终端发送学习请求(可以提出一个问题或者选择学习内容菜单中的一个主题)。

第二步:移动学习终端收到学习请求,从存储器中取出应答内容进行呈现,或者将请求传送到远程服务器或专家。

第三步:远程服务器或专家收到请求后将应答内容反馈给移动学习终端。

第四步:移动学习终端收到应答内容并将其进行呈现,供学习者进行学习。

实际上,基于知识传递的这一学习模式,其理论基础并不仅限于行为主义学习理论,在大多数情况下,我们还需要根据认知主义的相关理论来进行内容的优化设计。根据认知主义的观点,学习不是由外界刺激直接给予的,而是由外界刺激和学习者内部心理过程相互作用的结果,是学习者根据自己的态度、需要和兴趣爱好并利用过去已有的知识经验对当前的外界刺激主动做出的有选择的信息加工过程。因此,基于认知主义的内容设计优化强调学习内容分析、学习者分析、学习环境的设计等。在内容设计方面,主要有以下四条原则:①将信息加以分解,以防超出学习者的认知负荷;②采用先行组织者促进细节知识的理解;③采用双重编码,利用视觉和听觉双通道,综合采用文字、图像、声音、视频、动画等多种媒体素材;④采用概念图和信息图等简洁方式来传递信息。英国 Ultralab 根据 m-Learning 计划的研究目标,在详细分析了16~24岁的欧洲青年人的学习特征和移动终端设备特性的基础上,开发和设计了贴近学习者生活和工作、能够使学习者保持持久兴趣的学习内容和资源,如即时反馈的多项选择测试、每日提示、概要信息、主题信息搜索、课程注册等信息。

2. 基于问题解决的学习

基于问题解决的学习是一种典型的以建构主义为理论基础的学习模式。建构主义认为,知识不是由教师直接传授获得的,而是学习者在与外界环境交互作用的过程中主动地建构内部心理表征的过程。建构主义强调情境的真实性,主张用产生于真实背景中的问题来启动学生的认知,活化学生的思维,使其变陈述性知识为问题解决的工具,以此来搜索和建构问题解决的策略。这一学习模式将知识蕴含于实际问题中,将问题嵌入到实际情境中,在做中学,即学即用,不仅可以有效地促进学习者对知识的内化和吸收,而且无疑能够提高学习者对知识的应用和迁移能力。

日本的Tokushima大学开发了支持泛在学习的基本环境(Basic Support for Ubiquitous Learning,简称BSUL),用以扩展学习者的交互范围和增加学习经验。其中有一个叫做LOCH(Language-learning Outside the Classroom with Handhelds)的普适语言学习环境。该环境支持以下四个方面:①在语言学习过程中,重点是提高语句的应用能力;②在真实的生活情境中,获知当地情境语言表达方式,如在购物商场中的交流;③通过与本地人交谈学习本地方言和对本地文化的理解;④分享解决语言问题的策略和知识。其具体过程是,教师为学生指派具体的调查和交流任务,要求他们在当地旅行一天在真实场景中与人对话交谈,完成特定的任务,如访谈某个人、购买商品、收集信息等。在此过程中,学生将自己与本地人的交流过程做批注,不断汇报给教师,教师则可通过GPS定位功能监控学生的地理位置,并利用BBS或MSN等与学生进行交互,为其提供一些必要的指导和帮助。最后活动结束后,学生聚集在智能化学习室观看和讨论所收集到的信息,并对所遇到的问题的解决策略进行交流和共享。这一项目将学习者在课堂中所学到的语言知识与其日常生活需要联系起来,使其在真实生活场景中对语言进行应用和反思。

3. 基于活动探究的学习

建构主义认为,学习是学习者在一定的情境即社会文化背景下,借助其他辅助手段(包括教师和学习伙伴以及其他学习工具),利用必要的学习材料,通过意义建构的方式获得的。建构主义指导下的学习更加强调学习的主动性、探究性和协作性等。这一学习模式包含四个基本要素:情境问题、主题资源、活动提示和问题反馈。学生利用系统的信息服务功能,从学科数据库中检索出有关信息,然后通过对信息进行搜集、加工和处理等活动来完成任务或者解决问题。在这个过程中所用移动技术的主要功能包括检索信息、搜集资料、数据记录、信息共享、协作交流等。

中国台湾中央大学设计了一个可支持小学探究式实验课程的移动学习环境,以PDA为移动学习终端,配备无线网络学习环境,可同时支持教室内和户外的教学活动,并兼顾支持实验设计、资料收集及分析讨论等一系列完整的自然实验课程。整个系统包括两个部分:一是"自然实验站",支持完整的实验课程的实验设计、收集数据、图表分析、实验报告、评价等阶段;二是"PDA自然实验系统",提供在户外实验操作时的相关支持。其所设计的BWL蝴蝶观察学习系统就是另一个典型的案例。这一学习支持系统是由一个作为本地服务器的有WiFi无线LAN卡的教师笔记本电脑和有802.11LAN卡与小型CCD相机的学生PDA组成的,支持学习者在户外进行关于蝴蝶的探究性学习。学生在参观蝴蝶农场的过程中利用自身携带的PDA对所参观到的蝴蝶进行拍照,然后通过基于内容的图片查询技术,查询蝴蝶的相应信息,数据库将发回可能的匹配信息,由学生来作最后的决定。在整个过程中,学生将自己的经历、结论和收获整理记录下来交给教师,最后由教师给予相应的反馈和评价。实验数据表明,这一学习模式能使学生更加准确地识别出蝴蝶的特征,教学效果得到明显的提高,充分发挥了无线网络技术和移动通信技术的优势。

4. 基于模拟体验的学习

这一学习模式主要是利用移动设备的仿真和模拟功能,对学习情境、自然环境等进行部分模拟,让用户携带具有网络功能的移动设备沉浸在一个动态反应的模拟系统中进行学习互动。这种模拟情境让学习者脱离计算机屏幕而进入一个可切身感受的真实世界中,他们能够快速、直观地看到自己的活动对于整个系统所产生的影响。

Savannah 是 NESTA 未来实验室为主组织的一个研究项目。在这个项目中,学生扮演非洲草原上的某种动物角色来学习与这个动物有关的知识,比如,学生通过扮演狮子的角色来学习关于狮子的知识。每个学生携带一个 PDA,扮演狮子在 100 米范围的野外漫步,移动设备为他们提供了虚拟大草原世界的窗口并显示与他们漫步时的环境相对应的内容和行为,比如河流、植物和动物,让学生就像置身于真正的草原之中。PDA 配有的 GPS 追踪允许学生在他们正在探索的 Savannah 中看、听、闻、查各种环境和狮子自身的参数信息。PDA 还可以显示帮助性的信息,比如"你饿了""你太热了""回到洞穴"等。此外,模拟中还有一个休息居住区域,他们离开野地后可以回到这里进行进一步的思考和学习,比如如何成功捕食、如何才能在虚拟的草原中生存下来等。这个过程可以让学习者经历一只真正的狮子在 Savannah 中所体验的感受。另一个项目是有关病毒传播的模拟。该研究要求学生通过在教室里走动与其他人面对面地接触,模拟和观察病毒在一定人群中的传播。每个学生佩戴一个定制的"思想标签",表示他们是否通过彩色的光线感染上病毒。在学生参与模拟的整个过程中,只需关注某些重要的问题,如"疾病是从哪里开始的?""它是怎样传播开来的?""谁能控制住它?"等。

5. 基于教育游戏的学习

游戏是一种主体性、娱乐性、趣味性极强的活动,具有自发性、自主性、虚拟性、体验性等特点,其普及程度相当大,在每一个年龄阶段、每一个社会群体当中都能找到游戏的生存空间。在娱教、寓教于乐等教育思想的推动下,人们一直在尝试将教育和游戏这两种活动形式进行结合,以游戏化的方式来进行教育,让学习者在轻松、有趣的游戏过程中学习知识和锻炼能力。教育游戏的设计和开发也一直都是人们所研究和关注的焦点,吸引着众多专家学者不断地探索和实践。

Shape Shifter(移动拼图)是一款用以增强儿童图形判断能力的益智游戏。其给儿童提供的游戏任务就是,将最下列的图形放到对应的图形阴影上去,当一列图形全部配对成功后就会消失,直到所有列都配对完则游戏通关。还有一款游戏是移动宠物游戏,它是一款基于无线虚拟世界的宠物养成游戏,用户领养宠物之后,可以给其喂食、洗澡、送它上学等。此外,还要处理每天发生在宠物身上的突发情况,比如生病、和其他宠物打架等。其中非常有趣的一点就是宠物和宠物之间可以谈话、谈恋爱甚至生小宠物,这样就使这款游戏的用户之间实现了联系和交流。通过这款非常有趣的宠物养成游戏,用户不仅可以学到有关生物方面的知识,还能实时地与其他用户进行交流并在交流的过程中实现社会性的认知共建。

6. 基于情境感知的学习

情境感知学习理论不是把知识看作心理内部的表征,而是把知识视为个人和社会或物理情境之间联系的属性以及互动的产物。情境感知学习理论认为,知识是个体与环境交互过程中建构的一种交互状态。知识是一种人类协调一系列行为去适应动态变化发展的环境的能力。因此,情境感知学习的最大特点就是能够从学习者所处的具体环境中收集各种信息,然后据此为学习者提供与当前情境相关的学习内容,即情境感知学习的学习内容由移动学习系统通过感知学习者的学习情境自动推送给学习者,从而促使学习者在情境中进行学习。

我国台湾中央大学开发的博物馆导航系统利用标签技术、移动通信技术和移动设备创造出情境化的学习环境,并为用户提供专家级的向导。当用户携带移动设备接近某件展品时,移动设备就会通过感知展品的标签信息,将有关该展品的来历、相关事件等详细信息以文字、音频、视频等形式呈现给用户,从而使用户在参观展品的同时能轻松、深刻地学习到它的相关知识。类似的项目还有参观泰特现代艺术博物馆旅游实验以及 MOBIlearn 项目中参观意大利佛罗伦萨乌菲齐美术馆中的两个画廊等。此外,日本德岛大学开发了一个名为"Ubiquitous-Learning System for the Japanese Polite Expressions"(ULSJPE)的日本礼貌语表达学习辅助系统来帮助外国人学习日本的礼貌语表达。学习者携带装有该辅助系统的移动设备进入某些场景,如餐馆、商场等,移动设备就能通过感知学习者的位置或者根据学习者的查询为学习者呈现与当前情境相关的礼貌表达语。

随着技术的进步,移动设备将集成更多的传感器、探测器、采集器等电子化的微型感知设备,其情境感知能力将越来越强大。普适计算技术的发展,将使我们逐步迈进一个情境感知泛在学习空间的生态环境。到那时,我们身边的每一花每一草、每一事每一物都将轻轻松松地成为我们学习的资源和材料,实现真正意义上的泛在学习。

二、移动微学习的应用模式

移动微学习最大的特点和优势就是设备小巧便携、使用简单方便、学习随时随地。在移动微学习中我们可以通过各种各样的形式和途径来进行学习,总结起来,主要有基于短消息,基于浏览、链接,基于客户端和基于存储携带四种应用模式。

1. 基于短消息的应用模式

短消息服务是一种基于移动网络的通信交流手段,其发展相对较早,业务也较为成熟,再加上简单方便、费用低廉,因此深受社会大众消费者的欢迎。短消息服务的发展可以分为两个阶段、两种模式。第一阶段是以短信中心作为主要的业务提供者和信息提供者,该阶段中,短信中心是唯一的信息提供者及数据传输通道,容易造成信息量少、各短信中心的信息来源不一致等问题;第二阶段是以互联网上的信息作为短信的主要信息来源,由互联网服务提供商作为信息的提供者,弥补了第一阶段中的不足。两种模式分别是 SMS(短消息业务)模式和 MMS(多媒体消息业务)模式。SMS 模式属于第一代的无线数据服务,通信内容仅限于文字,而 MMS 模式则可利用移动网络的高速数据通道来呈现文本、图像、音频、视频等丰富多样的多媒体元素。

这种应用模式主要是利用无线移动网络和互联网之间的通信来完成一定的教学或学习活动,如图 8-1 所示。学习者通过手机等移动终端将短消息发送到联入互联网的教学服务器,教学服务器分析用户的短消息之后转化成数据请求,然后将从互联网收到的信息进行分析和处理,最后将处理结果发送到用户的手机。利用这一模式,学习者可以很方便、快捷地实现与教师、学习同伴、互联网或者教学服务器之间的沟通与交流。但是,由于这种模式数据通信的间断性,所以实时性略差。通过短消息学习可以实施的教学活动有学校或教师对教学活动的通知、学生提问或咨询、作业查询和成绩查询、简单的测评和辅导等。此外,还可采用"群发"或者"短信通道"来进行学习管理服务和学习活动管理。

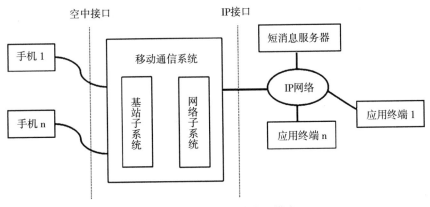

图 8-1 基于短消息的应用模式

2. 基于浏览、链接的应用模式

基于浏览、链接的应用模式目前主要有基于 WAP 与 Web 两种,具体如图 8-2 所示。

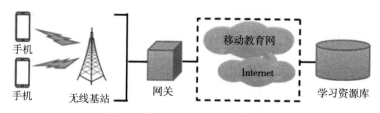

图 8-2　基于浏览、链接的应用模式

基于 WAP 的模式,是指学习者利用智能手机、PDA 等智能移动终端,利用 WAP 协议通过电信的网关接入互联网,进行网页的浏览、信息的查询、实时的交互等活动。其中主要有三个环境要素,即 WAP 终端、WAP 网关和 WAP 网站。随着通信协议的不断改进,通信速度的不断提高,这种应用模式目前也正在被社会大众广泛使用,并且会越来越普及,越来越深入。目前,关于 WAP 教育站点的建设也是移动学习领域一个很重要的研究方面。

基于 Web 的模式主要是指用户使用客户端的 Web 浏览器访问服务器端的网页,浏览器下载、处理了网页数据之后将其渲染在客户端,用户在浏览器中显示的网页上进行操作,浏览器根据用户的操作将更新过后的网页内容显示出来。这种模式相比基于 WAP 的模式更具优势。首先,WAP 应用并非标准的 HTML 语言,在设计 WAP 应用的过程中,必须使用 WML 语言来实现,或者使用 WAP 代理服务器将 HTML 网页翻译成 WML 网页,由于 WML 语言本身的功能所限,基于 WAP 的网页只具有基本的浏览、检索等功能,通常是静态的页面,视觉效果不如 Web 所呈现的动态页面丰富;其次,同一个网页经过 WAP 代理服务器的翻译后,其显示效果可能会发生较大的改变,因而可能为用户带来一些不必要的麻烦。

对于基于短消息的应用模式来说,其数据通信是间断的,不能实时连接,而基于浏览、链接这一应用模式则能够很好地弥补这一缺陷,实现连续的、实时的通信和交互。该模式不仅适用于个人的自主学习,而且能很好地实现小组协作学习。通过这一模式我们能够实现的教学或学习活动主要有信息查询、班级社区、Blog、图文资料的浏览、教学教务组织、远程交互、课程下载、流媒体课件点播、定位等。我们平时利用无线网访问谷歌、百度等,在线观看各种各样的微课程,浏览各种专题学习网站和在线学习网站等,都是属于这一应用模式的范畴。

3. 基于客户端的应用模式

客户端是指与服务器相对应的为客户提供本地服务的程序,简单来说也就是各种各样的应用软件。互联网发展起来之后,较常用的用户端主要有万维网使用的网页浏览器、收发电子邮件使用的电子邮件客户端,以及各种用以即时通信的客户端软件等。这一类的应用程序,需要与服务器端互相配合运行,即必须在网络中有相应的服务器和服务程序来提供相应的服务,并且,需要在客户端和服务器端建立特定的通信连接,才能保证程序软件的正常运行,为用户提供正常的服务,具体如图8-3所示。

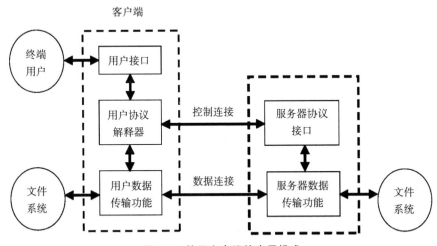

图8-3 基于客户端的应用模式

近年来,各种智能手机、平板电脑等个人移动终端的推广和普及也促进了基于安卓、iOS等系统的应用软件的快速发展。这些应用软件小巧轻便、智能快捷,为我们的生活、工作和学习提供了极大的便利,如我们最常用的微博、微信、淘宝、支付宝、百度地图等。因此基于客户端的应用模式也是移动微学习极为重要的一种应用模式。微博、微信这种具有极强交互性和实时性并且带有典型"微"特征的应用软件就是进行移动微学习的典型工具。学习者在刷新微博和微信空间的同时也在不断地更新着自己的信息储备,并且在与同伴、教师、专家等沟通交流的过程中建构、重组自己的知识结构,这样逐渐积少成多,来不断地更新自己、提升自己。现在,支持智能移动终端的各种学习应用软件种类繁多,不胜枚举。据不完全统计,仅仅用来背诵单词的软件就有十几二十种,可以充分满足每一个学习者个性化的需要和要求,而且随着开发技术的发展,这样的客户端软件还会越来越多。

4. 基于存储携带的应用模式

这一模式是一种脱机类的应用模式,主要是将电子书、多媒体课件等数字化学习内容存储在便携式移动设备上,以便随时随地地进行学习,这些移动终端可以是MP3、PDA、学习机、智能手机、平板电脑甚至是笔记本电脑。这一模式在断网的情况下仍然可以正常进行,主要是学习者与学习资源之间的交互活动,不受信号、网络等的影响。具体说明如表8-1所示。

表 8-1　存储携带应用模式

理论基础	非正式学习、无意识记、记忆规律
资源形式	文档、图片、音频、视频、课件等
适用终端	MP3、PDA、学习机、带存储扩展卡的移动电话、平板电脑
适用情境	繁忙又需要充电、路途中、闲暇时等零碎时间段进行学习
学习者需求	利用工作、学习之外的时间片段进行学习、充电
交互方式	学习者与学习资源之间的交互
评价方式	针对学习内容的练习与测试,对学习者的学习结果进行检验

第三节　移动微学习应用案例

近年来,移动微学习一直都是人们关注和研究的焦点,来自教育界、通信技术界、商业界等各大领域内的众多专家学者正在积极地进行移动微学习相关理论与实践的探索。其中不乏有一些可圈可点的实践案例,值得我们学习和借鉴。

一、新加坡课堂教学

应用领域:在课堂教学中的应用

学习模式:活动探究

应用模式:基于浏览、链接

移动微学习不仅可以满足非正式环境下学习者的学习需求,其作为辅助正式课堂教学的补充手段也是颇有成效的。研究人员曾在新加坡一所小学进行了一系列的相关研究,现选取其中一个典型案例来加以说明。

该案例主要是学习英语前缀词的使用,具体内容是学习英语前缀词 in、on、over、under、in front、behind 的正确使用。学习对象为 30 名小学二年级学生,整个学习过程的时间为 120 分钟,其中移动微学习主要是作为学生学习活动的主要形式来辅助和补充课堂教学的。

该案例中,安装了 GoKnow™ 微学习环境,并配备有辅助学习和管理学习功能的软件。同时,每个学习者配备一台 HP RX3715 型 Pocket PC,操作系统为 Microsoft Windows Mobile 2003,可以用来无线上网、文字输入、拍照和录音等,该设备是学生进行微学习的使用工具。整个教学过程主要包括两个活动,其具体过程如表 8-2 所示。

表 8-2　课堂教学过程

	地点	教师行为	学生行为
新课导入环节	多媒体教室	放映一个关于英语前缀词的填空题文档	对填空题文档进行作答；与教师合唱含有英语前缀词的歌谣
活动一：协作学习活动环节	指定的活动地点，如校园中的食堂、花园、运动场所等	根据学生特点将其平均分为六组	协作学习，小组活动；活动时间20分钟，活动形式自由发挥，活动内容是关于 in、on、over、under、in front、behind 等六个英语前缀词的应用
活动一：成果分享讨论环节	多媒体教室	组织、点评学生的成果分享	由小组代表将小组 Pocket PC 中的活动成果连接到台式机上，通过大屏幕将小组成果分享给全班同学
活动二：小红球的故事	多媒体教室	讲述一则关于小红球的故事，并编写成习题，如下所示： The red ball was in my _____. It bounced out and landed on a _____. Then, it started to roll under the _____ and over _____. The red ball eventually stopped right in front of _____ but then it rolled again to finally stop behind _____.	将习题下载到自己的 Pocket PC 上，通过 Word 打开，完成习题，根据前面所学六个英文前缀词的用法，发挥自己的想象力进行填空，完成小球蹦蹦跳跳的六个经历；应用 GoKnow™ 环境中的动画制作软件 Sketchy™ 完成小红球运动过程的制作；将 Pocket PC 连接到多媒体计算机上展示自己的作品，并分享其他同学的成果

在整个教学过程中，活动一的协作学习活动环节与活动二是核心部分，也是移动微学习进行的主要环节。在活动一的协作学习活动环节中，学生充分利用 Pocket PC 学习工具来自由进行学习活动。比如：选取某些对象先进行拍照，然后根据照片内容利用所学的六个英语前缀词进行造句，并将活动中拍摄和造句成果进行保存，最后在课堂上与其他同学们进行分享。而活动二中，可以先写故事再根据自己所写故事制作六个情境的帧动画，也可以边写故事、边制作动画，也可以构思并完成动画后再写故事，学习者可以充分发挥自己的想象力，随心所欲地进行学习活动。

这个案例是一个典型的将现有的课堂学习与移动通信环境相结合的学习形式，学习者人手一台微学习移动终端，即兴发挥，创意无限，共享知识，完成建构。移动通信终端不仅能够方便学习交流、成果共享，还可以将拍照环节、造句环节、讲故事环节、做动画环节等各个学习环节加以整合，形成一套完整的学习作品，存储起来作为后续扩展的基础，提高了学习者的学习成就感。

最后需要加以说明的是，在利用移动微学习来辅助课堂时，有一点是需要我们注意的，在进行教学设计的时候，教师应结合预设的教学目标来考虑是否有必要在移动通信环境下进行微学习活动，各方面综合考虑，以避免进入"为使用技术而使用技术"的误区，从而使微学习工具充分发挥其应有的作用,达到最优化的教学效果。

二、移动微学习APP

APP	应用领域	学习模式	应用模式	APP功能
红十字掌上急救学堂	个人学习	知识传递	客户端	该APP一共包含"学习""预防""应急""测试""信息"五个模块。其中前四个模块是主要学习模块,"信息"模块则主要是有关红十字会组织以及一些其他相关方面的信息介绍。 (1)"学习"模块。 该模块共提供了21种常见的伤病及其处置方法,包括"过敏反应""哮喘发作""出血""骨折""烧烫伤"等。每一个不同的主题都主要由文本、图像和短视频形式组成,用于日常急救知识的学习,如图8-4和图8-5所示。  **图8-4 "学习"模块界面** 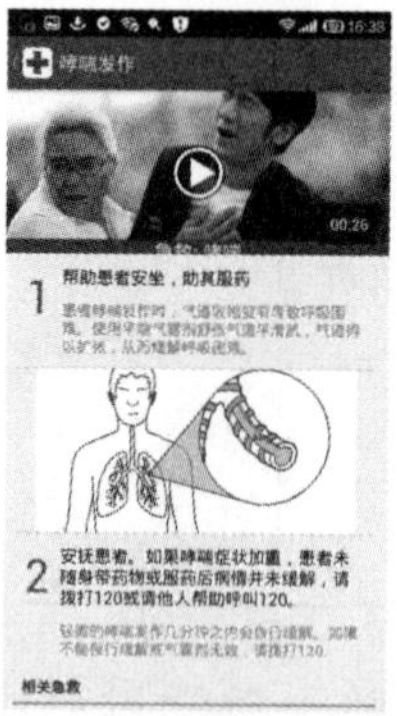　　**图8-5 "哮喘发作"界面** (2)"预防"模块。 该模块提供了20类常见事故的预防方案,包括"化学紧急事故""旱灾""地震""应急包""日常突发事件"等。每一个主题中都详细地罗列了进行应急工作的关键步骤或物品清单,以供用户进行自主学习,如图8-6和图8-7所示。  **图8-6 "预防"模块界面** 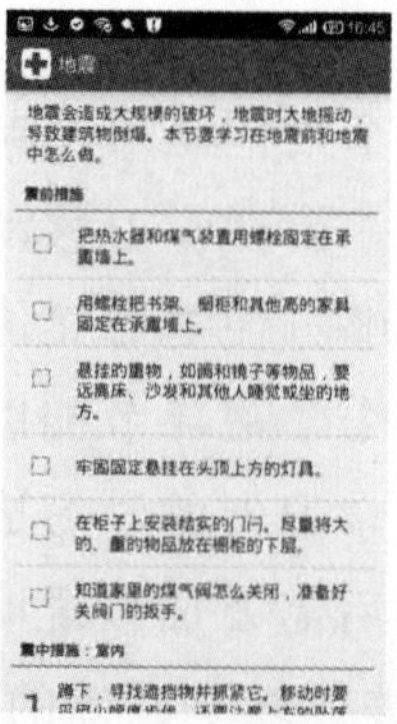　　**图8-7 "地震"界面**

APP	应用领域	学习模式	应用模式	APP 功能
红十字掌上急救学堂	个人学习	知识传递	客户端	(3)"应急"模块。 该模块包含 19 种突发疾病及其处置办法,包括"过敏反应""哮喘发作""出血"等。这些突发疾病与"学习"模块中所罗列的大部分相同,不同之处在于"学习"模块中主要是各类疾病的详细处理方法,该模块则主要是简单的应急说明,主要是为特殊的应急状况提供循序渐进的指导,如图 8-8 和图 8-9 所示。 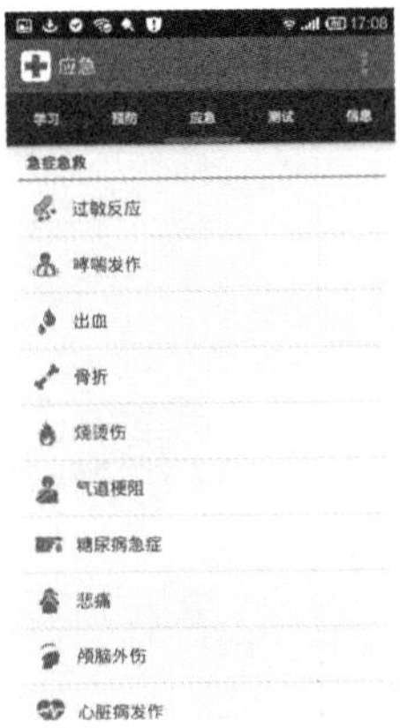 图 8-8 "应急"模块界面 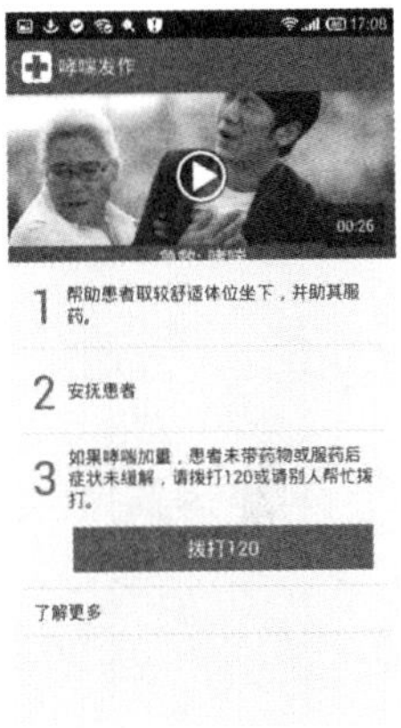　　图 8-9 "哮喘发作"界面 (4)"测试"模块。 该模块供用户来检验自己是否掌握了一些基本的急救知识及技能,鼓励用户重复访问并通过让用户展示他们所学经验来激发学习信心,如图 8-10 和图 8-11 所示。 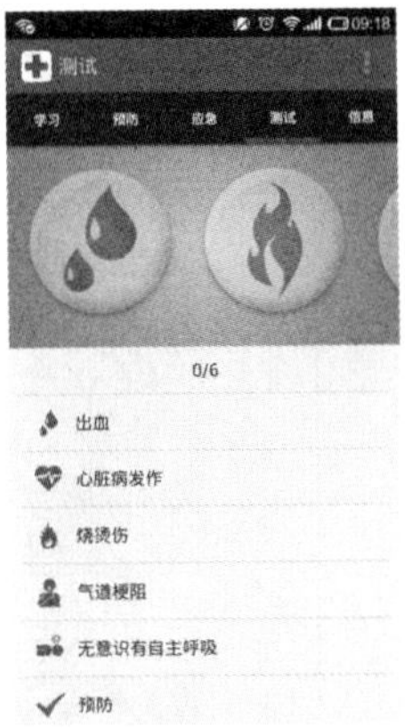 图 8-10 "测试"界面 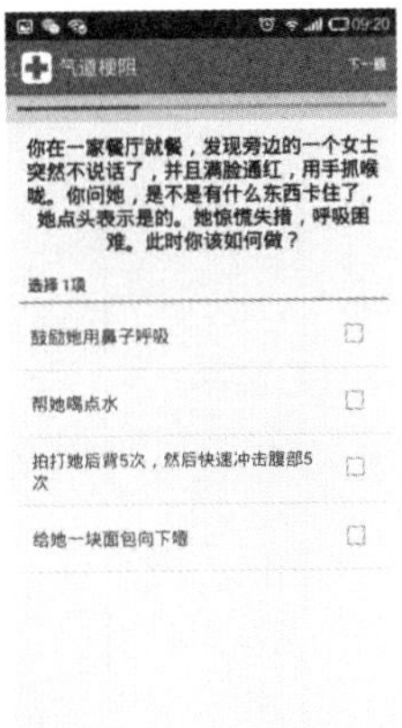　　图 8-11 "气道阻塞"界面 整个 APP 界面简洁明了,内容呈现简洁有效,主要以清单、问题、文本、图像、短视频等形式为主,各个信息模块微小简洁,可谓图文结合、声情并茂。

APP	应用领域	学习模式	应用模式	APP功能
英语魔方秀	个人学习	模拟体验	客户端	该APP是一款英语学习软件，主要是通过为影视作品、人物演讲等经典片段模拟配音来锻炼英语口语发音。主要有"首页""节目""广场""我的"四个模块。 （1）"首页"模块。 该模块主要是一些经典推荐，由影视片段、推荐配音秀、求合作秀、推荐魔方讲解秀四个部分组成，如图8-12和图8-13所示。  图8-12 "首页"模块界面 　　图8-13 "首页"模块界面 （2）"节目"模块。 该模块是本APP的核心模块，主要是一些影视片段供大家选择来进行配音学习，有童乐园、放映室、关于爱情三个题材，并提供搜索和按时间、按热度进行排序的功能。选择视频片段点击进去，即可进行演出，在演出过程中是逐句来进行学习录制的。在每一句台词或歌词进行录制的时候都有简单的同步讲解，并有本句的原奏和慢放效果，用户可学习一句录制一句，学习和录制都非常便利。另外，用户还可以查看本段其他热门配音秀，并就此发表评论、进行分享，与配音者进行交流切磋，如图8-14至图8-17所示。  图8-14 "节目"模块界面 　　图8-15 节目录制界面

APP	应用领域	学习模式	应用模式	APP功能
英语魔方秀	个人学习	模拟体验	客户端	 图8-16 本段热门配音秀界面　图8-17 本段热门配音秀子界面 （3）"广场"模块。 　　该模块是一个内容比较丰富的模块，主要有专题活动、小魔推荐两大部分。另外，本模块还提供了热门配音、热讲解、求合作、新配音、新讲解五个部分的搜索功能。在小魔推荐部分，每个主题内容都很短小精干，有经验分享、学习指导、经典推荐，也有各种各样的兴趣话题，如图8-18至8-21所示。 图8-18 "广场"模块界面图　图8-19 "广场"模块子界面

APP	应用领域	学习模式	应用模式	APP功能
英语魔方秀	个人学习	模拟体验	客户端	  图8-20 "广场"模块子界面　　图8-21 "我的"模块界面 （4）"我的"模块。 　　该模块为用户个人中心，记录用户在本APP中的活动情况，也是用户与"魔友"进行交流互动的个人空间。 　　该APP口号是"像明星一样说英语"，集合了大量的经典影视和公众人物的微小演讲片段，让用户来进行口语模仿、角色扮演，将枯燥的英语口语学习变成富有趣味性的表演活动，深受广大英语爱好者的喜爱。

APP	应用领域	学习模式	应用模式	APP功能
儿童教育游戏	个人学习	教育游戏	客户端	该APP是一款儿童教育游戏，游戏中按照不同的主题划分了20多个微小模块，涵盖了数学、语文、英语、颜色、音乐等多个方面的基本知识，各个模块中都设有相应的小游戏，让儿童边玩边学，如图8-22至8-24所示。  图8-22 主界面1

APP	应用领域	学习模式	应用模式	APP 功能
儿童教育游戏	个人学习	教育游戏	客户端	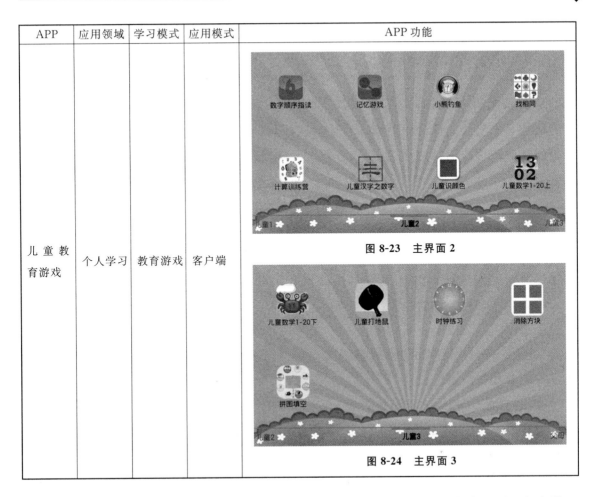 图 8-23 主界面 2 图 8-24 主界面 3

除此之外,还有很多有关移动微学习探索与实践的尝试,比如"滴滴微学"移动学习云平台、"4A 微学习""微学堂"移动学习平台、微学习平台、"知牛"编程技能微学习平台等,以及"学习中国""微健身"等应用 APP,其中不乏成功者也有失败者,然而不管结果如何,这些尝试都是我们实践的宝贵经验,都能让我们从中有所启示、有所收获。只要各界人士继续锲而不舍地尝试与钻研,我们必定会在移动微学习领域内取得累累硕果。

三、企业培训

应用领域:企业培训

学习模式:知识传递

应用模式:客户端

1. 广东移动 U-Learning 学习管理系统规划项目

在分析了培训落后于业务发展、培训时间碎片化、缺乏个性的培训方式、培训效果不明显等传统培训模式的劣势后,广东移动对培训工作进行了一系列的改革和创新,意在鼓励员工充分利用工作间隙,随时随地上网学习。

(1) 搭建全流程学习平台。

工作重心围绕"搭平台,整合学习资源"展开。首先员工可以直接到学习平台上寻找学习资源,满足实时培训需求;其次,将大部分的培训或课件精练成碎片化的知识(比如将传统的 3 小时长的课件压缩成 5 分钟),这些知识以文档、视频、声音等多种形式呈现,充分匹配员工可能的碎片学习时间,方便员工随时随地学习;最后,员工可以完全根据个性寻找、设置、组合自己需要的知识;同时,员工又是知识的贡献者,通过知识分享和交互,可以实现个性化问题的解决。

(2) 开发微学习碎片化平台。

以往培训学习平台的很多学习方式都以互联网和传统教室为载体,要求员工必须有完整的时间块参与到学习中,而广东移动的微学习带来了新的变革,在内容、功能、学习方式等方面体现出了创新优势。

① 在内容方面,微学习包括了面授的知识点、培训供应商提供的"口袋书"或"知识辞典"、e-Learning 课程中的案例、知识点提醒等元素;由员工自发产生的核心观点、经验概述等大量的微内容素材。

② 在功能方面,微学习模块可以在移动互联网环境下进行信息传递、知识检索、课程点播学习、互动点评等,可以有效支撑图文、视频、动漫等多种内容形式的分发学习和订阅学习。

③ 在学习方式方面,总体来看,现有的 U-Learning 体系和微学习具有"以学习者为中心、以解决问题为导向"的特点。首先,在新学习模式下不必拘泥于终端和网络的限制,员工在任何终端、任何地点、任何网络都可以接入 U-Learning 平台获取需要的知识要点;其次,学习内容不再局限于培训机构的定制安排,员工可以自由获取和工作学习相关的任何碎片式知识点,随时随地解决工作的困惑。

此外,菜单式学习、搜索式学习、博客讨论式学习等,在 U-Learning 体系中得到极大的支持。广东移动正是通过互联网下的全新学习平台,实现了从"线下面授为主"向"线上学习"的转变,从"集中学习"向"分散学习"的转变,从"单方面获取知识"向"双向交流共享知识"的转变。

(3) 微学习 APP。

该 APP 主要包括以下几个方面。

① 学习专题:首页呈现最新、最热学习专题,把最好的内容第一时间送达用户的指尖;学习专题涵盖六大业务模块,随需定制,最大程度满足用户的学习需求;专题课程分类用户可以根据自己的意愿来进行,想怎么分就怎么分;专题也可以评论,并且可在头条

中予以显示。

② 微课学习：微课分类更清晰，6000个微课一览无余；内容搜索处处有，用户可以轻轻松松找到自己想要的内容；视频课件结束处增加温馨提示，提醒用户学习结束后休息一下；学习结束之后不仅有学习评价，还可点赞加评论。

③ 用户体验：图文比例更协调，界面指引更清晰；用户还可在个人中心中管理自己的学习活动；能够实现最新资讯快速推送，与用户保持同步。

2. 思创微信学习平台

(1) 微学习服务解决方案。

针对企业培训普遍存在枯燥、乏味、效率不高等问题，思创网络有限公司基于微信的基本功能及其开发模式的功能优势，推出了一套以微学习综合服务为特色的学习解决方案，帮助企业建立有效的员工学习发展体系，实现企业整体竞争力的提升。内容主要有以下几种。

① 定制化微信平台开发及项目设计。根据企业的需求，提供微信平台开发、服务器部署维护、项目方案设计、微课体系规划、微课内容开发、专家顾问提供、测评题目设计等多项服务，以迎合企业培训的需要，为学员设计定制个性化学习方案，提升学员满意度。

② 针对性、多形式化的专业课程内容推送。精品的微课程设计：基于多年来积累大量的精品课件资源建设经验，结合微课程短小精湛的特点，运用加涅建构主义认知心理学原理，为不同学员合理规划课程结构，设计若干单元模块等。达到即学即用，有效提升学习者的职业能力和改进组织绩效。

突出重点，引起兴趣：利用微学习的特点，并结合培训实际，提取内容精华，制作成短小精湛的内容素材，吸引学员关注，培养用户的学习习惯，帮助学员提高学习效率，以最终实现企业培训效率的提升。

因材施教，加强培训内容的针对性：通过权限分级管理，为各级管理员提供不同的管理视图；能够有效统计学习进度、学习频次、访问周期等，通过数据透视表分析有效提升M-Learning培训服务质量。

丰富培训内容，提升学习兴趣：微学习系统在学习内容上的多样化，主要是源于Flash动漫、视频、音频、图文等多种形式的学习内容，从而激发员工兴趣，增强移动学习体验。

③ 新型的运营模式。利用微信学习平台的优势，为用户提供了线上学习游戏化、培训方式线上化、知识检验游戏化、讲师评选活动四种运营模式。

④ 专业、便捷交流互动平台。微学习系统通过提供评论交互功能，对于感兴趣的精彩课程和资讯，允许员工自由点评、分享观点，强化员工与培训管理员之间的沟通，同时

对学员提出的疑问进行及时反馈,充分发挥微社区的优势。

⑤ 成熟、稳定的运营管理平台。经过长期的研究与实践,为客户量身打造了一个智能、便捷、可操作性强的后台运营平台,并利用此平台为用户提供学员信息认证、内容素材定制、知识模块分类清晰、全程跟踪统计、学员信息报表显示、学习计划制订等功能,确保培训学习的高效性。

⑥ 完善的知识评估体系。在微学习系统中为用户设置有完善的效果评估功能。学员可通过在线评估,提出每次培训的看法与意见。培训学习结束之后,通过思创设计在线答题、布置作业等方式检测及巩固所学知识,尤其在作业管理上,作业推送、作业点评等服务,可确保学员切实掌握培训内容。

(2) 思创微信学习平台。

思创微信学习平台在企业微信订阅号或服务号的基础上,进行专属开发,在架起企业与学员、公众间互动沟通的快捷通道的同时,实现企业内部知识的传播与沉淀,以此帮助企业做好员工培训、人才管理等相关工作。其所具备的移动化、碎片化等特点,不仅弥补了传统培训受时空限制的缺陷,更能调动学员的阅读兴趣,实现将最精彩的内容推送到离学员眼球最近的手机桌面。

思创微信学习平台的功能有以下几点。

① 线上报名签到。

- 支持信息/邮件批量发送,完成培训通知。
- 可自定义报名信息,设置二维码报名,并导出报名数据,实现在线报名。
- 支持学员认证、分组,统计学习记录、积分。
- 可通过预设签到地理坐标信息,允许签到的实际范围,实现在线签到。
- 支持各类学习报表,后台可查看数据统计报表。

② 针对性内容推送。

- 可因材施教,向不同组织员工推送不同内容,每次推送可包括多个素材内容。
- 内容形式支持视频、图文、文档、动画多种形式。
- 移动终端的微型网站,设定清晰的内容模块导航,便于学员快速查找学习内容。
- 在微信公众平台素材库或后台录入素材,对素材内容进行编辑、修改。

③ 在线测评考试。

- 利用在线考试、作业管理等方式进行知识测评。
- 测评题目类型包括支持所有的客观题目,支持图文答题。
- 考试成绩可以被后台跟踪记录。
- 用户完成答题后,后台可导出答题结果报表。

④ 移动汇报。
- 制订督导行动计划、分享优秀案例,做好移动工作汇报。
- 后台统一制定巡店行动计划模板,每个督导按照严格的步骤巡店。
- 行动计划执行过程包括知识总结、图片反馈、效果评价等。
- 督导可以把优秀店铺巡店结果分享到好友圈或者发送指定人员或者微信群供参考。

为满足企业的实际需求,该微信学习平台既可作为独立的学习平台,又可用以辅助面授、e-Learning 网络学习,从而帮助企业做好员工的培训管理,让学习更轻松、更有效。

当前,我国移动微学习的应用虽然不乏优秀的成功案例,但是在极大程度上仍然处于探索和尝试阶段,其中还有很多的问题亟待解决,主要有以下几个方面:有关移动微学习的实际应用研究、学习资源的建设、学习管理平台的建设、学习交互与反馈的完善、学习标准的建立等。总之,正是这几个方面存在的问题造成了移动微学习缺乏足够的学习资源、合理的学习管理平台以及正规的学习标准等缺陷,束缚和制约了移动微学习的发展。在今后的研究与实践中,我们应将关注点放在这几个方面,重点解决这些问题和不足。

第九章　移动微学习的发展趋势

未来的学习方式将会有很大的不同,教学的结构和学习者本身都会发生改变。终身学习、全民学习、泛在学习等都将成为为适应社会发展而产生的学习方式的必然趋势。一个不容忽视的现象就是现今人们随时随地地学习随处可见,上下班的路途中、出差的旅程中、购物排队结账的等待中等一切可以忙里偷闲的时间,人们都充分利用手中的移动设备作为学习的媒介,了解各个领域最新资讯的平台。这就是移动微学习普遍存在的最好见证,也是研究移动微学习未来发展趋势的最好根据。

现阶段移动微学习的研究和相关应用发展到了什么程度?主要的研究方向是什么?在移动微学习研究过程中存在什么问题?又有什么样的条件限制了移动微学习的发展?这一切对于移动微学习未来的发展都有着紧密相关的联系。只有立足于当下的现状,分析移动微学习的发展环境,才能更好地把握移动微学习的未来发展趋势。

第一节　移动微学习的发展现状

2013 年堪称中国在线教育元年,2014 年则被称为移动元年。当在线教育用户有望破亿、市场规模也将直奔 1500 亿元的 2015 年来临之时,手机等移动设备也正以迅雷之势占领互联网各主要入口。移动学习迎来微学习时代,已是大势所趋。

以移动微学习理论为指导而产生的移动微学习产业链也正在快速发展之中,互联网企业拥有敏锐的嗅觉和强烈的危机感,大趋势来临之时,总是主动或被迫发生着改变。无论基于互联网的智能硬件厂商,还是服务供应者,都争相推出移动端 APP,希望抢占更多用户。而在线教育市场也不甘落后。这一起步于 10 年前的行业,在移动互联网时代,面临着由桌面向手机的转型,众新老厂商推出成百上千教育类 APP,各具特色,使用户顿生迷乱,难于抉择。根据 APP Store 数据统计,教育类 APP 在 2014 年底已超过 7 万个,占据应用商店中应用类型第二位,占比超过 10%,仅次于游戏类应用。

手机用户青睐移动微学习类型 APP,看中的正是其灵活、操作性强、随时随地、互动性强等优势。有机构调查报告显示:56% 用户有意愿为移动微学习 APP 付费,反映出用户对于收费产品表现出了不错的接受度。这代表了移动微学习具有传统学习和网络学习不可比拟的优势，我们可以通过数据分析大胆预测，移动微学习在未来 3~5 年内的应用将超过 PC 应用。一旦在移动微学习上产生新的创新应用模式突破，移动微学习将取代 Web 学习的远程学习统治地位。

当前我国移动微学习的研究呈现蓬勃态势，但迄今为止可供借鉴的优秀案例仍然较少，教育层次和学科分布也分散不均，大规模实际应用并未普及，追根溯源，国内研究与应用存在以下不足。

一、可持续发展的高效产业链尚未形成

目前虽然有一定数量的学校、企业、政府间合作项目，但多是基于一个项目或课题的形式完成，尚未利用三者各自优势形成设计、研发、应用、评价等一条完整的稳定产业链。这是由于三股力量所掌握的技术及目的不同和压倒性优势主导方缺少导致，这造成移动微学习目前在我国的广泛应用不明显，未来促进移动微学习的广泛应用还需要在政府推动下校企等多群体的深度合作。

二、标准化建设欠缺

标准化是为了在一定的范围内获得最佳秩序，对实际的或潜在的问题制定共同的和重复使用的规则的活动。在移动微学习领域，由于本身存在终端、开发技术、应用平台、资源形式等的多样性，标准化研究尤为重要。国内也有不少学者做了相关研究，如华中师范大学赵刚根据不同终端的适应性特点对 LOM 标准的扩展，但尚未有成文或法定标准制定，缺少覆盖整个行业的标准对移动微学习的发展与推广无疑是一个阻碍。同时，标准先行有利于推动移动微学习在终身学习中的作用得以充分体现，而当前移动微学习标准的研究还是空白，这非常不利于移动微学习研究的深入和共享。建立国际通用的移动微学习标准，将成为该领域学者的努力方向和共同期待。只有建立一系列标准，才能有效改进移动微学习产品、过程与服务的适应性。

三、资源少、学习效果难跟踪、资费高等问题仍显突出

相比传统学习的学习内容，移动微学习的学习内容旨在"微"与"学"的结合，这样的要求导致了现阶段移动微学习的学习内容并未能按照一定的标准进行统一化的整理组织，移动微学习的资料库建设有待完善；同时，移动微学习和远程学习及移动学习一样，学习效果跟踪是个难题，如何打造专业化、智能化的移动微学习学习效果跟踪平台是急需解决的问题；另外硬件上，移动微学习的终端设备配置要求高，价格昂贵，不能得到广泛使用；最后在学习模式应用上，传统教学模式与远程教学模式相结合的移动微学习更

加注重将探究型、问题型、协作型以及案例型教学模式结合到一起,构建合理的移动微学习模式始终是移动微学习研究的重中之重。

综上,推广移动微学习不仅仅需要大众学习者转变学习习惯,更需要其对学习方式的认同,同时作为一种实施较难的学习方式,我国政府必须结合国情加强引导作用,建立一系列相关产业标准,投入政策与资金的扶持,引领行业发展;而作为资源开发主体的企业在资源开发上应注重考察资源学习效果,完善相应的服务;对于学校普通教育工作者与研究者,则应结合传统课堂教学和网络教学优势,恰当应用移动微学习,同时注重经验的交流与总结。让大众学习者认可并充分利用移动微学习,需要联合多方力量创设良好的环境,这也是一个随经济发展和数字化进程推进的逐步发展的过程。

第二节 移动微学习的未来

一、相关研究拓展移动微学习发展深度

通过对移动微学习的国内外研究状况调查,以及移动终端和课程开发工具的现状调查,对于适合于移动微学习的微型学习设计,我们可以获得如下一些启示。

1. 强化移动微学习的意识,提高远程学习者的自主学习能力

如前所述,移动微学习是一种随时随地地学习,要求学习者自觉完成,移动微学习和传统的学习有很大的不同。在移动的环境中,学习者是在一定的"零碎"时间中进行的"片断"学习,再加上移动微学习较为随意,学习环境往往比较复杂,存在较多的干扰因素,因此使得学习者注意力容易分散,学习的知识缺乏系统性。因此,应有目的地对学习者进行移动微学习的相关教育与应用实践的指导,提高其对移动微学习的理解和认识,深入理解其内涵和特征,使其能准确、快速地选择合适的移动微学习资源;同时树立终身学习的理念,提高远程学习者的自主学习能力,培养坚定的学习毅力,这样才能从根本上提高移动微学习者的兴趣持久度。

2. 深化微型学习设计的研究

虽然与移动微学习相关的理论和实践都已有一些研究,但从目前的研究现状来看,关于移动微学习课程设计的研究还是非常有限的,也较少针对移动微学习的特点对课程进行专门的设计,而针对移动终端的"短小、精干、实用"的微型学习特点还有待进一步实现,微型学习设计的研究还需深化。

3. 建设微型学习课程资源

微型学习资源库作为微型学习必不可少的一个部分,可为学习者提供即时更新的微

型学习资源。从现状调查我们看到,已经有各种微型课程开发工具可以用来开发微型学习内容。如何根据移动微学习的特点,为移动微学习者设计、建设合适的微型学习课程资源,以提供丰富的、多种媒体形式的微型学习资源库,将是一项非常有意义的任务。

4. 进一步完善移动微学习技术

虽然目前移动通信设备得到了极大的改善,但与固定设备相比还是存在着较大的差别。同时,网络连接的不稳定性,加上网络通信费用较为昂贵、人机交互界面复杂,直接导致了学习者学习效果的低下,使之不愿再继续学习下去。因此,借助于无线网络技术和移动通信技术的发展,给学习者创造一个安全的、友好的个人情感体验环境,提高通信技术、保障网络的快捷和通畅、降低网络通信的费用是推动移动微学习发展与普及急需解决的问题。

5. 建立微型学习资源建设标准

从移动微学习的设施现状看到,移动微学习的终端品种多样、型号各异,微型学习的内容如何满足不同终端设备的要求,是微型学习资源建设面临的严峻挑战。建立微型学习资源标准,规范微型学习资源建设,是移动微学习持续发展的重要保证。

6. 制定移动微学习统一的评价体系

移动微学习是移动的、灵活的,并且学习对象也是分门别类,比较特殊,学习更是具有随时随地性,从学生的学习效果的有效性来看,评价的难度会增加。因此,在学生的学习过程中,必须对移动微学习的效果评价有一个统一的标准,采用一种有效的、适当的评价体系,多元化、多层次、多角度进行评价,否则就会不利于学生的发展和能力的提高。移动微学习是一种新的数字化学习方式,是移动通信、网络技术和当代教育结合的产物。它导致了移动数据通信与移动互联网的兴起。由于它的种种优势,在现代远程教育中的应用受到了人们一致的认同,相信随着移动微学习理论研究的逐步成熟和技术的日趋完善,移动微学习将在现代远程教育发挥更大的作用。

二、技术引领移动微学习的发展方向

1. 新举措:大数据

什么是大数据时代的移动教育,以数据中心为核心,对所有终端设备进行全面辐射,每个用户在数据中心拥有唯一的 ID,用户的学习设备可以是手机、电脑、平板电脑、智能电视,也可以是地铁的大屏幕,用户的学习成果以及相关的信息都可以保存到云端,在任何时间、任何地点,只要打开可以连接数据中心的终端,都可以接受教育,所以在这个意义上,互联网和移动互联网就仅仅被看成两个通道而已,真正的交互是用户和数据的交互,此时的 APP 和 Web 浏览器也可以归为一类,称为小工具。就目前的形势来看,离基于大数据的移动微教育平台还有很长时间,厂商们都各自为战,一个本来需要聚合的教育资源越变越零散,所以未来的移动微学习领域很有可能会出现一个可以整合这些资源的云服务商,做移动微学习领域的淘宝网,让各自厂商入驻,让用户随时随地可以接受到自由的教育。

2. 成功:保证巩固学习成果,超越死记硬背,建立起内容知识,核心认知和社会技能,如自我控制、合作、表现、分析等

新模式的激励机制建立在行为经济学和心理学之上;学习作为一个社会行为让学习者积极合作,互相帮助,解决问题,提供个性化的学习经验,最后实现学习者的自身利益和目标。

3. 新策略:整合跨媒体环境下的内容传播

移动互联网时代,"跨媒体"环境成为热点讨论话题之一。大家认为:"多设备媒体环境下的内容需要加以区分。"也就是说,在不同的设备上,相同的内容需要以不同的形式去传播。目前,有企业开发了软件能够实现"相同内容,跨媒体传播"的理念。例如,具有综合性解决方案的 GOMO 平台可以实现"多屏学习"的创作工作。在该平台上,视频、音频、图形和文本内容随着设备的不同而以不同形式呈现。而在交付过程中,GOMO 平台将实现一站式服务,让智能手机、平板电脑和台式机以最快捷的方式实现内容输出。移动微学习最大的特点在于其随意性与应该根据不同的时间和场景选择不同的设备,整合跨屏幕下的内容进行传播。

4. 新规则:游戏化学习

当前,通过游戏化策略推进移动微学习已成为行业热点。游戏化是指将某个已经存在的、具有一定核心和内在价值的事物与游戏机制相整合,以激发用户的参与度、投入感和忠诚度。

此外,游戏化已经被视为吸引用户参与到产品中的方法,市场中"游戏化"产品的数量正在不断增加。有研究表明,游戏化学习是未来发展的大趋势之一。

5. 新模式:混合现实

混合现实(既包括增强现实和增强虚拟)指的是合并现实和虚拟世界而产生的新的可视化环境。在这个环境里,物理形态和数字化对象共存,并能实时进行互动。混合现实技术在虚拟环境中引入现实场景信息,在虚拟世界、现实世界和用户之间搭起一个交互反馈的信息回路,以增强用户体验的真实感。

虚拟现实展现立体型的综合教学模式不只是与老师交互,同时也可以与知识交互,每一个知识点都可以立体展现,让学生对知识点有身临其境的感觉。比如学天文物理,它的最佳场景是置身宇宙中,学政治,最好是模拟身为总统来分析国际形势。学法律,你就是法官,在复杂的情况下作出最公正的判断。

6. 新设想:人工智能和启发性搜索

人工智能正向着实现人与物体、人与服务、人与知识之间的紧密关联的前景发展。

但无论人工智能发展到什么阶段,搜索是最起码的需求。搜索方式会脱离文字框,目前语音搜索与OCR识别、图像识别技术正在迅速提升准确度。这意味着将来的学习中只要有一个机器语音引擎,更智能的搜索基于意识搜索,大脑只要一想到什么就通过传感器传输到云端再返回给适当的终端,或者如阿凡达中把人的意识跟生物对接,直接获得超能力。这是当前机器学习(Deep Learning)与可穿戴设备领域都在探索的方向。百度2015年愚人节推出的神灯搜索对下一代信息整合和学习方式有启发意义。

7. 新方向:社区化

互联网的发展改变了很多东西,回顾这20年互联网的整个经历,它首先改变的是我们的娱乐方式,尤其在中国。第二是改变了我们的通信方式,比如QQ的发展。第三是改变了我们的购物方式,主要是各类电商。当生活的点点滴滴被互联网改变以后,其实我们的整个生活方式已经发生了变化。遗憾的是,教育和学习的方式改变得稍微慢一点,但是移动微学习的一个大的趋势应该是把一群兴趣相同的人聚在一个地方,以知识分享的方式产生学习的驱动,所以社区化应该是一个大的方向,这个大的方向才能把兴趣相同的人聚到一起,他们才有知识分享的动力。

移动微学习的未来,每一个学习者都会拥有一个固定的ID和数据档案,里面记录他们的证书、参加过的所有项目的名称、所有提交的作业、他们的课程和社区参与的徽章、目前活跃在哪些课程中等,学习中心将遍布世界各地,作为同伴和社区的延伸,让学习者无障碍地去访问其他学习者。可以想象伴随着学习者的成长,他们的圈子从小学、中学到大学,在不断演变。大多交流可以在网上进行,也可以定期参加小型组织的线下聚会,而小型组织又可以变成大型社区,让大家有归属感。

结　语

移动技术的发展、终身学习理念的传播、科技的不断更新,无论从哪个角度去看,也无论你以什么视角去参与,你都不能否认移动微学习的快速发展必然是历史所趋。然而,历史又从来都不可预见,移动微学习的未来同样如此,大数据的冲击、社区化的推广、技术的革新、开放性的世界,如此种种,无疑都给移动微学习的未来蒙上了神秘的面纱。它不可测,但可以大胆猜想,我们从移动微学习的特点着手,以终身学习概念为基,以社会发展为依,以技术走向为据,未来的移动微学习将变得更加多元化、人性化、智能化、泛在化,移动微学习将成为整个学习世界的有效接口,知识将无障碍地进行交流,随着数据的积累,移动微学习将根据个性特点动态调整教程,促进学习者的不断发展,真正实现终身教育、终身学习的未来化宏伟蓝图,一切只为了迎接下一个激动人心的时代。

参考文献

[1] 王建华,李晶,张珑.移动学习理论与实践[M].北京:科学出版社,2009.

[2] 李晟,余胜泉,薛峰,等.移动学习时代到来[J].中国教育网络,2013(11).

[3] 吴军.微学习——学生自主学习的新模式[J].中国教育信息化,2012(14).

[4] 张振虹,杨庆英,韩智.微学习研究:现状与未来[J].中国电化教育,2013(11).

[5] 任建.从教学媒体的演变看教学设计的发展历史[J].电化教育研究,2012(8).

[6] 祝智庭,张浩,顾小清.微型学习——非正式学习的实用模式[J].中国电化教育,2008(2).

[7] 吴军其,彭玉秋,吕爽,等.基于手机终端移动微学习的可行性分析[J].中国教育信息化,2012(19).

[8] 陈维维,李艺.移动微型学习的内涵和结构[J].中国电化教育,2008(9).

[9] 张豪锋,朱喜梅.移动微型学习在远程教育中的应用[J].继续教育研究,2011(04).

[10] 张然.移动微学习在双语教学中的应用研究[D].济宁:曲阜师范大学硕士学位论文.

[11] 余胜泉.从知识传递到认知建构、再到情境认知——三代移动学习的发展与展望[J].中国电化教育,2007(6).

[12] 黄荣怀.移动学习——理论·现状·趋势[M].北京:科学出版社,2008.

[13] 中华心理教育网.行为主义学派观点[DB/OL].http://www.xinli110.com/xxlp/xwxp/lljs/201107/236346.html.

[14] 吉林省教育区.认知主义学习理论概述[DB/OL].http://club.jledu.gov.cn/?uid-33-action-viewspace-itemid-6521

[15] 张剑平.现代教育技术——理论与应用[M].北京:高等教育出版社,2005.

[16] 钟毅平,叶茂林.认知心理学高级教程[M].安徽:安徽人民出版社,2010.

[17] 李娟,刘彪,王鑫鹏,等.基于微型移动终端的非正式学习研究[J].现代教育技术,2009(19).

[18] 王文静.情境认知与学习理论研究评述[J].全球教育展望,2002(1).

[19] 魏洪伟,邱佳奇,孙惠杰.移动学习理论与实践[J].计算机工程与科学,2009(31).

[20] 何克抗.TPACK——美国"信息技术与课程整合"途径与方法研究的新发展（下）[J].电化教育研究,2012(6).

[21] 新浪博客.TPACK中的"境脉"——如何更加通俗化[DB/OL].http://blog.sina.com.cn/s/blog_56e26af60101dy2x.html.

[22] 张洁.基于情境感知的泛在学习环境模型构建[J].中国电化教育,2010(2).

[23] 叶成林,徐福荫.移动学习及其理论基础[J].开放教育研究,2004(3).

[24] 张洁,王以宁.基于境脉感知的移动混合式学习系统设计[J].现代远距离教育,2010(5).

[25] 新浪博客.活动理论对网络学习下的学习设计的启示[DB/OL].http://blog.sina.com.cn/s/blog_6ce4961f010194gp.html

[26] 项国雄,赖晓云.活动理论及其对学习环境设计的影响[J].电化教育研究,2005(6).

[27] 王琳.基于LAMS的活动理论教学设计模式研究[D].武汉:华中师范大学硕士学位论文.

[28] 程志,龚朝花.活动理论观照下的微型移动学习活动的设计[J].中国电化教育,2011(4).

[29] 房慧,张九州.库伯经验学习理论视域下的成人学习模式研究[J].成人教育,2010(11).

[30] 初建军.基于无线网络环境的移动学习平台研究[D].天津:天津大学硕士学位论文.

[31] 黄跃东.试谈无线网络通信技术及其应用[J].电脑编程技巧与维护,2011(24).

[32] 张长春,邹传云.当前几种热点无线网络通信技术评析[J],网络安全技术与应用,2005(10).

[33] 王成志.高校无线校园网的规划与设计探讨[J].科技创新导报,2011(4).

[34] 百度百科.Ad hoc[DB/OL]..http://baike.baidu.com/view/28428.htm.

[35] 百度百科.移动通信技术[DB/OL].http://baike.baidu.com/subview/640357/13955084.htm.

[36] 高健.移动通信技术[M].北京.机械工业出版社,2014.

[37] 百度百科.多媒体技术[DB/OL].http://baike.baidu.com/link?url=4Wox12x5rFaFW Ywt3dnZwZ4I57wb79X0oPgH1iJ3TqZ4nmBDPeT1ozoO_DRa-OnRs5syTHpAStPDFdwOV0n_69K.

[38] 张晓艳.多媒体技术基础[M].沈阳:辽宁科学技术出版社,2012.

[39] 网易博客.数字音频在教学中的作用[DB/OL]. http://zhangcuirui1230.blog.163.com/blog/static/11468127020093121 1321992/.

[40] 百度百科.视频数字化[DB/OL]. http://baike.baidu.com/link? url = KRcOS4qRaBh07hLcpua JOKLxrAcHe02Vy2uTQIM1NogpoALjT6SbpXa6IGygL_xgvPE_rXd-UDBsQqrTvwdHMq.

[41] 百度百科.流媒体[DB/OL]. http://baike.baidu.com/link? url = zCbZcTxdLxo-kS26OYsaeHR0pSLBOG75pVsw8Va7r2iMbpsL-J_xweDJQ4_S266q.

[42] 百度百科.流媒体技术[DB/OL]. http://baike.baidu.com/link? url = Gz3p1wpg7mMsT8tfYpfh ZOtEEcc23Ku8f3MQLfi-hW1ix6ZtpW7F0IyawXR-Ndmx33zTnLHCmcdh5kh5gjJD0K.

[43] 唐燕妮.基于移动终端的微型学习系统设计与开发[D].上海:华东师范大学硕士学位论文.

[44] 苏玲玲.移动通信环境下的微学习研究[D].武汉:华中师范大学硕士学位论文.

[45] 任捷怡.基于移动终端设备的移动学习系统的研究与实现[D].西安:西南交通大学硕士学位论文.

[46] 刘璞,于璐,徐志德.智能终端操作系统比较分析与应用研究[J].移动通讯,2013(5).

[47] 逢淑宁.移动智能终端新型人机交互技术研究[J].电信网技术,2013(5).

[48] 刘金媛,孟宪遵,丁海韬.改变移动互联网的新型人机交互技术[J].电信科学,2013(6).

[49] 顾小清.终身学习视野下的微型移动学习资源建设[M].上海:华东师范大学出版社,2011.

[50] Gabriele Frankl. Mobile and motivating:How somethingvery small can become big[A]. In:Microlearning Conference2006[C]. Australia ,Innsbruck:Innsbruck UniversityPress,2006:143-155.

[51] 陈维维,李艺.移动微型学习的内涵和结构[J].中国电化教育,2008(9).

[52] 雷体南,金林.教育技术学导论[M].武汉:湖北科学技术出版社,2006.

[53] 余平,钱冬明,祝智庭.数字化终身教育资源结构、分类及标准研究[J].现代远程教育研究,2014(4).

[54] 百度文库. AECT Definition and Terminology Committee document ♯MM4.0[DB/OL]. http://wenku.baidu.com/link? url = PZbXcPT_FH837I7MmtIPIeaVa1_sA5qQqQG-ihs507fIzjRiKpu1 ATCZRZm9bPH-FGclLePdzp_G4oRG2njx9Yof4CBr6Zu4qYgsL8ot95a.

[55] 顾小清.微型移动学习资源的分类研究:终身学习的实用角度[J].中国电化教育,2009(7).

[56] 吴军其.手持终端环境下微学习资源的情境化设计方法探索[J].电化教育研究,2012(8).

[57] 顾凤佳.终身学习视角下移动微学习设计研究[J].远程教育杂志,2013(4).

[58] 司国东,宋鸿陟,赵玉.认知负荷理论基础上的移动学习资源设计策略研究[J].中国远程教育,2013(9).

[59] 王蠡.成人移动学习资源设计与应用研究[D].南京:江苏师范大学硕士学位论文.

[60] 吴燕秦.基于手机的移动学习资源的设计研究[D].武汉:华中师范大学硕士学位论文.

[61] 张浩.新媒体环境中的微型学习设计研究[D].南京:南京师范大学博士学位论文.

[62] 熊志刚.移动学习及其资源设计研究[D].上海:华东师范大学硕士学位论文.

[63] 刘清堂,向丹丹.面向3G手机的移动学习资源交互设计与实现[J].中国电化教育,2011(11).

[64] 司国东,赵玉,赵鹏.移动学习资源的界面设计模式研究[J].电化教育研究,2015(2).

[65] Waycott,J·Kukulska-Hulme·A..Students' Experiences with PDAs for Reading Course Materials [J].Personal and Ubiquitous Computing,2003,7(1).

[66] Chen,C·H.Chien,Y·H..Reading Chinese Text on A Small Screen with RSVP [J].Displays,2005,26(3).

[67] 穆肃,闫振中.微型学习理论指导下移动学习材料设计的研究[J].现代远距离教育,2010(2).

[68] 吴军其,彭玉秋,胡文鹏,等.手持终端环境下微学习资源的情境化设计方法探索[J].电化教育研究,2012(8).

[69] 刘清堂,王忠华,李书明.网络教育资源的设计与开发[M].北京:北京大学出版社,2009.

[70] 朱琦.手机移动学习资源内容设计研究——以《大学英语》课程为例[D].沈阳:沈阳师范大学硕士学位论文.

[71] 吴先强,韦斯林.国外认知负荷理论与有效教学的研究进展及启示[J].全球教育展望,2009(2)

[72] 李志专.认知负荷理论的解读及启示[J].煤炭高等教育,2009(1).

[73] 李青,王涛.MOOC:一种基于连通主义的巨型开放课程模式[J].中国远程教育,

2012(3).

[74] Aleksander Dye. Mobile Education-A Glance at The Future[DB/OL]. http：//www. nettskolen. com/ forskning/ mobile-education. pdf. 2007-11-10.

[75] 卢胜男. 基于微信公众平台的微型移动课程的设计与研究[D]. 上海：上海师范大学硕士学位论文.

[76] 百度百科. 活动理论[DB/OL]. http://baike. baidu. com/link? url＝QexRWbYd-jCJ8fji RR1nV97fXgzFyUUXpuCwtSWixfISfDY2Bq5T1TqY-pZyCE4YdS0J9fGs VBEQ2MNbdqIRyqq.

[77] 吴莉霞. 活动理论框架下的基于项目学习（PBL）的研究与设计[D]. 武汉：华中师范大学硕士学位论文.

[78] 百度百科. 情境学习理论[DB/OL]. http：//baike. baidu. com/link? url＝bs5QrF1h__KPzsyZFpcTVBg5rrRLi-Uais3VAtE9pM9GPI8ep8_wVakoHSy5sdBuk0tDYjWaOKZ4sm2Hr4IzIK

[79] 应方淦，高志敏. 情境学习理论视野中的成人学习[J]. 开放教育研究，2007(3).

[80] 吴军其，齐利利，胡文鹏，等. 微课件的学习活动设计[J]. 中国电化教育，2012(9).

[81] 吴遵民. 实践终身教育论：上海市推进终身教育的路径与机制研究[M]. 上海：上海教育出版社，2008.

[82] 蒋家傅. 论情境学习活动的设计[J]. 电化教育研究，2005(5).

[83] 百度文库. 抛锚式教学模式案例[DB/OL]. http：//wenku. baidu. com/link? url＝499yj381y2Z73g JkQ2lGhHOhRY2C3SOFld5uAmFkt9JMpNSXanltZvHaa_JklnKAQKFU_KtdYkXzzchD_IBbwysWu8Gvpzj9mo2-3QzW6uO.

[84] 刘江娴. 基于知识地图的微型移动学习资源设计与开发[D]. 武汉：华中师范大学硕士学位论文.

[85] 林枋，成丽娟. 情境学习理论支撑下基于问题的网络学习[J]. 中国电化教育，2009(11).

[86] 项国雄，张小辉. 学习支持服务思想溯源[J]. 中国远程教育，2005(9).

[87] 艾伦·泰特，陈垄. 开放和远程教育中学生学习支持之理念与模式[J]. 中国远程教育，2003(15).

[88] 李胜波. 网络课程中学习支持环境：Web2.0 的支撑模式[J]. 中国教育信息化，2014(17).

[89] 加涅. 学习的条件和教学论[M]. 上海：华东师范大学出版社，1999.

[90] 帕特·阿特金斯，肖俊洪. 探索一流的个性化综合学习支持[J]. 中国教育信息化，

2013(7).

[91] 梅琳达·德拉·佩娜班得拉瑞.学习支持服务的新模式[J].开放教育研究,2011(6).

[92] 王晓晨,黄荣怀.面向非正式学习情境的移动学习服务设计[J].开放教育研究,2012(6).

[93] 曹嘉碧.远程教育学习支持服务探析——基于学习者需求的视角[J].现代企业教育,2014(12).

[94] 顾小清,宋雪莲,张宝辉.体验式远程培训中的学习支持设计——来自教育技术能力建设项目的经验[J].开放教育研究,2008(2).

[95] 杜琼英.现代远程开放教育学习支持服务系统设计模式研究[J].中国远程教育,2000(9).

[96] 王丽娜,杨亭亭,刘仁坤.国内外高等教育学习评价现状研究综述——兼论对国家开放大学学习评价体系建设的启示[J].现代远距离教育,2012(2).

[97] 董兴.国外课程评价理论发展趋势研究[J].教育与职业,2008(11).

[98] 郑志高,张立国,张春荣.xMOOC的学习评价方法调查研究[J].中国电化教育,2014(11).

[99] 曹梅,李艺.网络学习评价的意义及若干原则[J].教育科学,2002(5).

[100] 廖宏建,和丹丹,纪德君,等.微学习视角下高校中华经典资源建设与学习评价实践[J].教育导刊,2015(1).

[101] 西北师范大学教育技术与传播学院.现代远程教育中教材建设过程中存在的问题分析及解决策略[EB/OL].http://www.qlcj.cn/qlcj/zazhi/news.jsp?id=657

[102] 朱守业.面向移动学习的课程设计和学习模式[J].中国电化教育,2008(12).

[103] 杨汉东.调查问卷设计中应把握的几个关键环节[J].统计与决策,2009(13).

[104] 曹杨,刘全胜,聂彬.多指标评价方法的应用研究[J].火炮发射与控制学报,2006(S1).

[105] 虞晓芬,傅玳.多指标综合评价方法综述[J].统计与决策,2004(11).

[106] 柳欣.市场营销学[M].北京:中国金融出版社,2013.

[107] 郑俊池.实用医学统计[M].北京:中国医药科技出版,2011.

[108] 殷伯明,朱一军,周东红.教育督导方法论[M].上海:上海三联书店,2013.

[109] 胡隆.教育技术研究方法导论[M].上海:上海外语教育出版社,2005.

[110] 张焕敏,钱佳平,叶杭庆.用户作为"服务对象"与"合作者"的双重角色——密歇根大学图书馆网站可用性调查方法案例研究[J].图书情报工作,2013(17).

[111] 辛成瑶,任卫红.用户研究中的观察法在运动交互产品开发中的应用[J].包装世界,2010(5).

[112] 蒋萍.市场调查(第二版)[M].上海:格致出版社,2013.

[113] 葛列众.工程心理学[M].北京:中国人民大学出版社,2012.

[114] 张煜,李萌.手持移动设备的可用性评估方法研究综述[J].河北科技大学学报,2013(4).

[115] 顾小清,顾凤佳.微型移动学习的可用性设计[J].电化教育研究,2010(2).

[116] 张丽萍,肖春达.IT产品的可用性测试与评估[J].计算机工程与应用,2003(9).

[117] 王素荣,韩计隆.信息分析与预测[M].北京:国防工业出版社,2007.

[118] 梁敬坤.移动学习系统iPad终端的设计与实现[D].广州:华南理工大学硕士学位论文.

[119] 牛玉霞.基于Android平台软件开发方法的探究[J].电子制作,2013(22).

[120] 柳艳荣.基于智能手机的大学英语移动平台研究[D].新乡:河南师范大学硕士学位论文.

[121] 移动学习前沿.CNNIC报告:手机网民规模达5.57亿,占比85.8%[DB/OL].http://www.weixuexi.org/detail_201502060954174358 2157ffa472585f80dc.html.

[122] 移动学习前沿.在线教育趋势:移动APP逐渐成为主流模式[DB/OL]http://www.weixuexi.org/detail_2015022810143043192 79c4b9fa54a9e9a9b.html.

[123] 于旻生.新媒介环境下的受众媒介依赖研究[D].长沙:中南大学硕士学位论文.

[124] 王正福,周志平."现代教育"与"传统教育"之争及现代教育的走向[J].襄樊学院学报,2000(6).

[125] 孙怡夏.移动学习系统建构与应用研究[D].上海:上海交通大学硕士学位论文.

[126] 高政,徐姐,陈硕.移动微学习在农业科技教育中的应用[J].职业技术教育,2014(35).

[127] 陈维维,李艺.移动微型学习的内涵和结构[J].中国电化教育,2008(9).

[128] 刘泽琦.移动学习应用模式研究[D].北京:北京邮电大学硕士学位论文.

[129] 李乾,高鸽,等.移动学习应用模式研究综述[J].现代教育技术,2008(10).

[130] 杨刚.普适技术支持下的泛在学习交互研究[J].电化教育研究,2012(3).

[131] 姜丹丹.移动学习及其在学校教育中的应用研究[D].济南:山东师范大硕士学位论文.

[132] 刘丙利,王利.国外移动学习项目的介绍与启示——基于Frohberg的移动项目分析框架[J].中国电化教育,2010(4).

[133] 曾玲.基于手机短消息服务的移动学习系统方案[J].现代教育技术,2005(5).

[134] 李玉斌,张爽.移动学习的内涵、方式及其对远程教育的意义研究[J].现代远程教育研究,2005(1).

[135] 牛佳,王兴辉.基于手机的移动学习模式研究[J].中国信息技术教育,2009(24).

[136] 李晓丽,王晓军.移动学习模式探讨及系统架构设计[J].北京邮电大学学报(社会科学版),2007(5).

[137] 郝玉锴.嵌入式FTP服务器的设计与实现[J].现代电子技术,2013(14).

[138] 新闻与活动.广东移动,基于学习2.0的U-Learning2.0与微学习[DB/OL].http://www.cyberwisdom.net.cn/news_show.asp?id=217&class_id=3&menu=ChildMenu2.

[139] 移动学习前沿.广东移动微学习:内容与体验并重[DB/OL].http://www.weixuexi.org/detail_201502091132105419332a8943a489cab9cf.html.

[140] 国内知名的e-Learning综合服务器.微学习服务的解决方案[DB/OL].http://new.sinostrong.com/index.php?m=content&c=index&a=show&catid=48&id=137.

[141] 上海思创网络有限公司.微学习平台与服务[DB/OL].http://www.sinostrong.com/facture/wxx.htm.

[142] 顾小清,顾凤佳.微型学习策略:设计移动学习[J].中国电化教育,2008(3).

[143] 李舒愫.微型学习资源的设计与共建及其系统原型[D].上海:华东师范大学硕士学位论文.

[144] 顾凤佳,李舒愫,顾小清.微型学习现状调查与分析[J].开放教育研究,2008(3).

[145] 郑燕林,李卢一.微博客教育应用初探[J].中国教育信息化,2010(21).

[146] 李振亭,赵江招.微型学习:成人教育的新途径[J].成人教育,2010(7).

[147] 杨建民.基于微博的微型学习资源共建研究[D].郑州:河南大学硕士学位论文.

[148] 齐利利.基于手持终端的微学习活动设计研究[D].武汉:华中师范大学硕士学位论文.

北京大学出版社
教育出版中心 精品图书

21世纪特殊教育创新教材·理论与基础系列

特殊教育的哲学基础	方俊明 主编	29元
特殊教育的医学基础	张 婷 主编	32元
融合教育导论	雷江华 主编	28元
特殊教育学	雷江华 方俊明 主编	33元
特殊儿童心理学	方俊明 雷江华 主编	31元
特殊教育史	朱宗顺 主编	36元
特殊教育研究方法（第二版）	杜晓新 宋永宁等 主编	39元
特殊教育发展模式	任颂羔 主编	33元
特殊儿童心理与教育	张巧明 杨广学 主编	36元

21世纪特殊教育创新教材·发展与教育系列

书名	作者	价格
视觉障碍儿童的发展与教育	邓 猛 编著	33元
听觉障碍儿童的发展与教育	贺荟中 编著	29元
智力障碍儿童的发展与教育	刘春玲 马红英 编著	32元
学习困难儿童的发展与教育	赵 微 编著	32元
自闭症谱系障碍儿童的发展与教育	周念丽 编著	32元
情绪与行为障碍儿童的发展与教育	李闻戈 编著	32元
超常儿童的发展与教育	苏雪云 张 旭 编著	31元

21世纪特殊教育创新教材·康复与训练系列

特殊儿童应用行为分析	李 芳 李 丹 编著	29元
特殊儿童的游戏治疗	周念丽 编著	30元
特殊儿童的美术治疗	孙 霞 编著	38元
特殊儿童的音乐治疗	胡世红 编著	32元
特殊儿童的心理治疗	杨广学 编著	32元
特殊教育的辅具与康复	蒋建荣 编著	29元
特殊儿童的感觉统合训练	王和平 编著	45元
孤独症儿童课程与教学设计	王 梅 著	37元

自闭谱系障碍儿童早期干预丛书

书名	作者	价格
如何发展自闭谱系障碍儿童的沟通能力	朱晓晨 苏雪云	29.00元
如何理解自闭谱系障碍和早期干预	苏雪云	32.00元
如何发展自闭谱系障碍儿童的社会交往能力	吕 梦 杨广学	33.00元
如何发展自闭谱系障碍儿童的自我照料能力	倪萍萍 周 波	32.00元
如何在游戏中干预自闭谱系障碍儿童	朱 瑞 周念丽	32.00元
如何发展自闭谱系障碍儿童的感知和运动能力	韩文娟 徐芳 王和平	32.00元
如何发展自闭谱系障碍儿童的认知能力	潘前前 杨福义	39.00元
自闭症谱系障碍儿童的发展与教育	周念丽	32.00元
如何通过音乐干预自闭谱系障碍儿童	张正琴	36.00元
如何通过画画干预自闭谱系障碍儿童	张正琴	36.00元
如何运用ACC促进自闭谱系障碍儿童的发展	苏雪云	36.00元
孤独症儿童的关键性技能训练法	李 丹	45.00元
自闭症儿童家长辅导手册	雷江华	35.00元
孤独症儿童课程与教学设计	王 梅	37.00元
融合教育理论反思与本土化探索	邓 猛	58.00元
自闭症谱系障碍儿童团体社交游戏干预	李 芳	39.00元
自闭症谱系障碍儿童家庭支持系统	孙玉梅	36.00元
孤独症儿童游戏与康复	王丽英	39.00元
自闭症谱系障碍儿童的家庭康复	孙玉梅	38.00元

特殊学校教育·康复·职业训练丛书
（黄建行 雷江华 主编）

信息技术在特殊教育中的应用	55.00元
智障学生职业教育模式	36.00元
特殊教育学校学生康复与训练	59.00元
特殊教育学校校本课程开发	45.00元
特殊教育学校特奥运动项目建设	49.00元

21世纪学前教育规划教材

学前教育管理学	王 雯	45元
幼儿园歌曲钢琴伴奏教程	果旭伟	39元
幼儿园舞蹈教学活动设计与指导	董 丽	36元
实用乐理与视唱	代 苗	35元
学前儿童美术教育	冯婉贞	45元
学前儿童科学教育	洪秀敏	36元
学前儿童游戏	范明丽	36元

| 学前教育研究方法 | 郑福明 39元 |

21世纪教师教育系列教材·物理教育系列

外国学前教育史	郭法奇 36元
中学物理微格教学教程（第二版）	张军朋 詹伟琴 王恬 编著 32元
学前教育政策与法规	魏 真 36元
中学物理科学探究学习评价与案例	张军朋 许桂清 编著 32元
学前心理学	涂艳国、蔡 艳 36元

21世纪教育科学系列教材·学科学习心理学系列

学前现代教育技术	吴忠良 36元
学前教育理论与实践教程	王 维 王维娅 孙 岩 39.00元
数学学习心理学	孔凡哲 曾 峥 编著 29元
学前儿童数学教育	赵振国 39.00元
语文学习心理学	李 广 主编 29元
化学学习心理学	王后雄 主编 29元

学术规范与研究方法系列

教师资格认定及师范类毕业生上岗考试辅导教材

社会科学研究方法100问	[美] 萨子金德 著 38元
如何利用互联网做研究	[爱尔兰] 杜恰泰 著 38元
教育学	余文森 王 晞 主编 26元
如何为学术刊物撰稿：写作技能与规范（英文影印版）	
教育心理学概论	连 榕 罗丽芳 主编 42元
	[英] 罗薇娜·莫 编著 26元

21世纪教师教育系列教材·学科教学论系列

如何撰写和发表科技论文（英文影印版）	
	[美] 罗伯特·戴 等著 39元
新理念化学教学论（第二版）	王后雄 主编 45元
如何撰写与发表社会科学论文：国际刊物指南 蔡今忠 35元
新理念科学教学论（第二版）	崔 鸿 张海珠 主编 36元
如何查找文献	[英] 萨莉拉·姆齐 著 35元
新理念生物教学论	崔 鸿 郑晓慧 主编 36元
给研究生的学术建议	[英] 戈登·鲁格 等著 26元
新理念地理教学论（第二版）	李家清 主编 45元
科技论文写作快速入门	[瑞典] 比约·古斯塔维 著 19元
新理念历史教学论（第二版）	杜 芳 主编 33元
社会科学研究的基本规则（第四版）	
新理念思想政治（品德）教学论（第二版）	胡田庚 主编 36元
	[英] 朱迪斯·贝尔 著 32元
新理念信息技术教学论（第二版）	吴军其 主编 32元
做好社会研究的10个关键	[英] 马丁·丹斯考姆 著 20元
新理念数学教学论	冯 虹 主编 36元
如何写好科研项目申请书	[美] 安德鲁·弗里德兰德 等著 28元
新理念小学数学教学论	刘京莉 主编 38元
教育研究方法：实用指南	[美] 乔伊斯·高尔 等著 98元
新理念小学语文教学论	易 进 主编 38元
高等教育研究：进展与方法	[英] 马尔科姆·泰特 著 25元

21教师教育系列教材.学科教学技能训练系列

如何成为论文写作高手	华莱士 著 32元
参加国际学术会议必须做的那些事	华莱士 著 32元
新理念生物教学技能训练（第二版）	崔 鸿 33元
如何成为卓越的博士生	布卢姆 著 32元
新理念思想政治（品德）教学技能训练（第二版）
	胡田庚 赵海山 29元

21世纪高校职业发展读本

新理念地理教学技能训练	李家清 32元
如何成为卓越的大学教师	肯·贝恩 著 32元
新理念化学教学技能训练	王后雄 28元
给大学新教员的建议	罗伯特·博伊斯 著 35元
新理念数学教学技能训练	王光明 36元
如何提高学生学习质量	[英] 迈克尔·普洛瑟 等著 35元

王后雄教师教育系列教材

学术界的生存智慧	[美] 约翰·达利 主编 35元
给研究生导师的建议（第2版）	[英] 萨拉·德拉蒙特 等著 30元
教育考试的理论与方法	王后雄 主编 35元
化学教育测量与评价	王后雄 主编 45元

西方心理学名著译丛

书名	作者	价格
拓扑心理学原理	[德] 库尔德·勒温	32元
系统心理学：绪论	[美] 爱德华·铁钦纳	30元
社会心理学导论	[美] 威廉·麦独孤	36元
思维与语言	[俄] 列夫·维果茨基	30元
人类的学习	[美] 爱德华·桑代克	30元
基础与应用心理学	[德] 雨果·闵斯特伯格	36元
格式塔心理学原理	[美] 库尔特·考夫卡	75元
动物和人的目的性行为	[美] 爱德华·托尔曼	44元
西方心理学史大纲	唐钺	42元

心理学视野中的文学丛书

书名	作者	价格
围城内外——西方经典爱情小说的进化心理学透视	熊哲宏	32元
我爱故我在——西方文学大师的爱情与爱情心理学	熊哲宏	32元

21世纪教学活动设计案例精选丛书（禹明 主编）

初中语文教学活动设计案例精选	23元
初中数学教学活动设计案例精选	30元
初中科学教学活动设计案例精选	27元
初中历史与社会教学活动设计案例精选	30元
初中英语教学活动设计案例精选	26元
初中思想品德教学活动设计案例精选	20元
中小学音乐教学活动设计案例精选	27元
中小学体育（体育与健康）教学活动设计案例精选	25元
中小学美术教学活动设计案例精选	34元
中小学综合实践活动教学活动设计案例精选	27元
小学语文教学活动设计案例精选	29元
小学数学教学活动设计案例精选	33元
小学科学教学活动设计案例精选	32元
小学英语教学活动设计案例精选	25元
小学品德与生活（社会）教学活动设计案例精选	24元
幼儿教育教学活动设计案例精选	39元

全国高校网络与新媒体专业规划教材

文化产业概论	尹章池	38元
网络文化教程	李文明	39元
网络与新媒体评论	杨娟	38元
数字媒体导论	尹章池	39元
网络新媒体实务	张合斌	39元
网页设计与制作	惠悲荷	39元
突发新闻报道	李军	39元
视听新媒体节目制作	周建青	45元

21世纪教育技术学精品教材（张景中 主编）

教育技术学导论（第二版）	李芒 金林 编著	33元
远程教育原理与技术	王继新 张屹 编著	41元
教学系统设计理论与实践	杨九民 梁林梅 编著	29元
信息技术教学论	雷体南 叶良明 主编	29元
网络教育资源设计与开发	刘清堂 主编	30元
学与教的理论与方式	刘雍潜	32元
信息技术与课程整合（第二版）	赵呈领 杨琳 刘清堂	39元
教育技术研究方法	张屹 黄磊	38元
教育技术项目实践	潘克明	32元

21世纪信息传播实验系列教材（徐福荫 黄慕雄 主编）

多媒体软件设计与开发	32元
电视照明·电视音乐音响	26元
播音主持	26元
广告策划与创意	26元

21世纪教师教育系列教材·专业养成系列（赵国栋主编）

微课与慕课设计初级教程	40元
微课与慕课设计高级教程	48元
微课、翻转课堂与慕课实操教程	188元
网络调查研究方法概论（第二版）	49元